전이 담기
-정신분석 기법과 이론-

쥬디스 L. 미트라니 지음

이재훈 • 최명균 옮김

한국심리치료연구소

Psychoanalytic Technique and Theory

Taking the Transference

Judith L. Mitrani

전이 담기

발행일: 2017년 4월 20일
쥬디스 L. 미트라니 지음
옮긴이: 이재훈 • 최명균
펴낸이: 이재훈
펴낸곳: 한국심리치료연구소

등록 • 제 22-1005호(1996년 5월 13일)
주소 • 서울시 종로구 새문안로 5가길 28 918호
Tel • 730-2537, 2538   Fax • 730-2539
www. kicp.co.kr   E mail: kicp21@naver.com

값 20,000원

ISBN 978-89-97465-29-3 93180

이 도서의 국립중앙도서관 출판시도서목록(cip)은 홈페이지
(http://www.nl.go.kr/cip.php)에서 이용하실 수 있습니다.
(CIP제어번호: CIP2017008736)

전이 담기

-정신분석 기법과 이론-

Judith L. Mitrani

목차

저자에 대하여

Dr. 쥬디스 L. 미트라니는 캘리포니아의 정신분석 센터의 교육 분석가이자 감독 분석가이다. 국제 정신분석 협회의 회원인 Dr. 미트라니의 연구는 7개 언어로 출판되었다. 그녀는 미국 학술지와 국제 학술지에 많은 임상 논문들을 기고했고, 또한 「상상을 위한 틀: 존재의 원시적 상태들에 대한 임상적 탐구」(2008년에 Karnac에서 재발행된)와 「보통 사람들과 비범한 보호들: 원시적 정신 상태들의 치료에 대한 후기 클라인학파의 접근법」(2000년 정신분석 New Library 시리즈) 등의 저서들을 저술했다. 그녀는 또한 남편인 분석가 테오도르 미트라니 박사와 함께 「자폐적 상태들과의 조우: 프란시스 터스틴을 추도하며」(1997)와 이제 곧 출판되는 「오늘날의 프란시스 터스틴」의 공동저자이기도 하다. Dr. 미트라니는 프란시스 터스틴 기념재단의 창립자이자 현 의장으로 봉사하고 있고, 유아기 전이를 다루는 정신분석적 기법에 대해 국제적으로 슈퍼비전과 강의를 제공하고 있으며, 그 외에도 캘리포니아주 로스앤젤레스에서 임상활동을 하고 있다.

서문

이 책은 읽혀져야 할 책이 아니다; 살아내야 할 책이다. 학생들에게 성서를 가르치는 어떤 선생이 "출애굽기"에 대해 언급하자 한 학생이 큰소리로 "나는 그 책을 읽었습니다"라고 말했다. 그때 그 선생은 "좋아요. 그러면 이제 그 책 내용을 살기 시작하세요"라고 대답했다.

쥬디스 L. 미트라니는 이 책에서 추상적인 이론이 아니라, 그녀가 살아온 그리고 지금도 살고 있는 지식을 우리에게 준다. 그리고 우리가 계속해서 지식을 발달시키고 경험에서 나온 사고를 심화시키고 있는 한 사람과 접촉하고 있다는 사실을 고려할 때, 이 책에서 명백하게 알 수 있듯이, 그녀가 미래에 더욱 발달된 저술들을 제공할 것이라고 기대하게 된다. 그렇다. 정신분석이라고 주장은 하지만, 인지행동치료(CBT)만큼이나 정신분석과는 동떨어진 생기 없는 논의에서 온 것이 아닌, 그녀의 경험으로부터 온 것을 제시하고 있다. 진실에서 가장 멀리 있는 것은 바로 진실처럼 보이는 것이라고 하지 않았던가! G. K. 체스터톤은 이것을 다음과 같이 명료하게 표현한다. "… 거짓은 진실에 가장 가까이 있을 때 가장 거짓되다"(Chesterton, 2009, p. 53).

이러한 심층적인 관점은 이 책의 첫 장에서 볼 수 있다. 거기에서 미트라니는 환자와 분석가 사이의 친밀감이 부분적으로 접촉의 빈도에 의해 결정되는 것으로 보고 있다. 그러나 나중에, 특히 비온에 의해 윤곽이 그려진 정신분석적 담화의 풍경 안으로 들어가게 되면서, 그녀는 단순히 거기에 있는 것이나 있던 것이 아니라, "진화하고 있는 것"에 주의를 기울인다. (나는 이 관점이 정신분석의 출현 이전에 다른 사람들에 의해 제시된 것임을 강조하기 위해서, "정신분석적 담화"라는 표현을 사용했다.)

한 번은 한 남자가 나의 상담실에 들어와 첫 면담을 시작한지 몇 분이 지나기도 전에 "나는 결코 형성되어본 적이 없어요"라고 말했다. 분석은 형성되지 않은 것이 형성되기 시작하는 과정이다. 이것이 바로 쥬디스가 명백하게 이해하는 것이고, 비온을 영감을 주는 자신의 멘토로서 받아들이게 된 이유이다. 그리고 이것이 그녀 자신의 경험이라는 점에서, 그녀와 만나는 우리가 영감을 얻는 이유이기도 하다. 우리들 중 일부는 그녀를 직접적으로 만나볼 수 있는 행운을 가졌지만, 그렇지 못한 사람들은 이 책을 통해서 그녀를 만나게 될 것이다.

나는 종종 다른 사람들이 환자와 행한 임상적 작업에 대한 설명을 읽기 시작할 때면 한숨을 쉬게 된다. 왜냐하면 환자의 생명은 벗겨지고 그 의미를 알 수 없는 불가사의한 문구들 아래 묻혀버리기 때문이다. 그러나 사례에 대한 미트라니의 생생한 서술은 그렇지 않다. 나는 내가 이 환자를 안다는 느낌을, 그녀를 만났다는 느낌을 갖는다. 어떻게 내가 이런 느낌을 갖게 되는 걸까? 이것은 바로 쥬디스의 심장이 뛰고 있기 때문이다. 그녀는 독자들에게 자신의 맥박을 느끼도록 허용한다; 나는 그녀가 알렉스에 대해 말할 때, 그녀의 심장이 빠르게 뛰는 것을 느끼고, 그녀가 릴리와 있을 때 속도가 느려지며, 코라와 함께 있을 때 다시 빨라지는 것을 느낀다. 그녀는 주말 후에 칼라가 상담실에 들어설 때, 그녀 자신의 매력적인 여성적 관심을 드러내 보인다. 그녀가 마스카라를 제대로 붙였나? 립스틱은 제대로 발랐나? 혹시 삐뚤게 바르지는 않았나? 우리 모두는, 심지어 남자인 나조차도(!), 우아하게 차려 입은 누군가 앞에서 어떻게 느끼는지를 알고 있다. 그러나 미트라니는 우리를 그녀의 내면의 방으로 들어가도록 허락함으로써, 이러한 인간의 만남들에 생명을 불어넣는다. 우리는 단순히 누군가의 따분한 상담실에 있는 것이 아니라, 우리의 한계를 시험하는 사람들과의 생생한 레슬링 시합에 참여하고 있다; 그 시험은 우리의 정서적 힘뿐만 아니라, 우리의 자기성찰적 과정들의 미묘함의 한계까지도 포함한다. 나는 방금 "우리의"라고 말했는데, 더 정확하게 말하자면, "그녀의," 즉 "미트라니의"라고 말했어야 했다. 그리고 이처럼 그녀 자신의 내적 한계를 보여주는 방식은 "우리"에게 영감을 준다.

　미트라니의 작업에 친숙한 우리 모두는 이 책이 자폐증 연구에 대한 글들을 담고 있다는 것을 알게 될 것이다. 그리고 우리는 그 글들에 실망하지 않는다. 그녀는 프란시스 터스틴의 발자취를 충실히 따라가면서도, 그녀의 논문에서 볼 수 있듯이, 한걸음 더 나아간다. 그녀는 진정으로 유아의 삶의 초기 외상들을 포착하고, 예리한 눈으로 그것들이 계속해서 행동에 영향을 미치는 방식을 본다. 비록 깊이 숨어 있어서 영향을 받지는 않지만, 개인의 지각과 사고를 왜곡하는, 캡슐 안에 갇힌 삶의 부분들; 가슴을 찌르는, 어떤 말을 하기도 전에 따뜻함의 출현을 가로막는 날카로운 얼음조각들. 게다가, 그녀는 우리가 쉽게 포착하기 어려운 것에 집중한다: 무엇이 빠져있는가? 어째서 일들이 희망하는 방식대로 일어나지 않는가? 확신컨대, 최악의 외상들은 언론매체와 심리학자들이 초점을 맞추고 있는, 명백한 잔인성과 학대가 아니다. 그보다는 그것들의 핵심적인 정서적 요소가 이해되지 못한 것들이다. 환자는 그러한 이해의 부재로 인해 고통을 받는다. 쥬디스는 이러한 요소에 대한 타고난 민감성을 갖고 있다. 그녀는 빠져있는 것을 찾아내고, 가장 미묘한 신체적 단서들을 관찰함으로써, 전에는 볼 수 없었던 것을 발견하며, 바로 그러한 발견 행위 자체를 통해 잃어버렸던 내용물의 발달을 촉진시키기 시작한다.

나는 시작부분에서 이 책은 읽혀질 것이 아니라 살아내야 할 것이라고 말했다. 삶을 변형시키는 해석들은 상담실 안에서만 일어나지 않는다. 그것들은 강의, 그림, 또는 책을 통해 발생하는 의사소통에서도 발생할 수 있다. 미트라니가 이 책에서 강조한 것은 나의 마음을 감동시켰다. 나는 전에는 깨닫지 못했던 것을 이해했다. 그러므로 그것은 하나의 강력한 해석이었다. 그렇기 때문에 나는 적어도 쥬디스가 이 책에서 소통한 것에서 정서적으로 유익을 얻은 한 사람을 알고 있다. 비록 그토록 영향을 받은 사람이 한 사람에 지나지 않는다고 해도, 그 책은 가치 있는 책일 것이다. 하지만 나는 한 사람만이 아니라, 더 많은 사람들이 그럴 것이라고 믿는다.

이 책은 읽혀져야 할 책이 아니라, 살아내야 할 책이다.

네빌 시밍턴

서론

처음으로 내가 젠슨(Jenson)의 소설 그라디바(Gradiva)에 대한 지그문트 프로이트(1907)의 논문을 흥미롭게 읽은 후로, 어느새 30년이 넘는 세월이 흘렀다. 그라디바라는 이름은 "함께 걷는 그녀(she who steps along)"라는 의미를 갖고 있다. 젠슨의 이야기 속에서, 노버트 하놀드라는 젊은 고고학자는 망상으로 고통을 받다가, 마침내 그의 과거와 현재의 신비들을 풀어내도록 도움을 받는다. 하놀드는 그의 어릴 적 첫사랑인 조이 베르트강이 그가 박물관에서 본 예술품의 살아있는 화신이라고 확신하게 된다. 조이는 그의 망상에 도전하기보다는 그라디바로서 하놀드와 "함께 걷는다." 그렇게 함으로써, 즉 프로이트가 "사랑에 의한 치료"라고 부른 것을 통해서 조이는 서서히 하놀드로 하여금 환상으로부터 진실을 구분할 수 있도록 돕는다. 따라서 한 때 하놀드의 질병의 원인이라고 느껴졌던 그라디바/조이는 결국 질병을 해소하는 요인이 되고 뒤이어 발생한 건강 회복의 요인이 된다.

그의 글에서, 프로이트는 폼페이의 매장 및 발굴과 하놀드의 초기 정신적 경험들의 분출 및 재출현 사이에 유비가 존재한다는 사실을 정교하게 밝혀내는데, 그 과정에서 꿈과 망상이 의미를 담고 있는 정신적 사건들이라는 그의 주장을 뒷받침해주는 하나의 충격적인 사례를 제시했다. 이 비범한 이야기에서 내가 읽어낸 것이, 그리고 그것에 대한 프로이트의 설명이 내가 이 책에서 다루고자 하는 중심 주제인, "전이 담기"라는 개념의 기초를 형성한다. 이 책의 표지에 실려 있는 그라디바의 그림(bas-relief: 얕은 돋을 새김 기법을 통한)은 프로이트 자신의 서재에서 그랬던 것처럼, 여전히 내 상담실 벽에 걸려 있으면서 분석가로서의 나의 작업에서 중심적인 위치를 차지하는 것을 내게 상기시켜주고 있다.

정의상, "전이를 담는" 행위는 우리가 피분석자의 내적 풍경을 음미하는 과정에서 그녀를 안내하는 것이 아니라 그녀를 따라가는 것을 요구한다. 이것은 우리로 하여금 "기억과 욕망을 피하고"(비온), 우리의 환자들이 겪어낼 수 없었던 그러나 느껴졌던 가슴 아픈 사건들을 겪어낼 것(터스틴)을 요구한다. 그 여정에서, 어떤 특정 순간에 환자가 느끼고 경험하는 것에 대한 우리의 지적인 이해는, 또는 심지어 우리의 공감적 조율조차도 결코 충분하지 않다는 사실이 분명해진다. 조이 베르트강처럼, 우리는 여전히 살아있고 현재 작동하고 있는, 환자의 초기 경험에 의해 결정된 틀에 초점을 맞출 수 있어야 하고 기꺼이 그래야만 한다. 분석적 기능은 또한 우리가 우리 자신들과 피분석자들의 내적 대상들 사이의 경계가 일시적으로 모호해지는 것을 허용하고 감당할 것을 요구하며, 동시에 해석적 기능을 수행하는 데 필요한 견고한 수준의 관찰하는 자아를 유지할 수 있는 능력을 유지할 것을 요구한다.

나는 "역할 놀이"를 하고자 하는 어떤 의식적인 시도라도, 또는 피분석자와 함께 가고자 하는 어떤 계획된 시도라도 피분석자에 의해 진실 되지 못한 것으로 경험될 수 있고, 심지어는 박해적 느낌과 그러한 느낌에 대한 방어들을 증가시킬 수 있다고 확신하게 되었다. 우리 자신의 "... 척 하기"는 환자의 거짓됨을 촉진시킨다. 그러한 유혹은 강력하다. 왜냐하면 환자에게 "진실" 되게 대하는 동안, 분석가는 자신의 취약함들에 대한 인식과 그러한 인식에 내재되어 있는 위험에 노출되기 때문이다; 진실되다는 것은 우리가 전에 묻어놓았던 사건들, 기억들, 그리고 다시는 만나고 싶지 않은 경험들이 되돌아올 수 있는 길을 열어준다. 우리는 또한 우리 자신의 부모 인물들과의 관계와 동일시를 재-검토할 것을 요구받는다.

또 다른 주제로서, 독자는 내가 해석을 할 때 빈번히 환자를 "어린-그"로, 또는 나 자신을 "어머니-혹은 아버지-분석가"로 부른다는 것을 주목할 것이다. 내가 이런 언어를 사용하는 이유는 아마도 환자의 경험의 특정 측면들을 지칭하는 데 유용하기 때문일 것이다. 왜냐하면 이것들은 언어적으로 그리고 특별히 비-언어적으로 소통되는 것이기 때문이다. 사실상, 내가 어떤 순간에 특정 환자를 직관적으로 지각하는 방식은 깊이 묻혀 있는 존재 상태를 의사소통하고자 하는 환자의 시도에 따른 산물이다. 그러한 의사소통들은 나의 상상의 캔버스 위에서 하나의 초상화의 형태를 취한다. 아마도 환자의 표현 양태가 더 원시적일수록 그리고 그의 언어적 표현이 더 제한된 것일수록, 분석가가 분석적 순간의 과정과 내용을 이해하기 위해 환자의 내적 반응들을 관찰해야 할 필요는 더욱 증가할 것이다.

이 책은, 전체로서 그리고 부분적으로, 20년이 넘는 세월동안 미국과 외국의 다양한 정신분석 연구소들에서 클라인과 그녀의 후계자들의 업적에 대해 가르치면서 내가 받았던 많은 질문들에 의해 영향을 받았다. 나의 학생들의 질문들은 주로 "왜"를 둘러싼 것이었고, 따라서 나는 이유와 철학에 대해 생각하고 명백한 설명을 형성하도록—내가 왜 그리고 무엇을 했는지—그리고 나의 개인적인 분석 방법의 뿌리를 묘사하도록 도전을 받았다.

이 책에서 독자들이 발견하게 될 것들은 정신분석의 실제나 절차에 대한 매뉴얼이 아니다. 이 책의 목표는 독자들로 하여금 질문들을 하고, 논의를 시작하며, 마음을 열도록 자극하고, 분석 적으로 작업하는 과정에서 한 사람의 분석가가 자신의 가슴과 마음 안에서 겪는 투쟁들에 대한 증인이 되는 것을 감당할 수 있게 하는 것이다. 나의 소망은 조각작품 그라디바처럼, 내가 끄 적거린 글이 독자들에게, 여러 측면들을 가진 무의식의 영역에 대한 다차원적인 견해를 제공하는 것이다.

나는 또한 어떻게 "전이를 담는" 기술/훈련이 환자와 처음 접 촉하는 순간부터 그리고 그 후로 계속해서 사용될 수 있는지를 보여주고자 한다: 지금-여기에서의 해석이 "시기상조인 것"일 필 요가 없다는 것. 그것은 환자가 분석에 대해서 아무것도 모른다 고 해도, 또는 심지어 분석에 대해서 모든 것을 알고 있다고 믿 는다고 해도 마찬가지이다. 나는 또한 성인 정신증 환자들과 자 폐아동들과의 작업에서 배운 지혜—프로이트, 클라인, 비온, 그리 고 터스틴과 같은 대가들에게서 물려받은—가 평범한 영혼들의 심층에 자리 잡고 있는 신비들을 드러내도록 도울 수 있고, 우리 작업의 가장 미세한 사항의 의미에 관해 무언가를 가르쳐줄 수 있다는 것을 보여줄 것이다.

나는 다양한 삶의 경험들을 지닌 각각의 분석가가 각각의 환 자를 매우 다른 방식으로 바라볼 수 있을 것이라고 생각한다; 각 각의 분석적 쌍은 이처럼 개인적인 성질을 갖고 있다. 분석가와 피분석자의 모든 순열의 가치는, 모든 해석의 가치가 그런 것처 럼, 환자의 경험과 분석-이후의 삶에서 계속되는 기능 역량의 증 가 이 두 가지 모두의 빛에서만, 그리고 회고적으로만 평가될 수 있다. 그러나 나는 환자의 경험들을 변화시키기 위한 첫 걸음으

로서, 우리 자신들이 환자에 의해 변형되는 것을 허락하는 기꺼
움과 능력이 갖는 중요성을 확신한다. 그렇게 할 때에만 환자는
본래 그를 함께 묶어주는 역할을 담당했던 전능성을 유보할 수
있을 만큼 충분히 확신감을 가질 수 있다; 그 결과 그는 불멸의
느낌을 포기할 수 있고, 대신에 인간 존재들 사이에서 그들과 함
께 살아가는, 진정한 인간성의 감각을 획득할 수 있다.

제 1 장. 유아기 의존성의
출현에 귀 기울이기*

궁극적으로, 과학은 획득된 "지식"에 의해서가 아니라, 그
것이 발견을 위한 타당한 기법인가에 따라 우뚝 서기도
하고 무너지기도 한다. 획득된 "지식"은 항상 교체되기 마
련이다; 사실상, 새로운 발견들에 의해 낡은 발견들이 교체
되는가의 문제는 그 분야의 생명력을 판단할 수 있는 기
준이다.

—비온, 1997, p. 190

도 입

분석을 수행하는 동안, 즉 환자를 치료하거나 다른 전문가들
을 슈퍼비전하는 동안 나는 다음의 사실을 발견했다. 예외적이
아니라 일반적으로, 오늘날의 환자들 대부분은 그들이 "정신분
석가"에게 의뢰되었다는 사실을 알든지 모르든지 간에, 일주일

---

* 이 글은 1996년 12월 6일에 아리조나 피닉스에서 열렸던 미국정신분석학
회에서 발표되었고, 미국정신분석학회 저널Vol. 25에 "분석적 경청, 전이 해
석, 그리고 유아기 의존성의 출현: 우리는 정신분석에 대해 환자를 교육할
필요가 있는가?"라는 제목으로 실린 바 있다.

에 한두 번 정도로 만나는 심리치료를 받으러 온다. 분석이 전통적으로 환자가 카우치에 누운 상태로 그리고 분석가가 눈에 띄지 않게 환자 뒤쪽에 앉은 채로 주 4회에서 5회에 걸쳐 시행된다는 것은 말할 것도 없이, 분석에 대해 많은 것을 알고 있는 예비 환자들은 드물다. 이런 사실과 관련해서, 일부 분석가들은 환자들이 분석 프로그램에 참여하는 것을 격려하기 위해서, 우리가 정신분석에 관한 교육을 시행할 필요가 있다고 제안하는 것으로 보인다. 심지어 어떤 분석가들은 수련생의 필수과제인 "통제 사례"(control case)를 제공하기 위해서 주 1회 내지 2회 시행하는 심리치료를 주 4회 내지 5회 시행하는 분석으로 "전환"하는 것에 대해 말하기도 한다.

그러나 아마도 친밀함과 의존에 대한 환자의 불안들과 욕구들, 욕망들, 그리고 두려움들에 귀를 기울임으로써, 그리고 전이의 직접성 안에서 이것들을 해석함으로써, 우리는 예비 환자에게 분석에 대한 직접적인 경험을, 즉 환자를 친밀하게 안아주고 마음속에 확고하고 부드럽게 담아주는 우리의 역량의 본보기를 제공할 수 있을 것이다. 여기에서 내가 생각하는 전이의 직접성이란, 환자와 분석가 사이에서 발생하는 지금 여기에서의 관계의 역동을 의미하는데, 이것은 분석 시간 안에서 매순간 변형되는 것이고, 첫 번째 접촉을 갖는 순간부터 곧 바로 표현되는 것이다.

이런 식으로, 우리는 아마도 가장 접촉과 이해를 필요로 하는 인격의 차원들인, 환자의 유아적 측면의 출현을 환영한다는 사실을 전달할 수 있고, 그럼으로써 그것의 출현을 촉진시킬 수 있을 것이다. 그렇게 함으로써 우리는 우리의 새로운 환자들이 우리를 지켜봐야 되는 성향을 내려놓을 수 있을 것이고, 뿐만 아니라 그들이 느끼기에 알려지지 않고 알려질 수 없는 낯선 이와의 너무 뜸하고 빈약한 만남들을 갖는 동안 자신들의 마음을 금욕적으로 단단하게 만들고자 하는 충동을 완화시킬 수 있을 것이다.

여기에서, 나는 "경험에서 배우는 것"의 필요성을 강조하고자 한다(Bion, 1962b). 환자가 진정으로 성장할 수 있는 분위기가 존재할 수 있으려면, 경험에서 배우는 연습은 분석과정이 시작되는 순간부터 발생한다; 왜냐하면 유아가 세상을 발견하는 과정에서, 자신의 모든 움직임을 놓치지 않는 엄마의 주의와 시선 안에 안전하게 안겨있다고 느낄 때에만 행위자로서의 감각을 갖고서 그 일을 할 수 있는 것처럼, 환자 역시 그의 내적 작용들, 즉 그의 정서들과 마음을 발견하는 과정에서, 순응적으로 분석가의 인도를 따라가는 행동 안에서 길을 잃는 마비시키는 두려움 없이 자유롭게 탐구할 수 있다고 느껴야만 한다. 피분석자에게 있어서, 분석에 대해 가르치고 싶은 분석가의 욕망이 그의 치료적 기능을 대체하도록 방치해서는 안 되듯이, 분석에 "대해" 아는 것이 존재하는 것과 경험하는 것을 능가해서는 안 된다. 다음에 제시되는 임상사례들에서, 나는 어떻게 일부 환자들이 직접적으로 또는 간접적으로 치료시간을 늘려줄 것을 "자유롭게" 요청하게 되는지를, 그리고 분석가에 의해 교육적으로 안내받기보다는 서서히 자발적으로 카우치에 눕고 싶어 하는지를 보여줄 것이다.

앤써니

삼십대 초반의 미혼남성인 앤써니는 나의 동료에 의해 치료에 의뢰되었다. 같은 주의 월요일과 목요일에 가진 두 번의 만남에서, 그는 내 맞은편 의자에 앉았다. 그는 매우 차분하고 담담하게 자신의 "매우 평범한" 초기 아동기, 교육, 그리고 커리어에 대해서 뿐만 아니라, 우리가 만나게 되기까지의 자신의 관계의 역사에 대해 매우 조직화된 서술을 제시했다. 거의 정서를 보이지 않은 채, 그는 두 번의 면담을 그가 이야기를 시작했던 바로 그 지점에서 끝을 냈다: 자신에게 무언가가 "잘 맞지 않는다는 느낌" 때문에 치료사를 만나고 싶었다는 단순한 진술.

비록 나는 그가 나를 자신과는 "잘 맞지 않는," 크게 위안이 되지 않는 사람으로 느낀다고 생각했지만, 당분간 나와 만나기를 원한다면, 알려달라고 제안했다. 그는 나에게 소년 같은 표정으로 미소를 지었고, 자신이 나를 "엄청 좋아하지 않는다"는 것을 알아차린 것, 내가 이 이슈를 끄집어내는 책임을 진 것, 그리고 내가 그의 미지근한 환영 때문에 상처받지 않은 것에 만족해하는 것 같았다.

아동기와 대학 경험에서, 이렇다 할 일들이 없었던 것 같고, 친밀하거나 가깝지는 않았지만 몇몇 남자친구들 및 여자친구들과 어느 정도 만족스러운 관계를 가졌던 것처럼 보였지만, 지금 앤써니는 몹시 불행하고 외로워 보였다. 나는 이 면담들에서 우리가 아직 도달하지 못한, 그가 "알고 있는" 그리고 나에게 말할 힘은 없는 그의 경험의 측면들이 있다는 느낌이 들었다. 이러한 감정은 그의 매끄러운 이야기를 방해하는, 그가 이야기를 멈추는 순간에 내 안에서 특별히 강하게 느껴졌다. 이런 정지된 순간에, 앤써니는 그의 시선을 나의 왼쪽에 있는, 그가 앉아 있는 의자 맞은편 벽 쪽에 있는 카우치에 맞추는 것 같았다. 그는 오늘은 나와 함께 있는 것이 "이상하게도 편안하게" 느껴진다고 말했고, 비록 그가 "지금은 우리가 무엇을 함께 이루어낼지 알지 못하지만," 다음 주에 다시 만나기를 원했다.

그 다음 만남에서, 그는 다음과 같은 꿈을 보고했다:

그는 방안에 앉아 있었는데, 갑자기 아기가 그곳에 있다는 것을 알아차린다. 그는 자신이 아기 침대에 누워있는 아기를 돌보고 있다고 느낀다. 그러나 즉각적으로 무언가가 잘못되었다고 느끼면서 불안해지기 시작한다. 그는 아기 침대의 옆 부분이 밑으로 내려져 있거나 아예 없다는 것을 주목한다. 오직 앞부분과 뒷부분만이 제자리에 있다. 그는 또한 아기가 머리가 받쳐지지 않은 채 있다는 것을 주목하는데, 그것이 불편해보인다. 그는 아기가 베개나 쿠션을 필요로 한다고 생각하지만, 동시에 아주 어린 아기들이 쿠션 때문에 질식할 수도 있다는 생각에 걱정이 된다. 그는 그가 앉은 자리에서 마주 보이는 쪽 카우치 위에 놓인 베개를 발견하지만, 갑자기 그것을 잡기 위해 몸을 움직일 수 없다고 느낀다. 그의 팔과 다리들은 무력하고 불안정하게 느껴지고, 아마도 유아용 침대 측면 부분을 잡아 당겨서 아기가 떨어지지 않게 하기 위해 도움을 필요로 한다는 것을 깨닫는다. 그는 자신에게서 멀지 않은 곳에 놓인 검은색 가죽 의자에 한 여자가 앉아있는 것을 본다. 그는 그녀가 도움을 줄 수 있을지도 모른다는 생각이 들었지만, 그녀가 그렇게 해줄지 자신이 없다. 그는 "침대 측면 부분을 끌어올리기 위해서는 그녀가 나를 침대가 있는 곳으로 데려다주어야 하는데, 만약 그녀가 그렇게 하고 싶지 않거나 그렇게 할 수 없다면 어떻게 하지"라고 생각한다. 그는 처음에 그 여자에게 도움을 요청하는 것을 망설이다가 마침내 도움을 요청하지만, 그녀는 그의 외침을 들을 수 없고, 그는 좌절한 상태에서 깨어나는데, 울고 있는 자신을 발견한다.

어색하게 느껴졌던 순간이 지난 후에, 앤써니는 그 꿈이 무엇을 의미하는지 모르겠다고 말했다. 그는 아기들과 함께 한 경험이 많지 않다. 잠시 침묵한 후에, 그는 꿈속에서 본 검은 의자가 내가 앉아있는 의자와 비슷하다고 말했다. 그리고 나서 그는 잠시 멈추었고, 나에게서 시선을 돌려 카우치를 똑바로 바라보았다. 그는 "저것은 특이한 가구네요! 전혀 카우치같지 않고, 아기 침대 같아요"라고 말했다. 그는 그것의 뒤쪽에는 쿠션이 없고 한쪽 면에만 있다는 것을 알아차렸다. 그는 사람들이 정말 "저런 것 위에" 누울지 궁금해 했다.

나는, 꿈에서처럼, 누군가의 돌봄이 필요한 아기인-그, 지난주 우리가 만난 후에 갑자기 출현한 그리고 스스로 돌보도록 방치된 어린아이가 거기에 있는 것 같다고 말했다. 나는 아기가 그 주간의 두 끝 동안만 제 자리에 있어서 떨어질 위험에 처해 있다고 그가 걱정하는 것 같다고 덧붙였다. 눈이 커지고 입 모퉁이가 위쪽으로 올라가면서, 앤써니는 내 말에 놀라고 관심을 갖는 것처럼 보였다. 나는 계속해서 그가 아기로서의 그의 마음을 지원해주고 그 아기에게 위안 받는다는 느낌과 안전감을 주기 위해, 한 주에 두 번의 만남을 더 요청하고 있는 것이 아닌지 궁금하다고 말했다. 그리고 아마도 그는 내가 그를 감당할 수도 없고 또 그렇게 하기를 원치 않을 수도 있다는 염려를 표현하는 것 같고, 또한 우리 사이의 너무 많은 접촉이 아기 침대의 쿠션처럼 질식시키는 것일 수 있다는 두려움을 갖고 있는 것 같다고 말했다.

그는 분석가를 만나러 그렇게 자주 오는 사람이 있는지 실제로 궁금하다고 하면서, 수줍은 듯이 반응했다. 그때 그는 더 자주 오는 데 따른 비용을 감당할 수 없을지도 모른다고 생각했었고, 내가 그의 형편에 맞추어 상담료를 조정하는 데 동의하지 않을 거라고 생각했었다고 말했다. 그는 또한 지난주에 우리가 회기를 갖는 동안에 그가 카우치에 누울 수 있을지, 그리고 눕는다면 어떤 느낌일지에 대해 여러 번 상상했지만, 그것에 대해 나에게 묻는 것조차 너무 두려웠다고 말했다.

잠시 멈춘 후에, 앤써니는 지난 번 회기에서 언급하는 것을 깜빡했던 내용이 생각났다고 하면서, 놀랍게도, 자신이 아기 때 입양된 사람이라고 말했다. 그는 십대 초반이 되었을 때, 그의 친부모는 그를 양육하기에는 너무 어리고 가난해서 그를 낳자마자 그의 양육권을 포기했다는 말을 전해 들었다. 그는 지금까지 긴 세월동안 어째서 그 문제에 대해 전혀 생각해보지 않았는지 궁금하다고 말했다. 그것은 그저 과거일 뿐이었고, 그에게 의미 있는 것으로 다가오지 않았었다.

나는 앤써니에게 그의 출생과 함께 사라진 부모는 아기 침대의 사라진 양 측면과 같은 것일 수도 있다고 말했다. 어쩌면 그는 나에게 우리는 네 측면 모두를 필요로 한다는 것, 즉 베개가 있는 아기 침대 위에서 주 4회의 만남을 필요로 한다는 것, 또 그렇게 함으로써 그가 아동기 상실에 대해서 생각하는 동안 나와 함께 안전하다고 느끼고 나에 의해서 위안을 받을 수 있다는 것을 말하고 있는지도 모른다. 비록 아기-그가 나와의 그러한 밀접한 접촉에 의해서 그리고 그가 오래전에 잃어버렸던 감정과 최근에 잃어버린 감정들을 경험하는 것에 의해서 압도당하는 위험에 처할 수 있다는 것을 유념해야 할 필요가 있다는 사실이 분명했지만 말이다.

우리는 이 사례에서, 치료를 시작하는 시점에 제시된 꿈이 어떻게 쉽게 전이를 가리키는 것으로 취급될 수 있는지, 즉 어떻게 그것이 분석가와 환자 사이의 더 밀접한 연결을 확립하는 동시에 부가적인 무의식적 자료들을 활성화시키는지, 그럼으로써 환자가 스스로 감당할 수 없다고 느끼는 부담을 덜어주기 위해 기꺼이 씨름하는 분석가의 마음을 경험할 수 있게 하는지를 볼 수 있다. 우리는 또한 회기의 빈도와 카우치의 사용에 관한 불안을 야기하는 문제들이 환자의 자료에서 어떻게 출현하는지, 그리고 분석 작업의 초기에 그것들이 어떻게 다루어지는지를 볼 수 있다.

물론, 더 자주 만나고자 하는 환자의 욕망이 또는 카우치에 대한 호기심이 이처럼 치료 초기에 발달하는 현상이 항상 발생하는 것은 아니다. 많은 환자들은 분석가의 능력에 대한 신뢰가 서서히 자라나면서 차츰 그러한 인식에 도달한다. 나는 이제 나의 동료가 슈퍼비전을 위해 나에게 가져온 사례를 제시할 것이다.

코라

코라는 주 2회 치료를 시작했을 당시에 인공 수정을 포함한 집중적인 불임치료를 받고 있었다. 몇 주안에 코라의 자료는 좀 더 자주 치료를 받고 싶다"는 욕망을 말하기 시작했고, 그것이 "임신(conception)을 촉진시키는 데 필요한 것이라고 느꼈다. 분석가는 환자에게, 분석적 커플이 엄마-분석가의 마음속에서 태어나기를 소망하는 아기-코라를 임신(이해)할 수 있도록, 좀 더 자주 만나야 할 필요를 느낀 것 같다고 말했다. 환자는 이 해석에 깊이 감동받았고, 회기의 빈도를 점차적으로 주 3회로 늘였다.

치료를 받는 몇 개월 동안, 환자의 자료 안에는 그녀가 자신과 분석가를 "점점 더 잘 어울리는 커플"로 경험하고 있다는 증거가 드러났다. 그 자료는 또한 코라가 분석가를 점점 수용적이 되고 있고 그녀 자신을 "임신(생각)할 수 있는" 사람으로 보고 있다는 것을 말해주고 있었다. 이 기간 동안에 분석가는 환자의 가장 원시적인 공포를 더 잘 이해할 수 있었고, 그것을 말로 표현할 수 있었으며, 그것에 대한 얼마의 초보적인 이해를 시기적절하게 전달할 수 있다고 느끼기 시작했다. 하지만 환자는 매주 분석가를 보지 않는 나흘 동안 심각하게 우울하고 절망적이 되곤 했다. 그리고 이 시기에 제시된 자료는 아기가 바닥으로 떨어지거나, 유산되거나, 아니면 변기물과 함께 쓸려나가는 이미지들을 보여주었다.

코라는 태아를 지탱하도록 적절하게 구축되지 못한, 그 결과 임신이 된 후에 곧 태아를 잃어버리곤 하는, 자궁에 대한 느낌을 전달해주는 자료를 제시했다. 불임치료가 소용이 없고, 이 치료에 사용된 돈이 모두 허비되고 있고, 그녀가 필요할 때 불임치료 담당의사가 그곳에 없다는 등의 코라의 불평들에 대해서, 치료사는 그러한 의사소통들이 환자가 너무-길었던-나흘-동안에 겪었던 분석가에 대한 실망에 대한 표현으로, 그리고 그녀가 화가 난 상태로 월요일에 상담실로 돌아왔을 때 분석가와 벌이게 되는 피비린내 나는 전투의 경험을 나타내는 것으로 해석했다. 이런 식의 해석은 환자로 하여금 자신의 불만에 대해 분석가에게 보다 직접적으로 말할 수 있는 길을 열어주는 것처럼 보였다. 그리고 이러한 새로운 이해는 다시 한 번 코라가 분석시간을 한 시간 더 늘려달라고 요청하도록 이끌었다.

여전히 의자에 앉아있었지만, 이제 코라는 엄마의 젖가슴에 밀착된 채, 엄마의 무릎과 팔에 안겨있을 필요가 있는 아기에 대한 꿈들을 가져오기 시작했다; 머리를 가눌 수 없는, 앉아 있기에는 너무 어린 아기; 약탈자가 뒤에서 덮칠 것 같은 두려움; 아기인 자신을 어루만지는 아버지, 그리고 자신이 침대에 무력하게 누워 있는 동안에 질투와 분노에 가득 차서 칼을 들고 다가오는 어머니. 이 꿈들을 전이 안에서 다루는 작업—치료자와 가까워지고 싶고, 카우치에 눕고 싶은 코라의 소망뿐만 아니라, 그럴 때 자신이 취약해지는 것에 대한 두려움을 나타내는 것으로 읽는— 은 마침내 환자로 하여금 카우치를 사용할 수 있게 했고, 이어서 긍정적 형태와 부정적 형태 모두 안에서 전이 관계를 심화시켰으며, 그 결과 전이 관계는 더욱 촉진되었고, 환자는 짧은 기간 안에 주 5회 회기를 요청했다.

재정적인 고려사항

다음에 나는, 앤써니가 그랬던 것처럼, 초반부터 분석가와 더 많은 접촉을 원하는 욕망을 상당히 자주 인식하지만, 회기를 늘리는 것을 재정적으로 감당할 수 없다고 느끼는 환자들에 대해 말하고자 한다. 어떤 사람들은 이것을 치료 안에서 발생하는 초기 저항으로 간주할지도 모른다. 그러나 나는 그보다는 분석가의 저항에 대해 말하고자 한다. 때로 분석가는 그와 같은 자료에 대해서, 특히 더 잦은 접촉에 대한 욕구나 욕망을 나타내는 환자의 자료의 측면에 대해서 언급하는 것을 부지중에 피할 수 있다. 내가 이것을 분석 수련생들에게 지적할 경우, 그들은 종종 더 많은 회기에 대한 환자들의 욕망이나 욕구를 해석하는 것이 그들의 환자들을 감질나게 만드는 것일 뿐일 수 있다는 우려에 대해서 말한다. 다음 사례는, 그들 상황의 외부 현실과 상관없이, 우리 환자들의 심리적 현실에 대한 존중과 함께 "있는 그대로를 말하는 것"의 중요성을 보여줄 것이다. 왜냐하면 이런 문제들이 외부의 재정적 현실과 함께 직조되어 있고 묶여 있다는 점에서, 더 빈번한 접촉을 가로막는 부수적 방해물들을 제거하는 데는 엄청난 양의 작업이 필요할 수 있기 때문이다. 그 과정에서, 재정적 방해물은, 내가 릴리라고 부르는 환자의 분석에서처럼, 개선될 수도 있을 것이다.

릴리

28세의 대학원생인 릴리는 병원에서 내게 의뢰되어, 주 1회 기본으로 치료를 시작했다. 처음 몇 번의 면담에서 제시된 자료에서, 그녀는 만성적 우울증으로 고통 받고 있음이 드러났다. 그녀가 호소하는 내용은 부분적으로 자신이 결코 친밀하고 돌봐주는 관계를 성취할 수 없을 것이라는 절망감으로 가득했다. 내가 초기 절망감이라고 말하는 것의 현재 형태는 그녀가 여러 해 동안 만나온 한 남자와의 관계에서 표현되었다. 그녀는 거의 처음부터 이 관계가 결혼과 "아이를 갖는" 것으로 이어지기를 희망했다. 하지만 우리는 곧 이러한 생각 역시 나와의 친밀감에 대한 깊은 무의식적 동경—지속적인 분석적 결혼과 임신과 출산이 가능하며, 그렇게 해서 태어난 아기-릴리를 창의적인 인물로 자라고 발달할 수 있게 해주는, 분석적 커플의 탄생을 바라는—을 나타내는 것임을 알게 되었다. 릴리는 그녀의 정부가 재정적 적자를 이유로 결혼과 아이를 갖는 것에 대한 진지한 고려에서 도망쳤던 것처럼, 전이 안에서 그녀를 주 1회만 만나는 나 역시 진정한 커플-됨에 그리고 아기인-그녀를 돌보는 일에 헌신하는 것을 거절할지도 모른다고 두려워했다.

릴리의 욕구와 그것이 결코 충족될 수 없을 거라는 그녀의 두려움—그녀가 나에게 너무 적은 것을 제공하고 있다는 이유로

—에 대한 나의 해석은 그녀의 무력감을 감소시키는 것으로 보였다. 몇 주 지나지 않아서 그녀는 매주 추가 회기의 비용을 마련하기 위해 또 하나의 파트타임 직업을 얻어야겠다고 생각했고, 그렇게 요청할 수 있는 용기를 얻었다.

이제 릴리는 그녀가 대학원 공부를 하는 데 일부 도움을 주기도 했던 부모에 대해 이야기하기 시작했다. 그녀는 그들과 연락은 주고받았지만, 일부러 그들을 피했다. 오랜 우울증의 역사와 섭식장애를 갖고 있었고, 여러 번의 자살시도를 했던, 그래서 빈번히 병원에 입원을 해야만 했던 그녀의 여동생과는 거의 상관이 없이 지냈다. 나는 그녀가 한 이 말의 의미를 다음과 같이 해석했다: 내가 부분적으로만 그녀를 지원하고 있다는 느낌, 즉 일주일에 2시간씩만 만나주고 있는 이러한 상황이 그녀 자신의 반쪽인 매우 아픈 여동생을 도움을 받지 못하는 상태로 남겨두었고, 그녀의 그런 부분과의 접촉을 피하고 싶어 하는 사람이 바로 나라는 깊은 느낌을 표현하고 있으며, 그 결과 그 부분이 치료자와의 접촉에서 벗어나 있다는 느낌을 전달하고 있다.

비록 릴리가 처음에 그녀의 여동생에 대해 그리고 그 둘 사이의 강렬한 경쟁심에 대해 간략하게 말했음에도 불구하고, 전이의 분석에 의해 발굴되거나 암시된 일부 기억들과 꿈들은 이제 그녀의 여동생과의 관계가 지닌 복잡성들과 전이 관계 안에서 실연된 여러 가지 무의식적인 내적 상대역들의 구체적인 모습을 이해하는 데 도움을 주기 시작했다.

예를 들어, 어느 월요일 회기 중에, 릴리는 그녀의 남자친구가 아기를 좋아하지 않는다는 점점 더 커지는 느낌에 대해 말했다. 이것은 그녀가 그렇게 원하는 아이를 결코 가질 수 없을 것이라는 그녀의 두려움을 뒷받침하는 또 하나의 증거처럼 보인다는 점에서, 그녀를 힘들게 하는 것이었다. 나는 우리가 떨어져 있는 동안에 더 커진 의심, 즉 내가 아기-그녀를 좋아하지 않고, 내가 그녀를 원치 않는 존재라고 느끼도록 만들었다는 의심 때문에, 그녀가 절망상태에 빠져있을 수도 있겠다고 지적했다. 그때 그녀는 자신이 어렸을 때 아기인형을 가져본 일이 없고, 그녀의 부모에게 아기인형을 사달라고 요구하는 것이 두려웠다는 사실을 기억해냈다. 이러한 생각은 그녀로 하여금 그녀의 여동생이 충분히 걸을 수 있을 때까지 그녀의 아기-동생을 보는 것이 허용되지 않았던 사실을 기억나게 했다. 그리고 그녀는 이것을, 그녀의 부모가 그녀가 아기를 어떤 방식으로든 해할지도 모른다고 두려워했다는 의미로 받아들였다. 많은 시간이 지나서야 우리는 그녀가, 무력하고, 곤궁한 그녀의 아기-부분과 직접적으로 접촉하는 것이 위험하다고 느꼈다는 것을 확실히 알게 되었고, 그래서 보호를 위해 아기인-그녀를 눈에 보이지 않는 곳에, 그녀의 마음 바깥에 두어야했다는 것을 이해할 수 있었다. 그러나 이러한 확신에도 불구하고, 마치 그녀가 나와의 더 많은 접촉을 요청하는 것을 두려워했던 것처럼, 아기인형 또는 여동생과의 접촉을 원하면서도 그것을 요청하는 것을 두려워했던 릴리도 거기에 있었다.

릴리는 같은 회기에서, 그녀가 쇼핑을 하다가 어린 여자아이를 본 적이 있다고 말했다. 뒷모습을 보았을 때, 그 여자아이는 너무 말랐고 수척해서 릴리는 그 아이가 심하게 아플 것이라고 속으로 생각했다. 그리고 그 여자아이가 뒤돌아섰을 때, 릴리는 그 아이가 자기 여동생이라는 것을 알았다. 릴리는 자신의 여동생의 허약한 모습에 너무 놀란 나머지 그녀가 상점을 떠날 때까지 자신의 몸을 숨겼다. 이 사건에 대한 릴리의 보고는 수년간 굶주리고 방치된 아기-그녀의 상태를 보는 것 또는 깨닫는 것에 대해 그녀 자신이 얼마나 두려움을 느꼈는지, 이러한 자신의 측면으로부터 얼마나 계속해서 숨으려고 했는지, 그리고 그 결과 그녀의 끔찍한 죄책감을 얼마나 항구화시켰는지를 이해할 수 있게 해주었다.

그 다음 회기에서, 릴리는 수백 마리의 쥐들이 그녀가 일하는 식당 또는 시장을 돌아다니는 꿈을 보고했다. 꿈속에서 그녀는 그녀의 "상사"에 의해 빗자루로 쥐들을 때려잡으라는 지시를 받았다. 계산대에는 티들리윙크스라는 게임(tiddlelywinks: 평면 위에 있는 작은 원반을 큰 원반으로 밀어 튕겨서 멀리 떨어져 있는 용기 안으로 집어넣는 놀이)을 하고 있는 고객이 있었다. 그녀는 쥐들을 없애는 것을 도와주지 않으며 수다만 떨고 싶어하는 그 고객에게 화가 났다. 그녀는 그 쥐들 중 한 마리를 죽일 수 있었지만, 다른 쥐들은 모두 도망쳤다. 이 꿈의 의미는 곧 분명해졌고, 그래서 나는 다음과 같이 해석했다: 릴리가 그녀의 쥐처럼 도망치는 유아적 허기와 의존의 감정들을 죽이는 것을 도와주지 않는 나에게 무척 화가 난 것 같으며, 그처럼 그녀의 유아적 부분을 죽이라고 지시를 하고 있는 것은 그녀 자신의 상사 같은 부분이고, 이런 감정에 대해 그녀와 이야기를 하고 싶어 하는 나의 욕망이 시간낭비요, 한가한 게임에 지나지 않으며, 내가 그녀를 돕기 위해 아무것도 하지 않을 것이라고 그녀가 느낀 것 같다.

한 주가 지났을 때, 릴리에게 있어서 여동생은 그녀가 사람들과 관계 맺는 것을 두려워하고 고통스러울 정도로 수치스러워했던 정신증적이고, 통제 불능이며, 자살 성향이 있는 그녀 자신의 부분을 나타낸다는 것이 더욱 분명해졌다; 그녀의 창조적 역량을 앗아가 버리거나, 좀 더 정확하게는, 차지해버리겠다고 위협하는 시기에 찬, 탐욕스러운 강탈자; 뿐만 아니라 항상 그녀의 발목을 잡는 마비되거나 발달하지 못한 릴리의 부분.

전이 안에서, 릴리에게 있어서 나는 곧 이 모든 것들이 되었다. 이 기간 동안에, 그녀는 종종 자신의 증오로 인해 나를 파괴시킬 것을 두려워했다; 그녀는 자신이 학교생활에서 가졌던 좋은 경험들을 내가 앗아가는 것; 그녀가 치료를 받고 있다는 것이 알려져서 자신이 수치심을 느끼게 되는 것, 또는 내가 나의 무능력으로 인해 분석에서 그녀의 발달을 가로막고 있는 것 등에 대해서 두려워했다. 후자와 관련된 것은 모성적 전이였는데, 그 전이 안에서 릴리는 무책임한 엄마인-나를 돌보고, 교육시키며, 준비시킬 뿐만 아니라, 나의 분별없는 무능함의 뒤처리를 하는 "똑똑한 아기"로서 취급되든지, 아니면 엄마인-나에 의해서 원치 않는, 버려지고, 방치된, "바보 같고, 추하고, 지저분한 아기"로서 취급되고 있었다. 이런 식으로 릴리는 그녀의 돌봐주는 대상의 시기심과 관련된 불안과(그녀가 나를 자신에게 의존해 있다고 경험할 수 있었을 때), 대상에 대한 감사와 관련된 고통을(내가 그녀의 자원을 모두 고갈시켰다고 그녀가 느낄 수 있었을 때) 막아내고 있는 것처럼 보였다.

나는 또한 때때로 스스로 초래한 혼수상태에 빠져있는, 당뇨병을 앓고 있는 아버지로서의-분석가로 경험되었다: 의식이 없고, 생각이 없으며, 말이 없는(특히 내가 침묵하는 동안), 또는 잔인하고, 냉혹하고, 실수를 연발하며, 이해할 수 없는 아버지로서의-분석가(그녀가 나의 해석을 학대적이고 의미 없는 것으로 경험했을 때). 릴리가 나에 대한 적대감을 드러내기를 꺼려하는 것은 매우 권위적이었을 뿐만 아니라, 그녀에게 신체적으로 폭력을 행사했던 것으로 보이는 그녀의 아버지와 가졌던 초기경험에서 온 것으로 보였다. 한 번은, 아버지가 릴리를 바닥으로 밀치고 발로 찼던 특별히 잔인했던 순간에 그녀가 아버지에게 반격을 가한 적이 있었다. 자신을 방어하고자 했던 릴리의 이러한 시도는 아버지의 폭력을 더욱 악화시키는 역할만을 했다. 이 기간 동안에, 릴리의 침묵은 그녀를 폭력적으로 공격하는 것처럼 느껴졌던 해석들로부터 그녀 자신을 보호하려는 수단으로 사용되었던 것으로 보였다.

이제 릴리가 분석적 세팅과 관계의 한계 안에 내재하는 불가피한 좌절들 앞에서 격노의 감정뿐만 아니라 그녀의 욕구나 소망과 관련해서 분석 초기에 나에게 직접적으로 말할 수 없었던 그녀의 무능력이 "우유팩에 직접 입을 대고 우유를 마시지 말라"는 어머니의 금지에 대한 생생한 기억과 관련되어 있는 것으로 드러났다. 자료를 보고하고 해석에 반응하는 릴리의 간접적인 방식은 어린 시절 우유를 마실 때 사용했다고 기억되는 유리컵 안에 담긴 굽은 빨대를 닮은 것이었다. 이 기간 동안에, 그녀는 종종 어머니와 통화하려고 집에 전화를 할 때마다 아버지가 전화를 받았기 때문에, 어머니와 통화하기 위해서는 항상 아버지를 거쳐야만 했다고 보고했다. 이것은 항상 아버지에 의해 검열을 거쳐야만 했고, 그의 동의하에서만 이루어질 수 있었던, 어머니와의 우회적인 접촉에 대한 릴리의 느낌을 가리키는 것으로 보였다. 그녀가 나를 사용할 수 없는 사람으로 경험하고 있는 것은, 아직 의존 상태에 있던 어린-릴리가 그녀 자신의 욕구보다도 아버지와 아기인-여동생의 욕구를 우선시하도록 어머니에 의해 강요받았던, 그녀의 초기 경험을 반복하는 것처럼 보였다.

우리의 연결에 대한 이러한 장애물들에도 불구하고, 치료를 시작한지 1년 정도 되었을 때, 릴리는 담기는 주제와 관련된 자료를 가져오기 시작했다. 예를 들어, 그녀는 어느 백화점 광고지에서 자루처럼 생긴 아기 눈옷을 할인 판매한다는 광고를 보았다고 보고했는데, 그 옷은 안전하고 따뜻한 것에 대한 그녀의 꿈에 근접하는 것이었다. 그녀는 그 옷과 관련해서, 거기에는 손과 발이 자유롭게 움직일 수 있는 공간이 없어 보였기 때문에(즉,

적절히 분절되지 않았기) 폐소공포증의 느낌이나 움직임에 대한 얼마의 제한이 있을 수 있다고 상상했다. 그러나 무엇보다도 그 옷은 그녀에게 안전함과 따뜻함을 제공하는 것으로 보였다.

릴리는 곧 나에 대한 화난 감정들뿐만 아니라, 그 당시 그녀의 삶속에서 발생하고 있는 매우 긍정적인 발달과 관련해서 그녀가 경험했던, 감당할 수 없는 흥분을 내가 담아낼 수 있었다는 느낌을 표현하기 시작했다. 그녀는 점점 더 전이 안에서 그녀가 과거에 경험했던 나를, 그녀의 경험과 발달을 왜곡하거나 제한하기보다는 그것들을 명료하게 구분해주고 담아줄 수 있는, 믿을 만한 새로운 대상으로서의 나에게서 구별할 수 있게 된 것처럼 보였다.

분석이라는 돌봐주는 안전한 환경 안에 안겨있는 릴리의 감정들은 그녀가 나에게 의존해 있다는 인식의 증가로 인도했다. 나와 더 친밀해지고 싶은 그녀의 증가된 동경은 다시금 그녀를 공허함과 외로움의 감정들에, 그리고 내가 부재하는 동안에 내면에 아무것도 없다는 감정들에 더 가까이 데려다주었다. 처음에 릴리는 이 "공허한 감정"을 그녀의 스케줄을 가득 채우는 방식으로 대처했다. 특히 그녀의 학교과제와 직장과제를 주말까지 미루곤 했는데, 그것들을 마치려면 꼬박 24시간을 작업해야 할 정도였다. 물론 이것이 산산조각 나는 그녀의 끔찍한 감정들을 효과적으로 막아내는 역할을 했지만, 그것은 릴리에게 엄청난 압박감을 부과했다. 그것은 그녀를 단단히 조여 주는 제2의 피부 역할을 한 것처럼 보이는(Bick, 1968) 꽉 조이는 아기-눈옷처럼 그녀를 담아주었지만, 이제 지친 릴리는 자신이 붕괴 직전이라고 느꼈고, 마구 음식을 먹기 시작함으로써 속이 채워지는 느낌을 얻고자 했다.

그때쯤, 거기에는 또한 나에게 의존할 수 있는 아기-릴리뿐만 아니라 분석과정 안에서 나와 창의적인 교류에 참여하고 있는 성인-릴리에 대한 망상적 시기심이 출현했다. 그 시기심은 일관되게 방치되고 무시되었다고 느꼈던, 그래서 그녀 자신이 스스로 지키고 먹여주어야 한다고 느꼈던 환자의 부분에서 나오는 것처럼 보였다: 너무 화가 나서 나의 관심과 사용 가능성을 빈번히 거절했던 그녀의 부분. 이 거부는 종종 릴리로 하여금 자신이 부드럽고, 취약하고, 무력하고, 곤궁하며, 무방비 상태라는 느낌보다는 "단단하고 못됐다"고 느끼게 하는 데 도움을 주는 것으로 보이는, 일종의 침묵의 형태를 띠고 있었다.

그러자 릴리의 역사의 또 다른 측면이 표면으로 떠올라오면서, 복잡한 기법적 딜레마가 드러났다. 예를 들어, 릴리가 자전거를 타거나 혼자 길을 건너는 것을 부모가 허락하지 않았을 때, 그녀는 항상 자신이 도움을 요청하지만 아무도 듣지 않고 돌보지 않는 상태에 남겨졌고, 스스로를 돕는 것이 금지된 상태라고 느꼈었다. 실제로 릴리는 자신이 보통 아이들이 그렇게 하는 것처럼, 넘어지거나 실패한 다음에 누군가에 의해 일으켜 세워지거나 스스로 일어나는 것을 경험하도록 허용되지 않았다고 느꼈다. 그러므로 넘어진다는 것은 초기 유아적 형태 안에서 성장이 멈춘 그녀에게 있어서 끔찍스런 위협으로 남게 되었다. 게다가 그녀는 자신의 두려움에 더해서, 부모의 두려움들을 물려받은 것처럼 보였다. 릴리는 그녀의 부모가 그리고 전이 안에서 내가 그들 자신들의 위험한 아동기 외상들을 재경험하는 것을 막기 위해, 즉 그들 자신들을 위해 그녀를 안전하게 보호하고 있는 거라고 생각했다.

부분적으로 그녀의 이런 경험, 즉 그녀의 부모가 자신들의 아동기 경험을 인식하는 것을 보호하기 위해 그녀를 필요로 했던 경험은 그녀의 정체성의 중심에 자리 잡고 있는 것 같았고, 그녀의 존재 이유인 것 같았다. 이것은 그녀가 다른 사람들에 대한 의무와 책임을 앞에 두기 위해서 더 많은 분석 회기에 대한 욕구를 포함한 그녀 자신의 욕구들을 몰수해야 한다고 스스로에게 강요할 정도로 강력한 것이었다. 그와 동시에, 의무들을 그처럼 엄격하게 지키는 것은 전능적으로 창조된(Symington, 1985), 안전하게 믿을만한 정신적 구조로서 기능했던 것처럼 보였다. 그 구조 안에서 릴리는 "그렇지 않으면 세상은 멸망할 것"이라는 압도하는 공포로부터 비교적 안전하다고 느낄 수 있었다. 다른 이들의 욕구들과 욕망들에 대한 이런 몰두 없이는, 그녀는 텅 빈 공간을 직면해야 했고, 그 텅 빈 공간은 "모든 것을-아는 자"로 채워져야만 했다.

　부모가 직면하기를 두려워하는 일이 실제로 일어날 수 있다는 가능성은 그녀에게 감당할 수 없을 정도로 공포스러운 것이었기에, 그녀는 지금 나의 침묵을 "알려지지 않은 위험"으로 경험했다. 여러 번 나는 내가 그녀에 대해 생각하고 있는 것 또는 경험하는 것이 무엇인지 알기 위한 시간을 갖기도 전에, 무언가를 말해야만 한다는 느낌을 가졌다. 그것은 마치 그녀가 내가 더 이상 그곳에 없다는 두려움을 달래기 위해 나의 목소리를 들어야만 하는 것과도 같았다. 아마도 이것은 부분적으로 그녀가 지구상에서 무(nothingness)로 떠내려갈 것 같다고 느꼈던 순간들 동안에 우리 사이에 존재했던 공간을 내가 채워주기를 바라는 그녀의 욕구의 표현이었을 것이다. 내가 제공하는 해석의 내용과는 상관없이, 나의 목소리는 그녀를 붙잡아주는 것 같았다 (Mitrani, 1992). 휴일 휴가가 시작되기 직전에 도달한, 이런 사실에 대한 나의 이해는 그녀를 안심시키는 것 같았고, 그녀로 하여금 내가 그녀에게 중요한 존재임을 인식하는 것을 싫어했다는 사실을 인정하도록 이끌었다. 왜냐하면 이러한 자각이 내가 없는 동안 그녀로 하여금 아무것에도 붙어있지 않은 상태에 처해 있다고 느끼게 만들었기 때문이었다.

분석의 이 기간 동안에 릴리는 자신의 욕구들에 대해 더 자유롭고 분명하게 생각하기 시작한 것처럼 보였고, 그녀가 지금껏 자신에게 허용했던 것보다 더 많은 것을 누릴 자격이 있는 가치 있는 사람으로 스스로를 보기 시작한 것처럼 보였다. 그 후에 그녀는 더 적합하고 높은 보수를 받는 일자리를 모색하기 시작했고, 그것을 찾을 수 있었다. 그리고 그녀는 수입과 자존감의 극적인 증가와 함께, 나에게 주 2회의 회기를 부가적으로 요구할 수 있었다.

결론

이 장을 끝내면서, 나는 드물지 않게 우리를 찾아오는 또 다른 범주의 환자들, 즉 때 이른 중단 또는 난관이나 교착상태로 인해 좋지 않게 끝난 이전 분석의 잔여물을 가져오는 환자들에 대해서 간략하게 언급하겠다. 이런 경우, 우리는 종종 분석적 내용에 도달하지 못하도록 단단하고 뚫고 들어갈 수 없는 보호적 장벽으로 작용할 수 있는, 그리고 더 많은 환멸의 위협을 담고 있는, 이미 형성된 부정적 전이를 물려받을 준비를 해야만 한다. 과거의 분석에서 겪었던 실망들은 우리로 하여금 그것들을 설명을 통해 해결하고 싶어 하도록 부추기는 경향이 있고, 그런 설명을 듣고자 하는 환자의 압력은 강한 것일 수 있다. 그러나 우리가 이 힘든 상황에서 환자를 안심시키기 위해 행하는 우리의 모든 노력들은, 즉 이번에는 다를 것이라는 주장은 대부분 실패로 끝난다. 분석에서 가졌던 "나쁜 경험"의 상처를 치유하기 위해서 "치료"를 받으러 오는 환자들은 과거와 현재 사이의 차이점에 관한 설명을 듣기보다는, 그 차이를 경험할 필요가 있다.

실제로, 오직 관용적인 태도를 유지함으로써 그리고 그런 환자들과의 바로 첫 만남에서부터 부정적 전이 안에서 발생하는 것들을 끌어모으는 일에 세심한 주의를 기울임으로써, 분석 안에서 과거에 배신당했던 환자들의 신뢰를 되찾을 수 있다. 다음에 제시하는 사례들은 아마도 이러한 나의 견해를 확인해줄 것이다.

마크

마크는 아주 오랜 기간 지속했던 분석을 종결한 후에 나에게 의뢰되었다. 이것이 내가 그와 첫 회기를 갖기 전에 알고 있던 전부였다. 그는 정시에 도착했다. 대기실로 가는 문 앞에서 그에게 나를 소개했을 때, 그는 말이 없고 뚱한 상태였다. 그는 벽을 스치면서 복도에서 나를 지나쳤고, 문지방을 넘어설 때에는 나와 너무 가까이 있어서 부딪치는 것을 걱정하는 것처럼 보였다. 그는 눈을 내리뜬 채, 카우치를 마주보면서 나의 맞은편 의자에 앉았는데, 꽤나 우울하고, 정서적으로 지쳐있고, 얻어맞아서 멍이 든 것처럼 보였다. 나는 그에게 접촉하는 것이 너무 아픈 것이 아닐지 걱정스러웠다.

마크는 그의 전 분석가가 은퇴 의사를 밝힌 것이 분석을 끝내겠다는 그의 결정을 촉발시켰다고 말하면서 나와의 분석을 시작했다. 하지만 그는 그의 분석가가 은퇴하기 때문이 아니라 분석

자체가 사실상 오래 전에 끝났다는 것을 알고 있었기 때문에 그 분석을 종결지었다는 사실을 내가 알아주기를 바랐다.

마크는 자신이 결혼을 했고, 아기도 있다고 말했다. 그는 단순히 강렬한 성적 매력에 기초한 그리고 그것에 의해 지탱되었던 다른 여성과의 오랜 관계를 끝낸 직후에 그의 지금 아내와 사귀기 시작했었다. 그는 자신이 이전 여성에게 끌렸던 것과 똑같은 방식으로 그의 아내에게 끌리지는 않았지만, 그녀가 좋은 사람이라고 느끼면서 그녀를 좋아했고 존경했다. 그러고 나서 그는 자신이 비록 아이를 사랑하지만, 결코 아버지가 되지는 말았어야 한다고 말했다. 그는 그들의 아기가 태어난 후로, 아내와 함께든 아니든, 종종 자신이 아내에 의해서 방치된다고 느꼈고, 자신의 삶을 가질 수 있는 시간이 없다는 점이 싫다고 느꼈다. 그는 그의 아내는 아이를 낳기 전에 즐기던 많은 활동들을 계속할 수 있는데 반해, 자신은 수렁에 빠진 것 같다는 점이 증오스럽기는 하지만, 아내가 외출하고 없을 때 자신은 혼자서 아이와 함께 보내는 시간을 즐긴다는 말을 덧붙였다. 마크는 여러 해 동안 심리적으로 살아있다고 느끼지 않았고, 또한 직업에서도 실패한 사람이라고 느꼈다. 그는 종종 적어도 신체적으로 살아있다고 느낄 수 있도록 이전 애인과 바람을 피우는 것을 생각하곤 했지만, 그것이 그의 결혼생활에 파탄을 가져올까봐 두려워했다.

그는 나의 동료이기도 한 그의 친구가 내가 쓴 책을 감명 깊게 읽고 나서 그것에 관해 그에게 말해주었다는 말로 자신의 독백을 마무리했다. 하지만 그는 자신이 아직도 누군가가 자신을 도와줄 수 있을 거라는 믿음을 갖고 있지는 않다고 경고했다. 그는 또한 나의 남편이 나와 사무실을 함께 사용하고 있는 것이 마음에 들지 않는다고 말했다.

시간이 지나면서 나는 마크에게, 한 수준에서 그는 나에게 아무런 강한 정서적 매력을 느낄 수 없고, 내가 아기인-그를 위해 아버지 역할을 할 수 있을 거라고 실제로 느끼지 않는다고 말하고 있는 것처럼 보인다고 말했다. 그는 그의 이전 분석이나 그의 현재 결혼에서 경험하고 있는 것처럼, 또 하나의 죽은 관계에 갇히게 되는 것을 두려워하고 있지만, 그는 또한 만일 그가 나와 함께 살아있다는 느낌에 도달한다면, 그것이 그의 결혼을 끝장낼지도 모른다고 두려워하는 것 같았다. 나는 그가 나에 대해 강렬한 느낌을 갖기 시작한다면, 그 자신이 취약해지고, 내가 없는 주말 동안에 마음이 황량해질 것이며, 내가 그를 배신할지도 모른다고 두려워하는 것 같다고, 그리고 그것이 그에게서 삶을 앗아갈 거라고 느끼는 것 같다고 말했다(그의 아내가 아이와 함께 지낼 때, 아내에 의해 배신당했다고 느꼈듯이, 또는 아내가 자신과 아기만 남겨 놓고 외출할 때 아이와 동일시하면서 느꼈던 것처럼).

마크는 고통스러워 보였고, 자신은 이것이 사실이라고 생각한다고 말했다. 그러자 고통스러운 표정은 극도의 동요와 초조함으로 바뀌었고, 그는 서둘러서 자신이 "전에는 바보였다"는 말을 덧붙였다. 잠시 침묵이 흘렀고, 그 다음에 그는 자신이 신문에서 읽은 선한 사마리아 사람에 대한 이야기를 생각하고 있다고 말했다. 그 선한 사마리아 사람은 잘못된 시간에 그리고 잘못된 장소에 있었기에, 한 미친 사람의 손에 의해 두개골이 깨졌다는 이야기였다. 그는 그 이야기를 읽었을 때, 그런 일이 일어난 것에 대해 이상한 죄책감을 느꼈다고 말했다. 나는 여기에서 마크가 말한 모든 말의 표면 아래에서 부글부글 끓고 있는, 정신분석에 대한 그의 고통스러운 실망과 그 실망감에 대한 이차적인 격노에 대해 어떤 식으로든 말해줄 필요가 있다고 느꼈다. 나는 그가 그토록 오랜 기간에 걸쳐 그를 삶으로 데려오는 데 실패했던 이

전 분석에 대한 인식에 의해 자신이 얼마나 짓뭉개졌다고 느끼고 있는지를 나에게 알려주고 있는 것 같고, 한편으로 호의적인 나의 의도를 느끼면서도, 그의 아물지 않은 상처로 인해 내가 하는 말들이 믿을 수 없을 정도로 고통스럽고 그를 미치게 하는 것이 될까봐 두려워하고 있는 것 같다고 말했다. 그리고 그 결과, 그가 지금 나와 헤어지기를 원하고 있고, 또 그런 자신에 대해 죄책감과 수치심을 느끼고 있다고 말해주었다.

마크는 안도감과 함께 첫 번째 시간을 끝낸 것처럼 보였고, 다음 주부터는 주 2회로 만나자고 요청했다. 다음에 이어지는 회기들은 내 사무실과 나 자신의 물리적인 특질들에 대한 몰두를 드러내는 자료, 특히 나의 "커다란 젖가슴"과 사무실 장식에 대한 서술로 가득했고, 내가 그에게 맞지 않는 분석가라는 사실을 그가 알게 되는 것에 대한 두려움으로 채워졌다. 회기들 사이의 기간에 발생하는 공황상태에서 환자에 의해 시작된 전화 접촉은 살아남기 위해서 나에게 매달리는 어린-그에 대해서 내가 어떻게 느끼는지를 그에게 전달하도록 이끌었다. 그는 그와 같이 나에게 매달림으로써 나를 경험했던 방식과 내가 나 자신을 경험하는 방식 사이를 구별할 수 있는 능력을 상실한 상태였다. 그것은 또한 나의 신체적 현존이 또는 나의 "연구 업적"이 그에게 깊은 인상을 주었다는 점에서, 내가 그에게 말하는 방식을 통해서 그가 지각할 수 있었던 내 마음 속에 있는 어떤 것보다도, 그런 나의 외적인 측면에 매료되는 것에 대한 두려움을 나타내고 있었다. 나의 사무실과 관련해서, 우리는 그가, 만일 내가 잘 정리되어 있고 사려 깊게 통합되어 있는 사람이라면, 그런 나는 대부분의 시간동안 무질서하고 여기저기 어질러놓는 어린-그를 이해할 수 없거나, 또는 어린-그에 의해 거절될지도 모른다고 염려하고 있음을 이해하게 되었다.

어느 한 회기에서, 마크는 자신의 이전 분석가와 나 사이에 다른 점이 있는지 확신할 수 없다고 말했고, 자신은 "항상 살피고" 있다고 고백했다. 나는 그가, 내가 이전의 분석가가 아니라는 사실을 확실히 하기 위해서 나를 지켜봐야만 한다고 느꼈을 거라고 생각한다고 말했다. 그러자 그는 웃었고 그런 말을 듣는 동안 자신은 카우치에 눕고 싶지 않다고 생각했다고 말했다. 왜냐하면 카우치에서는 자신이 누구인지 잊을지도 모르고, 또 한 번의 나쁜 분석 안에서 깊이 퇴행함으로써 자신을 상실할지도 모른다고 느꼈기 때문이었다. 그는 자신이 항상 "말의 똥구멍에 박힌 채 머리가 온통 똥 속에 빠져있는" 느낌이라는 말을 덧붙였다. 나는 아마도 그가 자신의 머리가 내 책 속에 빠져있다고 느끼고 있으며, 이곳이 그에게 잘못된 장소라고 느끼는 것 같다고 말했다. 아마도 그는 내가 그만을 위해서 그리고 그에 대한 반응으로 어떤 새로운 생각을 만들어낼 수 없을 것이라고 두려워했던 것 같다. 그는 내가 그를 "책에 기록된 것"에 따라 대할지도 모른다고 두려워했고, 그가 정신을 차리고 방어를 게을리 하지 말아야겠다고 느꼈던 것 같다. 놀랍게도, 다음 회기에서 마크는 카우치에 눕기로 결정했고, 그 후 오래지 않아 그의 회기를 주 4회로 늘려달라고 요청했다.

넬

마크처럼, 넬은 그녀의 이전 분석가의 행동에 대해 불평하면서 분석에 들어왔다. 그녀는 그 분석가를 "조종하고 겁을 주는 사람으로" 서술했고, 자신이 10여 년간을 끊임없는 항거와 함께 그런 상황을 견뎌왔다고 말했다. 그녀는 분석가의 "종교"와 그녀 자신의 종교가 결코 양립할 수 없었다고 말했다. 그러고 나서 전날 밤에 꾼 꿈을 보고했다:

> 그녀는 교회에서 열린 파티에 있었는데, 거기에 있는 사람들은 모두 마치 오페라의 유령에 나오는 가면무도회에서처럼 분장을 하고 있었다. 그들은 그녀처럼 가톨릭 신자가 아닌 배우들이었다. 교황은 성만찬 의식에서 성체를 받아먹는 사람들을 바라보고 있었다. 넬은 축복을 받고 성체를 받아먹으러 복도를 따라 걸어올라갔는데, 그때 황금빛 다이아몬드 가운을 입은 남자가 그녀를 향해 걸어오는 것을 보았다. 그들은 함께 제단으로 걸어 올라갔다. 그는 그리스도처럼 보였지만 실은 배우일 뿐이었다. 넬은 그가 성찬을 받은 다음 그것을 삼키지 않음으로써 신을 모독하려고 작정했다는 것을 깨닫고는, 그를 멈추게 하려고 소리를 질렀다.

그 꿈에 대한 넬의 연상은 그녀의 이전 분석가가 그녀에게서 신앙을 앗아가려고 시도했다는 것과, 비록 그녀가 나 역시 분석가라는 것을 알고 있지만, 단지 심리치료를 받으러 왔을 뿐이고 일주일에 한번만 올 생각이라는 것이었다. 비록 나 역시 이 꿈이 가진 많은 함축들을 인식했고 그것들을 염두에 두고 있었지만, 다시 말해서, 아마도 내가 제공하는 것을 단순히 받아들이는 것처럼 보이는 넬의 한 부분에 대해 미리 경고해주는 것일 수 있고, 그런 식으로 우리의 분석 작업이 실패할 수 있다는 것을 알았지만, 나는 그 꿈이 어떻게 그녀가 분석에 대한 믿음을 잃어버렸는지 그리고 내가 "구세주"가 아니라는 의심을 강하게 소통하고 있는지를 말해주는 것 같다고 말했다. 나는 그녀가, 내가 그녀의 종교에 대해 적대적일 뿐만 아니라, 분석이 그저 그녀의 삶에서 자신을 보호하고 양분을 주는 것을 통해서 그녀의 삶을 조직해온 방식일 뿐이고, 개인적인 신에 대한 모독 행위에 지나지 않을지도 모른다는 생각에 두려워하는 것 같다고 덧붙였다(Mitrani, 1996). 그녀는 내가 그녀를 또는 그녀의 생존방식을 존중하지 않고, 단순히 그녀를 위해서가 아니라 나 자신의 목적을 위해 그녀를 이용하고 착취할까봐 두려워하고 있었다.

이 회기 후에 오래지 않아서, 넬은 그녀의 이전 분석에 대한 몰두를 떠나보낼 수 있는 것처럼 보였고, 내가 우리 관계의 현맥락 안에서 표현된 그녀의 모든 경험들과 과거 불만들을 충분히 존중해줄 수 있고 그것들에 적절하게 주의를 기울일 수 있다는 것을 발견하면서, 나와 함께 하는 새로운 과정을 받아들였다.

이 장에서 논의된 이러한 경험들은, 나로 하여금 주의 깊은 분석적 경청과 회기 내 지금-여기에서의 환자의 경험에 대한 일관된 해석은 분석이 시작되는 바로 그 순간부터 유아적 전이의 출현을 촉진시킬 수 있고, 정신분석에 대해 "환자를 교육"할 필요성을 없애준다는 사실을 믿게 해주었다.

제 2 장
"다른 이름으로 불려도 장미는 장미다":
권위적인 진술에 직면하여 분석적으로 작업하기*

믿음들이 어느 정도 수정이 필요할 때,
우리는 많은 두려움과 함께 그 수정을 행한다,
그때 우리의 세상은 새롭게 보이고, 우리가 새로운 공식에
익숙해질 때까지
사물들은 모두 생경해 보일 것이기 때문이다.

- 아놀드 터스틴, 1984, 개인적 대화에서

도입

1장에서, 나는 정신분석에 대해서 거의 알지 못하는 개인들, 즉 회기의 빈도에 대한 개념도 없고 카우치의 사용이라든지 우리가 "전이"라고 부르는 것 안에서 진화할 수 있는 친밀한 관계에 대해서 아무런 아이디어가 없는 사람들과 치료적 과정을 시작하는 것에 대해 다루었다. 그 장에서, 나는 환자가 무의식적으

---

* 이 논문의 초기 버전은 로스앤젤레스 The New Center for Psychoanalysis의 초청으로 2014년 1월 23일에 열렸던 학술모임에서 발표되었다.

로 소통하고 싶어 하는 유아기에 일어났던 일들에 대한 내용을 경청하고 그것에 대해 말하는 것과, 그러한 일들이 최초로 접촉하는 순간부터 그리고 그 후로 계속해서 분석가와의 직접적인 관계 안에서 재경험되고 있다는 암시들을 경청하고 그것을 다루는 것을 지지했다.

이 장에서, 나는 분석에 "대하여 모든 것을 알고" 있는 것처럼 보이지만, 아직 그것을 경험해보지 못한 개인들과 분석을 시작할 때 부딪치게 되는 몇 가지 잠재적 장애물들을 보여주려고 시도할 것이다. 분석적 과정을 시작한다는 것은, 어떠한 상황에서는, 피분석자와 분석가 모두에게 위험이 따르는 일이라고 말할 수 있다. 비온은 그것을 다음과 같이 말했다:

두 사람이 만날 때, 정서적 폭풍이 생성된다. 만일 그들이 서로를 알 수 있을 정도로 충분히 접촉한다면, 또는 서로를 알지 못할 만큼 충분히 접촉하지 않는다면, 하나의 정서적 상태가 이 두 사람의 결합에 의해서 산출된다. 그로 인해 발생하는 동요가 그들이 전혀 만나지 않은 상태에 대한 필수적인 개선으로 간주될 가능성은 거의 없다. 그러나 그들이 만났기 때문에 그리고 이 정서적 폭풍이 발생했기 때문에, 이 폭풍에 참여한 두 사람은 "나쁜 일을 최상의 것으로 만들기 위해" 무언가를 결정할 수 있다(Bion, 1979, p. 247).

비온은 또한 다음과 같이 경고했다:

인간 존재는 무지와 호기심의 실행, 이 두 자리를 차지하기 위해 일종의 권위적 진술을 갈망한다; 그들은 그런 방

식으로 무지와 질문들의 반복에서 오는 불편한 느낌들을
멈추게 하고 싶어 한다. 반복되는 질문들은 심지어 반복
강박으로 알려진 것일 수도 있지만, 반복 강박은 사실 지
금까지 어떤 원천에서 온 어떤 권위적 진술에 의해서도
끌어낼 수 없었던, 인간 호기심의 불꽃일 수 있다(Bion,
1979, pp. 229-230).

한편으로, 비온은 정신적 진실을 추구하는 데 적극적이고 끈
질기게 참여하는 인간 본성의 측면이 있다고 제안하는 것으로
보인다. 나는 이것이 정확하게 분석가가, 만일 그가 그것을 원한
다면, 함께 작업동맹을 형성할 수 있는 환자의 부분이라고 생각
한다(Zetzel, 1956). 다른 한편으로, 비온은 알지 못함에 의해 자극
된 그리고 알지 못함의 인식에 의해서 동기화된 "호기심의 실
행"에 의해서 자극된, 불편한 감정들—그가 정서적 난기류라고
부르는—이 존재한다고 지적한다. 이와 관련해서, "권위적 진술"
을 제시하는 것을 통해서 위로 받는 느낌을 회복하고 더 이상의
질문을 차단하려고 노력하는 인간 본성의 또 다른 측면이 존재
하는 것처럼 보인다. 사실상, 인격의 이러한 두 측면은 분석가와
환자 모두에게서 발견될 수 있다.

장래의 분석적 커플의 각 멤버들이 그들 자신만의 권위적 진
술들의 몫을 가진 채 치료에 온다는 것을 인식하는 것 역시 중
요하다. 이것들은 어떤 것 또는 모든 것에 대한 선입견의 형태로
나타날 수 있다. 이러한 선입견들의 일부는—분석가의 신념들,
과거 경험들, 그리고 우리가 그것들에 부과한 중요성과 의미와
함께—환자들의 선입견들과 겹칠 수 있고, 그럼으로써 경험에서
배울 수 있는 기회를 배제시키는 맹점을 형성할 수 있다.

나는 환자가 "해야 할 일들" 안에 한 때는 유용했을 수 있는,

또는 분석가에게 말하지 않을 수도 있는 상당히 많은 양의 의식적 및 무의식적인 선입견, 편향된 생각, 편견, 그리고 오해가 포함되어 있다고 생각한다. 그러나 시간이 지나면서, 이러한 보호적 장벽들은 닳아서 얇아지고, 낙후되고, 그래서 한 때 유용했던 그것들이 쓸모없는 것이 되고, 현재에서 아픔과 고통을 야기하는 것이 될 수 있다. 그래서 이러한 사전에 형성된 생각들은 어느 정도의 "수정"을 요하는 상태가 된다.

그러나 대조적으로, "분석가가 해야 할 일들" 안에는 그녀 자신의 선입견들—분석가가 선호하는 이론들, 신념들, 그리고 경험들—이 좀 더 의식화되고, 그럼으로 해서 분석가가 그러한 것들이 다른 사람들에게 미칠 수 있는 영향력과 관련해서 양적 및 질적 인식 모두를 갖게 되는 과제가 포함되어 있다. 달리 말해서, 분석가의 마음 안에 미리 정해진 개념들은 완전히 제거되는 경우가 거의 없기 때문에, 기껏해야 분석과정의 진전을 위해 억제될 수 있을 뿐이다. 아마도 내가 알렉스라고 부르는 환자와 가졌던 경험이 이러한 점들을 명료하게 해주고 독자들을 자극하는 데 도움이 될 것이다.

자기 심리학을 신봉하는 알렉스

알렉스는 48세 된 기혼 남성으로서, 정신보건 전문가로서 훈련받는 중에 있다. 그는 그 지역에서 다른 지역으로 이사 간 그의 전 치료자인 Dr. X에 의해 여러 해 전에 분석을 위해 나에게 의뢰되었다. 우리의 첫 만남에서 알렉스는 Dr. X와의 치료를 시작하게 된 최초의 이유(그리고 결국 그가 직업을 바꾸게 된 동기)에 대해 말하면서 그것이 그가 법을 집행하는 지위를 상실하게 만든 사건과 관련되어 있다고 털어놓았다. 즉 그가 여성 혐의자를 체포하는 과정에서 그들의 옷을 강제로 옷을 벗게 한 것이 문제가 된 것이다.

이 남자는 또한 자신은 "클라인학파 분석가"만 아니면 된다고 솔직하게 말했고, 내가 그 클라인학파 분석가일 가능성에 대한 우려를 나타냈다. 그는 내가 속한 연구소가 그 당시에 그 지역에서, 다른 분석 기관들과는 대조적으로, 소위 "클라인학파 요새"라는 명성을 갖고 있다는 것을 알고 있었다. 그는 자신이 아주 편안하게 느꼈던 Dr. X와 "자기 심리학에 입각한 치료"를 받았다는 점을 분명히 밝혔다.

알렉스는 다소 수줍어하면서 Dr. X가 자신을 나에게 의뢰하기 전에, 수련 중에 있는 다른 사람에게 보냈었다고 털어놓았다. 보고된 내용에 의하면, 이 수련생은 몇 번의 회기를 가진 후에, 알렉스에게 자신이 클라인학파 분석가에게서 슈퍼비전을 받고 있으며, 그 분석가가 알렉스가 클라인학파 분석가를 원치 않는다는 점을 감안할 때, 알렉스의 사례를 "컨트롤 케이스"로 삼지 않는 게 좋겠다고 권고했기 때문에, 계속 만나지 않는 것이 좋겠다고 말했다. 이 지점에서, 나는 알렉스가 왜 나를 찾아왔는지 궁금할 수밖에 없었다. 그는 내가 클라인학파라고 가정하고 있었고, 그것은 그가 원치 않는다고 공언했던 것이다: 즉 "클라인학파만 아니면" 된다고 그는 말했었다.

놀랄 일도 아니게, 그의 이야기를 계속해서 들을수록 나는 점점 더 나 자신이 그가 "원치 않는 사람"이라고 느껴졌다. 나는 또한 특징 없는 우둔한 사람이라고 느껴졌고, 점점 더 내가 하는 그 어떤 말도 알렉스에게 가치 있는 것이 될 거라는 확신이 없어졌다. 경직된 채로 의자에 앉아 있으면서, 나는 평상시와는 다르게, 내가 입고 있는 옷에 대해, 내 책장에 꽂혀 있는 책들과 벽에 걸린 그림들에 대해 신경이 쓰였고, 그러는 동안 양복과 넥타이를 잘 갖춰 입은 이 잘생긴 남자는 확신에 찬 태도로 청산유수처럼 말하면서 무사태평한 시선으로 내 방을 응시했다. 거기에는 내 마음의 상태에 영향을 미치고 있다고 의심되는 특정한 분위기가 만들어지고 있는 것 같았다.

회기가 끝나기 바로 직전에, 나는 알렉스에게, 깊은 수준에서 만약 그가 나의 기대에 미치지 못한다면, 내가 그를 거절할지도 모른다는 생각이 바로 그가 견딜 수 없을 정도로 두려워하는 것은 아닌지 물어보았다. 그의 대답은 갑자기 그가 생각을 바꾼 것으로밖에는 설명이 불가능했다. 그의 겉모습은 부드러워졌고, 그는 그곳을 떠나기 전에 분석 회기를 주 4회로 늘리기로 약속했다.

첫 번째 면담 직후에, 그리고 나의 초기 불편함에도 불구하고, 알렉스가 자주 거짓말을 하고, 위조된 자료를 미끼로 던지고, 심지어 책에서 읽은 "클라인학파" 해석들을 추구하는 것이 분명해졌을 때, 나는 나 자신이 호의적이라기보다는 힘들어 한다는 느낌을 경험했다. 그리고 그 느낌을 완화하기 위해 먼 길을 가야했지만, 그럼에도 불구하고 이 남자에 대한 나의 인상은 이상하게도 동정적이라는 사실을 발견했다. 때로 나는 특히 초기 몇 개월 동안에 그가 내 앞에 설치해놓은 덫에 걸리곤 했고, 이것은 우리 사이에 수립된 모든 진지한 정서적 접촉의 파괴를 초래하는 것처럼 보였다. 이것이 의미하는 것은, 그의 너무 자유롭고 쉬운 연상들에 대한 나의 너무 잘 맞는 해석들이 어떤 점에서 그 어떤 곳으로도 이끌지 못하고, 단지 우리 두 사람을 일시적으로 편하게 해주는 역할을 하고 있다는 나의 인식에 알렉스가 반응하고 있다는 것이었다.

이것이 이 모든 일의 핵심적인 문제라는 것을 깨닫는 데는 그리 오래 걸리지 않았다. 알렉스는 자신이 아닌 모습을, 아마도 그의 단단한 껍질(Tustin, 1990a)[1], 또는 그의 거짓된 그리고 순응적 자기(Winnicott, 1956)를 나에게 보여주었고, 나는 그의 가장 진정되고 고통스러운 경험들이 방해 받지 않고 접촉되지 않은 온전한 상태로 남아있을 수 있도록 이 보호적 위장을 아주 조금씩 벗겨내야만 했다.[2] 우리는 그 어디로도 인도하지 못하고, 마음의 성장이 배제된, 그러나 생존의 느낌을 보장해주는, 하나됨의 상태에 분리될 수 없는 상태로 달라붙어 있었다. 비온은 우리에게 "특별히 지적이고 세련된 환자는 분석가로 하여금 방어를 건드리지 않고 남겨두는 해석으로 이끄는 온갖 유인책을 제공한다"고 일깨워주었다(Bion, 1970, p. 90).

이 기간 동안에, 우리는 최소한 알렉스에게 있어서, "자기 심리학적 분석"은 그의 실패하는 방어적 조직을 지탱해주고, 보강해주며, 분리됨과 상실에 대한 인식의 공포들을 막아줌으로써, 그의 심리적 평형상태(Joseph, 1992)[3]를 회복시켜주는 일종의 유사-분석을 나타낸다는 사실을 발견했다. 이 책략을 알아차렸을 때, 나는 환자의 강한 압력에도 불구하고, 나와 알렉스 모두에게 새로운 어떤 것이 출현할 수 있을 때까지 기다리는 법을 배워야 했다. 내가 그 순간에 실제로 발달하고 있는 과정보다 그의 연상들에 대한 내용을 말하도록 유도하는 알렉스의 책략에 저항했을 때, 회기의 맥락에 맞추어진, 그리고 그의 이야기의 주제에서 가져온 언어의 실들로 직조해낸, 역전이 조각에 대한 조심스런 검토와 작업에 기초한 해석들을 제공하기 위해 내가 충분한 시간을 가졌을 때, 알렉스와 나는 의미 있는 정서적 접촉의 순간들을 갖기 시작했다.

처음에 알렉스는 이 순간들을 그의 정신체계에 대한 충격으로 경험하는 것처럼 보였다. 그는 그의 관습적인 순응을 통해 나의 해석들에 반응할 수 없는 것처럼 보였다. 종종 나는 그가 보통 때처럼, 마치 자신이 내가 무엇을 말할지를 그리고 그것에 대해 자신이 어떻게 대답해야 할지를 미리 알고 있기라도 하듯이, 속사포처럼 그리고 협조적인 방식으로 응답하지 않을 때면, 그리고 나의 드물게 사려 있는 그리고 진심어린 언급들을 들은 후에 그가 갑자기 침묵할 때면, 혹시 내가 그의 힘든 부분을 찌른 것이 아닌가 하고 의심했다.

"클라인학파"에 대한 알렉스의 정의

이제 알렉스는 내가 "클라인학파" 분석가라고 확신하게 되었다. 이 시점에서, 클라인학파라는 용어는 환자의 의식적인 생각을 반영하지 않는 사람, 자기-대상으로 행동하지 않는 사람 즉, 예측 가능하고 매끄럽고 편안하게 느껴지는 노선을 따라 해석하는 데 실패하는 사람, 환자가 이미 의식적으로 생각하고 있지 않는 것을 말할 것이 있는 사람을 의미하는 것으로 이해될 수 있었다. 내가 그가 선호하는 학파의 견해를 따르지 않는 것처럼 보일 때, 알렉스는 격렬하게 반대하곤 했다.

이 단계 동안에, 알렉스는 대체로 마치 나를 증오하고 두려워하는 것처럼 행동했다. 하지만 그는 간헐적으로 나에 대한 출현하는 친밀감과, 나와의 분석과 그의 이전 치료 사이의 불일치에 의해서 휘저어진 갈등의 느낌을 표현하는 자료를 가져오곤 했고, 이 갈등은 빈번히 신체적으로 표현되곤 했다. 예를 들어, 그는 가끔 우리 사이의 접촉을 고통스럽게 방해하고 일시적으로 그를 사로잡는 것처럼 보이는 "근육 경련"을 일으키곤 했다.

내가 요약하려고 하는 회기들 전 주간 동안에, 알렉스와 나는 그의 마음속에 존재하는 "클라인/코헛" 논쟁이 가진 또 다른 특별한 의미를 발견했다. 때로, 나는 나 자신의 생각들을 갖고 있는, 그리고 그가 상실한 친절한 코헛학파 아버지-치료사를 갈망하도록 그를 내버려두는, 강한 클라인학파/어머니-분석가로서 지각되는 것 같았다. 그는 또한 내가 여성으로서, 남성으로서의 그의 존재를 이해하고 반영해줄 수 없을 거라고 확신했다. 알렉스는 오직 남자만이 그의 경험들을 위해 필요로 하는 인정과 긍정을 "반영"해주고 제공해줄 수 있다고 확신했다.

나는 "클라인학파 어머니"로서, 알렉스 자신의 어머니처럼, 내 견해가 "정확한" 것이라는 편협하고 완강한 생각을 가진 사람으로 여겨졌다. 그는 자신의 어머니가 그에게서 남자다움을 훔쳐갔다고 말했다. 전이 안에서 알렉스는 종종 나에 의해 무시당한다고 느꼈고, 이 끔찍스런 감정으로부터 자신을 보호하는 그의 방식은 나를 과소평가하고 모욕하는 것, 즉 내 "옷을 벗기고," 약한 사람으로서의 "나를 노출시키는" 것이었다. 이것은 부분적으로 내가 상담료를 깎아주는 데 동의했기 때문이기도 했다. 얼마 후에, 나는 나 자신이 "별로 가치가 없는 사람"이고 환자는 "불쌍한 사람"이라는 그가 가진 믿음에 부지중에 공모했다는 사실을 깨달았다. 그러나 아래에서 제시되는 대화가 발생한 시점에, 알렉스는 내가 책을 출간했다는 사실을 발견했고, 병원 도서관에서 내가 쓴 논문들의 일부를 복사해서 갖고 있었다.

다음 발췌문은 알렉스가 분석을 시작한지 18개월 되었을 시점에, 우리 둘 사이의 접촉이 평소와 달리 생생하고 감동적이었던 한 주간을 보내고 난 다음 주 월요일 휴일 이후에 가진 화요일, 수요일, 그리고 목요일 회기에서 발생한 내용이다. 알렉스와의 회기들은 월요일, 수요일, 그리고 목요일에는 오후 2시 15분에 그리고 화요일에는 오후 2시에 갖기로 되어 있었다.

화요일: 균형을 잃든지 속박되든지

환자는 화요일에 2분 먼저 왔다. 그것은 그가 대개 "[그의] 마음이 어떤지에 대하여 생각하고 [그 자신이] 회기를 준비하기 위하여" 10분에서 15분 정도 일찍 왔던 것을 고려하면, 주목할 만한 일이다. 내가 대기실로 그를 데리러 갔을 때, 그는 나를 보고 조금은 놀란 것처럼 보였다. 대기실 문을 지나오면서 그는 내 눈을 똑바로 쳐다보았고, 어색한 미소와 무거운 한숨과 함께 "오! 오늘이 월요일인줄 알았네요"라고 외쳤다.

카우치에 눕고 나서, 그는 "깜짝 놀랐다"는 말을 중얼거리고는 긴 침묵으로 들어갔다. 그리고는 "선생님이 나를 '생각 없는 멍청한 알렉스'라고 생각했을 것 같아요"라고 말했다. 잠시 후에 그는 "나는 주말동안에 열심히 작업했어요. 아직도 다 마치지 못했죠. 시간이 모자랐어요"라고 말했다. 이때 Dr. 알렉스의 논문지도 교수인 Z가 전화를 했다는 사실이 드러났고, 알렉스는 자신이 전날에 받은 메시지에 응답하는 것을 깜박했다는 것을 알고는 당황했다. "내가 균형감각을 잃었나 봐요," 그가 설명했다.

나는 내가 그를 데리러 대기실에 갔을 때, 마치 의도적으로 우리가 놓친 월요일 회기를 상기시키기라도 하듯이, 그를 놀라게 했고 심지어 그를 치욕스럽게 했다는 것을 그가 말하고 있는 것 같다고 말했다. 그 월요일에, 그는 자기 자신과, 또는 나와 다시 연결할 수 있는 시간을 갖지 못한 채, 바보처럼 느꼈던 사실을 보지 않으려고 열심히 작업했었다.

그리고 나서 알렉스는 손을 이마에 댄 채 잠시 침묵했고, 그 다음에, "우습네요. 선생님이 그것을 말했을 때, 내가 선생님에게 전화하고 싶었던 일이 생각났어요 …"라고 말했다. 이 지점에서, 환자는 귀를 찢는 것 같은 비명을 질렀다. "오 안 돼! 쥐가 나요."

고통이 지속되는 것처럼 보였기 때문에, 나는 이렇게 말했다: "당신이 방금 나에게 도달하려는 충동을 가졌을 때, 당신이 지난 주말 동안에 그랬던 것처럼, 어떤 사적인 '조언자'가 바보 같다는 느낌을 강화시키면서 당신을 잔인하게 벌하고 있었던 것은 아닐까요? 이 조언자가 당신을 움켜쥐고 있는 손아귀를 더 조임으로써, 우리의 연약한 연결이 깨진 것 같아요."

마치 그 과정을 보여주기라도 하듯이, 알렉스는 쥐가 난 발을 풀어주기 위해서 일어나 앉았다. 고통이 가라앉았을 때, 그는 누운 자세로 돌아가 다시 말하기 시작했지만, 그의 목소리 톤은 바뀌었다, 그는 다가오는 구술시험, Dr. Z와의 대화, 그리고 대학원의 여러 학급들에 가서 그의 지도교수가 책임지고 있는 임상적 배치에 관해 학생들에게 말하도록 요청받은 것 등에 대해 차분하고, 냉정하게, 그리고 별 느낌 없이 말했다.

알렉스는 또한 병원에서 그가 친하게 지내고 있는 두 여성, 그들에게 느끼는 성적 매력, 그리고 그의 환자들 중 한명에 대해 이야기했다. 그는 이처럼 두서없고, 구분되지 않은 주말동안의 사건들에 대해 말하면서, "있잖아요"와 "전에 말했듯이"라는 구절들을 여러 번 사용했다. 마침내, 그는 내 남편의 환자들 중 한명과 나눈 대화에 관해 이야기했는데, 그 여성은 내가 남편과 공동으로 사용하는 대기실에서 만난 여성이었다. 이 여성은 알렉스가 화장실에서 열쇠를 가지고 돌아오기를 기다리고 있었는데, 자신의 새로운 결혼과 다른 도시로 곧 이사 가는 것이 대해서 그에게 이야기했다고 말했다.

놀랍게도, 이 이야기를 듣는 중에, 나는 알렉스에게 내 남편을

한 번도 소개한 적이 없음에도 불구하고, 그가 내 남편을 "테디"라는 약칭으로 부른다는 것을 깨닫고는 비합리적일 정도로 알렉스에게 짜증이 났다. 나는 속으로, "그가 과시적이고, 오만하며, 과대적이고, 자만심에 차있다"고 생각했다. 그리고 "그가 너무 친한 척하는 것 아닌가?"라는 생각이 들었다. 그때 나는 그가 얼마나 나를 무시하고 있는지에 대한 해석으로 내가 그를 박해하도록 무의식적으로 미끼를 던지고 있는지도 모른다는 생각이 들었다.

알렉스는 "티미가 주말 동안에 나에게 전화를 했어요. 내가 전에 그에 대해 말한 적이 있는데, 선생님도 기억하실 거예요. 그가 내가 만나는 아이에요. 진짜 골칫거리죠. 알렉스는 끊임없이 말을 이어갔고, 나는 결국 그의 말을 잘라야만 했다. 그는 그가 주말 동안에 풀장 안으로 밀쳐져서 익사할 뻔했던 일을 나에게 말해주려고 긴급전화를 했어요. 그는 누군가가 그를 꺼내줄 때까지 눈앞이 캄캄하고 무서웠다고 말했어요." 잠시 후에 알렉스는 다음과 같이 덧붙였다. "선생님은 아무 말도 하지 않고 침묵하시네요. 나는 지금 선생님이 무슨 생각을 하고 있는지 걱정이 돼요."

나는 "당신은 내가 긴 주말 동안에 본 적도 없고 들은 적도 없는 두려운 검은 풀장에서 말로써 당신을 구조해 주기를 기다리는 동안에 수면 위로 머리를 내밀고 있기 위해서, 당신이 알고 있다고 느끼는 친밀한 것들과 사람들에게 매달림으로써 스스로를 구하는 것밖에는 다른 선택이 불가능했다는 것을 나에게 말하고 있다고 생각해요. 아마도 내가 대기실 문을 열었을 때, 당신은 갑자기 그날이 무슨 요일인지 생각났고, 내가 당신의 상처에 모욕을 더하기 위해서 당신을 말없는 비난으로 검은 풀장 속으로 밀치고 있다고 느꼈던 것 같아요"라고 말했다.

여기에서 알렉스는 내 말을 끊고, "나는 그냥 잊었을 뿐이에요"라고 말했다. 나는 말했다: "아마도 나는 내가 어떻게 잔인하게 당신을 쳐냈고, 당신을 잊었으며, 내팽개쳤는지를, 그래서 당신이 당신 자신을 부담스런 존재로 느끼도록 만들었는지를 아직도 이해하지 못하고 있는 같네요."

목멘 목소리로, 알렉스는 "선생님이 아무 말도 하지 않을 때, 나는 정말로 초조해져요"라고 말했다. 그는 생각에 잠긴 것 같았고, 심지어 한 순간 감동을 받은 것처럼 보였다. 그러고 나서 갑자기 말했다: "젠장! 이제 생각이 났는데, 토요일에 꿈을 꾸었어요. 나는 풀장을 내려다보고 있었고, 물에 빠진 아기 또는 아주 작은 아이를 물 밖으로 꺼내려고 애쓰고 있었던 것 같아요. 그 풀장은 타일이나 작을 돌들 대신에 바위들이 있는 개펄처럼 검게 칠해져 있었어요. 물은 탁했고요. 아마도 그 꿈은 내가 환자에게서 받은 전화와 연관되어 있는 것 같아요."

나는 그의 말에 동의했고, 이렇게 덧붙였다: "나는 당신이 또한 당신의 마음속에 있는 낯설고 탁한 부분이 얼마나 어둡고 불길한 것인지를 나에게 알려주고 있다고 생각해요. 당신은 한번 빠지면 헤어 나올 수 없을 것 같은 암흑, 또는 알려지지 않은 홀로 있음으로부터 아기인-당신을 구출해야 한다고 확신하고 있는 것 같아요. 당신은 지난 주말 동안에 그리고 당신의 꿈속에서 그랬던 것처럼, 지금 당장 당신 자신을 그곳에서 꺼내야만 한다고 느끼고 있어요. 그리고 그곳은 캄캄하고 무서우며, 그 속을 들여다 볼 수 없는 곳입니다."

알렉스는 말없이 눈물을 닦고 있었고, 내가 시간이 다 되었다고 말했을 때 문을 향해 걸어갔지만, 카우치 머리맡에 있는 휴지를 가지러 되돌아왔고, 다시 나에게서 등을 돌리기 전에 나를 보고 진지한 미소를 지었다.

수요일: "누구 오줌줄기가 더 센가?"

내가 알렉스를 데리러 대기실로 갔을 때, 그는 주저하면서 일어났고, 일어서서는 불안하게 스트레칭을 했다. 그는 머리를 숙이고 시선을 돌린 채, 간신히 문 쪽으로 발걸음을 옮겼다. 카우치에 눕자 그는 말했다: "오늘은 여기에 오고 싶지 않았어요. (긴 휴지) 여기에 오는 동안에 일어난 일 때문에 정말 화가 났어요. 나는 샤를레빌(Charlevill)을 지나가고 있었는데, 그때 다른 방향으로 가는 밴의 운전자가 "이봐요"하는 소리를 듣고 차를 세웠어요. 그런데 그 사람이 차를 후진해서 내 차 옆에 세우고는, "스피커 살래요?"라고 묻는 거예요. 젠장!! 나는 이 모든 게 협잡질이라고 하면서, 소리를 질렀어요, "경찰에게나 잡혀라!" 그러자 그가 나에게 외쳤죠. "꺼져, 개자식아!" 그리고는 사라졌어요.

몇 분 정도 침묵이 흐른 후에, 알렉스는 머리를 흔들고 난 다음, 그가 자신의 환자들과 얼마나 일을 잘 했으며, 그가 그 환자들에게서 본 것이 자신이 겪고 있는 것들을 생각나게 한다고 말해주었다고 말했다. 그 다음에 그는 주말에 풀장에 빠졌던 소년인, 새미와 분리되어 있던 주말에 관해 자신이 무언가를 해석해주었다고 보고했다: 그것은 그 전날 내가 알렉스 자신에 대해서 말해주었던 것이었다. 그의 어조에는 일종의 오만함이 있었는데, 그것은 회기에서 지금까지 있었던 순간들과는 두드러진 전환을 나타내는 것이었다. 그는 나의 침묵에 대해 노골적으로 빈정댔고, 그가 자신을 충분히 표현하지 못해서 내가 과연 그가 말한 것을 이해할 수 있을지 궁금하다고 말했다.

긴 침묵이 있은 후에, 그의 목소리의 음조는 눈에 띄게 이전의 것으로 바뀌었다. 그에게 훔친 스피커를 팔려고 시도했던 남자에 대한 이야기로 되돌아가자, 그에게서는 그 어떤 겸손도 찾아볼 수 없었다. 나는 그것이 그가 말하려고 하는 것과 동떨어져 있다고 느꼈지만, 그것이 내가 이전 시간에 말하기 시작했던 것과 연결되어 있다고 강하게 느꼈다.

알렉스는 소리를 질렀다: "제기랄, 나는 그 녀석과 누구 오줌 줄기가 더 센지 경쟁한 것에 대해 창피하다고 느끼는가 봐요." 그와 주고받은 말을 좀 더 말한 후에, 그는 "난 내가 왜 이렇게 형편없는 일에 몰두했는지 모르겠어요"라고 말했다. 나는 말했다: "당신은 또 하나의 사기에 대해 상당히 당황한 것 같아요; 아마도 그것은 무언가 일을 저지르려고 하는 범죄자인-당신, 아마도 주말동안에 물에 빠진 아기-당신에게 누가 먼저 접근하는가와 관련해서 나와 말싸움을 벌이고 있는 '당신'에 대한 느낌인 것 같아요. 그것이 우리의 연결로부터 벗어나라고 손짓하면서 당신에게 말하고 있는 거죠. 하지만 거기에는 또한 내가 나의 해석들을 훔쳐서 그것들을 당신 자신의 것 인양 팔아먹으려고 하는 도둑을 "잡아주기를" 희망하는 그런 당신도 있는 것 같습니다."

또 다른 긴 침묵 후에, 알렉스는 말했다: "이유는 모르겠지만, 나는 지금 여기에서 집으로 돌아갈 때, 어떤 길을 선택할지를 생각하고 있어요. 나는 항상 초등학교 시절의 친구가 살던 집을 지나가요. 나는 그와 함께 시간을 보내곤 했는데, 그는 나보다 크고 거친 녀석이었어요. 나는 내가 작았기 때문에 그가 학교에서 나를 지켜줄 거라고 생각했죠. 하지만 한 번도 그에 대해 좋게 생각하지는 않았어요. 우리는 심지어 같은 침대에서 잠도 잤지만, 나는 항상 분리된 혼자라고 느꼈습니다. 나는 또한 항상 이곳을 떠나 내 직장인 병원으로 돌아갈 때에 관해 생각하고 있어요. 방금 민디 모습이 떠오르네요. 나는 그녀의 옷을 벗기는 성적 환상을 갖고 있어요." 그가 이것에 대해 계속해서 말하는 동안, 나는 무언가에 낚인 것 같았고, 심지어 그가 나를 가지고 놀고 있다는 생각이 들었다. 그의 목소리는 다시 스스로를 추스르는 것 같았고, 점점 더 내게서 멀어지는 것만 같았다.

나는 말했다: "당신은 내가 한 말이 당신을 실망시켰다는 것을 내가 이해하도록 돕고 있는 것 같아요. 내가 외롭고 불안전한 느낌으로부터 보호받기 위해 함께 잠을 잤던 그 힘센 녀석으로부터 어린-당신을 보호하기보다는, 나의 침묵을 통해 당신을 위험에 노출되고 조롱받는 상태에 남겨둔 것 같습니다."

처음에 알렉스가 내 쪽으로 몸을 돌렸을 때, 그는 내 해석에 반응하기를 원하는 것처럼 보였다. 그때 그는 마치 불만을 끌어안기라도 하듯이, 말없이 팔로 베개를 끌어안았다. 나는 말했다: "나는 당신이 말없이 나를 꾸짖고 있는 것은 아닌지 생각하고 있고, 힘없고 취약하며 외롭고 벌거벗은 사람이 되는 것이 어떤 느낌인지를 내게 말해주고 있다고 생각해요. 아마도 잠시 동안 당신은 당신의 외로움과 접촉했던 것 같습니다. 하지만 회기가 끝나고 당신이 노출되었다고 느꼈을 때, 나는 당신이 다른 어떤 것을 향할 수밖에 없게 하고, 당신을 강하다고 느끼게 만들어주고 당신의 취약함과 부드러운 느낌들을 덮는 것을 선택할 수밖에 없는 상태에 남겨두고 있습니다."

그 회기는 그렇게 끝났고, 나는 그의 경험을 이해하려는 나의 시도에 대한 환자의 반응을 듣기 위해 목요일까지 기다려야만 했다.

목요일: "분류하기"(pigeonhole)

알렉스는 다음과 같은 말로 회기를 시작했다. "내가 방금 들어왔을 때 좋은 냄새가 났어요. 무슨 요리를 하고 있는 것 같은 냄새였는데, 내 생각에는 선생님의 향수 같았어요. 그것은 선생

님 가까이 있을 때 느끼는, 위안을 주는 느낌이에요." 그의 만족
스런 느낌이 몇 분 동안 지속되었을 때, 갑자기 그는 소리를 질
렀다, "젠장! 또 시작이군." 그는 앉아서 쥐가 난 발을 바닥에 댄
채 뭉친 발의 근육을 풀려고 애를 썼다. 그리고 그가 다시 카우
치에 누웠을 때, 그의 목소리는 가라앉아 있었다.

"나는 방금 학교에 있는 줄리라는 여자가 생각났어요. 나는
그녀에게 우리 프로그램에 대해 말해주고 있었고, 그녀는 우리
프로그램으로 옮겨올 것을 생각하고 있어요. 나는 그녀를 아주
좋아해요. 그녀도 분석을 받고 있어요. 하지만 나는 그녀에 대한
의심도 갖고 있어요. 나는 그녀가 클라인학파라고 생각해요. 어
제 나는 댄의 슈퍼비전 집단에 참여했는데, 거기에서 쉬지 않고
떠들었어요. 나는 그곳에서 일어나고 있는 일에 대해 내가 느낀
것, 상황에 대한 나의 지각, 논의 중인 사례에 대한 느낌들에 대
해 아주 정직했어요. 나는 나의 말을 멈출 수가 없었어요. 내가
좀 이상했던 것 같아요. 나는 똥칠하는 것에 대해 언급했는데, 그
때 집단에 의해 제재를 받았어요."

나는 말했다: "나는 당신이 방금 전에, 여기서 지각한 것에 대
해, 당신이 느끼는 것에 대해, 심지어 때때로 나에 대해 갖는 좋
은 느낌에 대해 마음을 열고 정직할 때, 불편하고 당혹스럽게 느
끼는 불명료한 당신에 의해 제재당한 것이 아닌가 생각되네요."

꽤 진지한 표정으로 알렉스는 말했다: "그래요. 나는 정말 나
자신을 괴롭히고 있어요. 코를 후비는 습관처럼 말이에요. 일종
의 작은 원숭이처럼요. 허! 어머니가 나를 작은 원숭이라고 부르
곤 했죠. 그녀는 내가 음식이나 대소변을 가지고 노는 것을 좋아
했다고 했어요. 내가 왜 선생님에게 이 모든 것을 이야기하는지
모르겠네요. 아마도 클라인학파가 그런 것들을 좋아할 거라고
생각하는 것 같아요. 아시겠지만, 나는 선생님 논문들을 몇 개 읽

었어요. 그리고 나는 선생님이 정말 어떤 부류에 속하는 사람인지 모른다고 말하는 것이 창피하고 수치스럽다고 느끼는 것 같아요! 나는 선생님을 분류하려고 시도했던 것 같아요."

비록 나는 일종의 소변줄기 경쟁에서 알렉스가 나를 좋은 "클라인학파"로 똥칠을 하고 있는 것에 대해 무언가를 말해야 할 것 같은 압력을 받았지만, 그리고 잠시 나의 좋은 냄새에 대한 알렉스의 시기심과 관련해서 해석을 하고 싶다는 유혹을 받았지만, 그렇게 하는 것이 어린 원숭이에게 그랬던 엄마처럼 그를 조롱하고 수치스럽게 하는 마음의 측면의 역할을 떠맡고, 나를 그 자신을 제지하는 사람으로 만들려고 시도하는 알렉스의 측면과 공모하는 것일 수도 있다고 생각했다. 만약 그렇게 했더라면, 나는 이 분석의 초기에 생생하게 현존했던 사랑스럽고, 선하며, 친밀한 감정들을 지닌 알렉스의 측면을 재가하는(그 단어의 다른 의미인 금지하는 것과 반대되는 의미로) 과제에 실패했을 것이다.

이 환자와의 경험은 그가 주말 끝에 우리의 연결 안에 있는 모든 친밀함과 선함의 감정들을 제거하려고 시도한다는 것을 나에게 가르쳐주었다. 그 이유는 아마도 그렇게 함으로써 나의 선함을 취소시키고, 나에 대한 접근 가능성을 유지시켜주는, "분류하기"(pigeonhole) 안에 나를 가두는 것을 통해서, 주말동안의 분리됨과 외로움에 대한 인식과 경쟁하기가 더 쉬울 거라고 믿었기 때문인 듯하다.

다른 한편, 나는 또한 나에게 "클라인학파에 대한 호의적인 연상들을" 제공하려고 하는 그의 시도 안에 진정성이 있다는 것을 알아차렸다. 그래서 나는 이렇게 말했다: "당신은 이번 주에 내가 당신에게 무언가 좋은 것, 달콤하고 신선한 좋은 생각들을 주었다고 느끼고 있는 것 같습니다. 당신이 나를 분류하는 말은 진실일 수 있어요. 특히 당신이 나와의 연결을 유지하기를 원하고 내가 당신에게서 벗어날 수 없도록 만들고 싶을 때 말이죠. 당신은 나를 어디에서 찾아야 할지 알기 위해 나를 분류하려고 시도하는 게 아닐까요?"

그가 고개를 끄덕이자, 나는 다음의 말을 덧붙였다: "거기에는 또한 나에게서 받은 좋은 것에 대한 보답으로 무언가 좋은 것을 되돌려주고 싶어 하는 '당신'이 있는 것 같아요. 당신은 나에게 좋은 클라인학파 재료를 주려고 시도하는데, 나에 의해 조롱받는다는 느낌으로 끝이 나네요. 마치 작은 원숭이나 어린 아기처럼 말이에요. 이것은 당신이 나에게서 받는 것만큼 당신이 줄 수 있는 좋은 것이 없다고 믿게 만들죠. 그리고 이것이 당신을 더 당황스럽고 치욕스럽게 만드네요."

얼마동안 침묵한 후에, 알렉스는 오늘 아침에 있었던 일이 방금 생각났다고 말했다. "민디가 내 사무실로 왔어요. 그녀는 어려운 사례에 대해 나의 조언을 듣고 싶어 했어요. 그녀는 부담을 덜 필요가 있었죠. 우리가 말하는 동안에 나는 그녀의 어깨를 문질러주었어요. 그녀가 도움과 위안을 받기 위해 나를 찾은 것 때문에 기분이 좋았어요." 나는 비록 조용히 그가 민디에 대한 기억을 불러냄으로써 견딜 수 없는 굴욕스런 느낌들을 다시 한 번 변형시키는 방법을 찾아냈다고 생각했지만, 이 자료에 대해서 아무런 언급도 하지 않았다. 나는 나의 말들이 그가 나를 달래줄 수 있다고 생각할 수 있는 충분한 이유를 주었다고 생각한다.

알렉스는 계속해서 그가 한 말에 대해 걱정이 된다고 말했다: "나는 선생님이 나를 어떻게 생각하는지 궁금해요. 선생님은 내가 선생님과 경쟁한다고 생각하지 않을는지요? Dr. X는 내가 항상 그랬다고 말하곤 했어요. 나는 오늘 B에게 슈퍼비전을 받았습니다. 그녀는 점심식사를 위해 사무실에서 수프를 만든 것에 대해 걱정을 하면서, 사무실에 수프 냄새가 남아있다고 말했어요. 그녀는 그것이 전문가답지 않은 것이고, 그래서 향수 냄새로 수프 냄새를 감추려고 노력했다고 말했어요." 알렉스는 이런 생각을 비웃었는데, 나의 음식과 향수 냄새를 연결시킨 것 같았다. 그때 그의 목소리는 훨씬 더 저음으로 떨어졌고, 그의 입술이 떨렸으며, 그의 손은 얼굴을 감쌌고, 이어서 흐르는 눈물을 훔쳤다.

나는 내가 그에게 좋은 사람이라는 느낌을 준만큼, 또한 비교에 의해서 그가 작다고 느끼게 한 것은 아닌지 모르겠다고 말했다. 알렉스는 고개를 끄덕였고, 진정한 접촉의 순간이 있었으며, 그 직후에 측면으로 몸을 돌렸고, 단단하게 웅크렸다. 어느 정도 시간이 지났을 때, 나는 말했다: "아마도 그런 이유로, 민디와 관련해서 당신이 크고 중요하다는 느낌에 대해 생각하는 것이 필요했을 수도 있어요. 그것은 수치심과 굴욕감의 고통스러운 느낌을 덮는 데 도움이 되니까요. 하지만 당신은 곧 내가 당신에게 싸움을 걸 것이고, 당신은 슬퍼지고 절망적이 될 것이며, 그 결과 당신이 가져갈 수 있는 좋은 것이 아무것도 없을까봐 두려워지죠—우리의 접촉이 끊겨 있는 동안 맛볼 것이 아무것도 없는 상태가 될까봐서요."

알렉스는 얼굴을 내 쪽으로 돌리고는 소리쳤다: "세상에, 벌써 목요일이군요! 이번 주는 너무 짧아요." 나는 알렉스에게, 시간이 빠르게 흐른다는 그의 말은, 그를 상처 입히거나 돕기에는 내가 너무 작다는 "느낌"이 그가 만든 것일 뿐만 아니라, 실제로 우리의 한 주가 너무 짧다는 현실의 일부라는 사실을 나에게 말해주는 것 같다고 말했다. 그 느낌은 주말동안에 그를 지탱해주기에 충분한 것이 아니었다.

문 앞에서, 알렉스는 진지한 미소를 띠면서 나에게 물었다, "이름이 무슨 상관일까요? 다른 이름을 가졌더라도 장미는 여전히 달콤한 냄새가 나는데요. 내가 왜 갑자가 그런 생각을 했는지 모르겠어요. 세익스피어 때문일까요? 어쨌든! 다음 주부터는 주 5 회로 연장할 수 있을까요?"

결론

사실, 특히 처음에 분석가는 "그 이름 안에 무엇이 있는지"를 발견하고 싶은 호기심의 상태에 있을 필요가 있다. 즉, 환자가 처음부터 우리에게 말한 것의 다양한 숨은 의미들이 무엇인지, 그가 자신을 어떻게 이름 붙이는지, 그의 이전 분석가/치료자를 어떻게 "부르는지, 그리고 심지어 처음 만나기 전이나 후에 그가 그들을 어떻게 분류하는지를 궁금해 해야 한다. 뿐만 아니라, 우리가 그렇게 반응하도록 만드는 것이 무엇인지, 무엇이 우리의 첫 인상들을 만드는지, 어떤 해석들로 우리 자신의 마음뿐만 아니라, 자신의 마음을 알려고 노력하는 환자에게 유용한 해석들을 구성하고 전달할 수 있는지에 대해서 궁금해 해야 한다.

나는 비온에게서 가져온 인용문으로 이 장을 결론짓고자 한다: "정신분석 안에서, … 우리가 정말로 알고 있는 것이 아니라 우리가 알지 못하는 것에 접근할 때, 환자와 분석가 모두는 힘들어질 것이 분명하다 … 우리는 분명코 동요될 것이다 … 모든 상담실 안에는 비교적 겁을 집어먹은 두 사람이, 즉 환자와 분석가가 있기 마련이다. 만일 그렇지 않다면, 우리는 왜 그들이 모든 사람들이 알고 있는 것을 발견하기 위해 애쓰고 있는지 궁금해 할 것이다"(Bion, 1976, pp. 4-5).

주

1. 초기 논문에서(Mitrani, 1992, 1994), 나는 터스틴이 말하는 용어의 의미에서, 경직된 믿음과 지적 기능이 성인 환자들에 의해 "보호적 껍질"로서 사용될 수 있다는 아이디어를 확장했다.

2. 이 거짓자기는 의심의 여지없이 참자기의 한 측면이다. 그 것은 참자기를 감추고 보호하며, 적응의 실패에 반응하고 환경적 실패의 패턴에 상응하는 패턴을 발달시킨다. 이러한 방식으로 참자기는 반응하는 데 참여하지 않고, 존재의 연속성을 보존한다. 이처럼 숨은 참자기는 경험의 부족으로 인해 황폐해진다.

3. "환자는 의식적으로 변화를 소망하지만, 그의 평형감에 대한 어떤 방해도, 그의 불안과 방어들을 다루는 방식, 그가 최상이라고 여기는 조직을 다루는 방식도 두려워한다—이것이 그의 정점이다"(Joseph, 1992, p. 237).

제3장
클라인의 "조숙한 자아발달" 개념이 지닌 기법적 함축*

우리는 연합에 대한 첫 번째 아이디어의 원인으로서 분리를 생각할 수 있다; 연합이 있기 전에 연합에 대한 아이디어는 없었고, 여기에 "좋은" 그리고 "나쁜"이라는 용어는 아무런 기능도 갖지 않는다. 개인의 정신 건강의 기초를 위해 매우 중요한 이러한 종류의 연합을 위해서, 어머니의 적극적인 적응은 절대적으로 필수적인 요소이며, 유아의 욕구에 대한 적극적인 적응은 오직 유아에 대한 어머니의 헌신을 통해서만 가능하다. 아주 초기 단계에서 유아의 욕구에 대한 어머니 편에서의 충분히-좋지 않은 적응은 ⋯ 조숙한 자아-발달로 인도한다.

- D. W. 위니캇이 M. 밀너에게 보낸 편지, 1952

조숙한 자아발달 현상은 마음의 상징형성 기능의 중요성에 대한 멜라니 클라인의 창조적 논문(1930)에서 처음으로 소개되었다. 이 장에서, 나는 첫 번째로, 그 논문의 출판 이후에 현대 후

* 이 장의 초기 버전은 2005년 4월에 프랑스 Caen에서 열린 제2회 프란시스 터스틴 국제학회에서 발표되었고, 2008년 국제 정신분석저널 88(4)에 실린 바 있다.

기-클라인학파의 사고 안에서 이루어진 몇 가지 발달들을 소개할 것이다. 이것은 클라인의 작업에서 자라난 가지들 또는 보완물들로 간주될 수 있다. 여기에는 이러한 종류의 조숙한 발달과 비온이 "담아주는 대상"[1]이라고 부른 것을 경험하지 못한 것 사이에 존재하는 특별한 연결에 관한—동일한 학문에 뿌리를 두고 있는—나 자신의 사고가 포함되어 있다. 두 번째로, 그리고 가장 중요하게, 이 작업의 주된 공헌으로서, 나는 이러한 초기 발달의 측면이 빗나감으로 해서 고통 받는 환자들, 즉 접촉하기 힘든 이들 환자들에 대한 정신분석적 기법을 위한 몇 가지 함축들을 제시할 것이다. 이 장 전체를 통해서, 나는 분석적 세팅 안에서 나의 특별한 사고의 노선이 형태를 갖게 되는 방식들을 보여주기 위해서, 임상사례들의 세부사항들을 제시할 것이다.

자폐아동에 대한 클라인의 분석

"자아의 발달에서 상징-형성이 갖는 중요성에 대하여"라는 논문에서, 클라인은(1930) 그녀가 딕이라고 부른 네 살 된 남자아이의 분석에서 발견한 것들을 제시했다. 클라인이 딕을 분석했던 시기는 레오 칸너(1943)의 초기 유아기 자폐증에 대한 창조적인 논문이 출간되기 전이었지만, 우리는 클라인의 예리한 관찰들이 칸너의 관찰들과 놀라울 정도로 같다는 것을 확인할 수 있다. 그런 점에서 딕은 사실상 자폐범주에 속한 아동으로 진단될 수 있었을 것이다.

클라인은 딕의 곤경을 요약하기 위해서 "조숙한 자아발달"이라는 개념을 소개했다(Klein, 1930, p. 244). 그녀는 이러한 아동의 조숙을 어머니를 위한 "조숙한 공감" 그리고 어머니와의 "조숙한 과장된 동일시"(p. 241)에 따른 결과라고 서술했다.[2]

> 딕의 경우 … 성기기(genital phase)가 너무 일찍 활성화되었다 … [가학적 환상들]이 불안뿐만 아니라, 후회, 연민, 그리고 보상해야만 한다는 느낌을 수반하고 있었다(Klein, 1930, p. 244).

여기에서 클라인은 그녀가 나중에 "우울적 자리"(1935)라고 부른 것이 너무-일찍 시작되었기 때문에, 딕이 고통을 받고 있다고 가정하는 것으로 보인다. 다시 말해서, 전이 안에서, 클라인은 딕이 아주 어린 유아로서 어머니의 생존[3]과 관련된 문제들에 대해 때 이른 염려를 하고 있다는 사실을 관찰하고 추론했다. 비록 클라인이 자아가 출생 시부터 그리고 심지어는 자궁 속에서부터 존재한다고 가정했지만, 이 작업에서 그녀는 한편으로 정상적으로 건강한 자아발달과, 다른 한편으로 조숙한 병리적 자아발달 사이를 중요하게 구별했다.

부가적으로, 딕의 사례에 대한 클라인의 이야기 안에는 다른 어떤 것이 매우 두드러지게 등장한다. 여기에서 그녀는 그녀의 초심리학과 마음의 특정한 모델의 주된 초점인 타고난 요인들[4]과 결합된 환경적 영향들이, 좋은 쪽으로든 아니면 나쁜 쪽으로든, 아기 딕에게 미치는 영향에 대해 분명하게 이해하고 명료하게 설명하고 있는 것으로 보인다. 그녀의 마음의 모델은 타고난 시기심, 좌절을 견디는 아기의 선천적인 능력, 그리고 초보적 불안[5]에 대한 방어로서의 원시적 전능성에 의존하는 타고난 성향의 역할에 주된 초점을 갖고 있다. 더 공식적이고 자주 언급되는 클라인의 마음의 모델과 그것의 역동에 대한 개요에서, 그녀가 환경의 영향에 부여한 역할은 항상 명백하지 않다. 그리고 이러한 요인들에 대한 언급은 일반적으로 몇몇 각주들로 처리되거나 임상적 자료에서 행간의 의미를 읽어내는 독자의 능력에 달려있다. 그렇지만, 이러한 부수적인 관찰들은 내가 이 논문에서 좀 더 논의하고자 하는 환자들의 곤경과 그들과의 정신분석적 작업을 이해하는 데 특별히 중요하고 타당한 것이다.

그럼에도 불구하고, 클라인의 논문에 대한 주의 깊은 검토는 그녀가 어린 딕의 어려움들이 "젖을 빠는 유아기에 몹시 불만족스럽고 힘든 시간을 보낸" 데 따른 결과로 보았다는 것을 암시한다(Klein, 1930, p. 240). 부가적으로, 클라인은 "[딕]이 모든 [신체적] 돌봄을 받았음에도 불구하고, 진정한 사랑은 받지 못했고, 그에 대한 어머니의 태도는 처음부터 과도하게-불안했다"고 지적했다(ibid).[6] 이 장에서 나는 이러한 어머니의 불안이라는 문제를 되돌아보고, 이것을 정신적이고 정서적으로 계속되는 발달에 필요한 담아주는 기능의 실패와 연결시킴으로써, 클라인의 작업을 좀 더 확장할 것이다.

환경의 영향

어머니의 정신적 상태가 유아의 자아발달에 미치는 충격에 대한 클라인의 고려에 대한 또 다른 예들은 그녀의 "어린 유아들의 행동 관찰"이라는 제목의 1952년 논문에서 찾아볼 수 있다. 그 논문에서 그녀는 다음과 같이 말했다:

출생 이전의 행동의 양태에 대한 최근 연구들은 … 초보

적 자아에 대해서 그리고 태아 안에서 이미 작용하고 있
는 선천적 요인들의 범위에 대해서 생각해볼 만한 자료들
을 제공해준다. 또한 어머니의 정신적이고 신체적인 상태
가 … 기질적 요인들과 관련해서 태아에게 영향을 끼치는
지 아닌지는 열려있는 질문이다(Klein, 1952, p. 116).

더 나아가 그녀는 이렇게 결론지었다:

좌절과 불만의 감정들은 … 종종 회고적으로 어머니의 젖
가슴과의 관계에서 겪은 원박탈(privation)에 초점이 맞추
어져 있다(Klein, 1952, p. 117).

나는 클라인이 내적 대상으로서의 젖가슴과 관련된 "박탈"
(deprivation) 대신에, 어머니의 젖가슴에 관련된 "원박탈"
(privation)이라는 단어를 사용한 것은 그녀가 정상적인 자아의
발달과정에 그리고 자아의 핵심에 좋은 내적 대상을 확립하는
데 필수적인, 본질적인 환경적 요소의 일차적 결핍에 대해 알고
있었음을 말해준다고 생각한다.[7] 게다가, "현실 검증"의 중요성
에 대한 클라인의 많은 언급들은, 예를 들면 "외로움에 대하여"
라는 1963년 논문"에서 그녀가 말한 것은, 실제 외부 대상의 계
속되는 좋은 성질이 유아기뿐만 아니라 성인기에도 마찬가지로
좋은 내적 대상이 견고하게 존재할 수 있게 하는 본질적인 증거
를 제공한다는 그녀의 확신을 증언하는 것으로 보인다.

조숙한 자아발달에 대한 이후의 연구를

클라인의 연구를 따라서, 마틴 제임스(Martin James, 1960)는 조숙한 자아발달을 구체적으로 상황이나 본성에 의해 무언가에 몰두해 있는 어머니에 대한 반응이라고 정의했다. 제임스는 이러한 조숙함이 종종 어머니가 정서적으로 접근이 불가능하다고 경험될 때, 유아가 실제로 모성적 기능을 떠맡거나, 마치 그렇게 할 것 같은 모습을 보이는 것에서 드러난다고 제안했다. 제임스는 자신의 요지를 설명하기 위해, 형제의 죽음을 애도하는 동안 애정을 갖고 온전히 아기와 함께할 수 없거나 아이에게서 즐거움을 느낄 수 없었던 어머니를 가진 유아에 대해서 글을 썼다. 그 유아는 달랠 수 없을 정도로 울었고, 긴장을 풀 수 없었으며, 주변 환경에 극도로 민감한 반응을 보였다.

제임스는 이 어머니가 자신의 비탄, 상실, 그리고 불안에 대한 경험에 압도되어 있었고, 그 경험들을 거의 담아낼 수 없었기 때문에, 그녀의 아기의 가장 초기의 상실 경험에 대한 효과적인 여과장치를 제공해줄 수 없었다고 강조했다. 따라서 그녀의 유아는 때 이르게 애도하는 상태 안에 있는 어머니와 동일시하도록 떠밀렸다. 이러한 동일시는 극단적인 신체적 및 정서적 적응으로, 즉 한 때 취약한 유아가 철수해서 숨어 있던 유사-성숙의 껍질을 만들어내도록 이끌었다. 불행하게도 제임스의 환자는, 클라인의 환자였던 딕처럼, 조숙한 우울적 자리에서 만나게 되는 죄책감과 상실의 경험들과 관련된 복잡한 불안들을 다룰 수 있는 발달적 준비를 갖추지 못했다. 그러한 준비는 자아의 핵심에 이미 잘 확립된 "좋은 내적 대상들"의 도움과 지지를 요하는 것이었다.

사실상, 클라인(1930)은 딕의 증상들 안에 "[정상적인 유아기] 가학증에 대한 조숙한 방어"가 발달해 있다는 사실을 주목했다 (Klein, 1930, p. 241). 그녀는 딕이 "불안을 견디지 못하는 심각한 무능력으로 인해 어떠한 공격 행동도 할 수 없다는 점"을 강조 했다(ibid). 가학증에 대한 이러한 방어는, 다시금, 딕이 무의식적인 환상적-삶을 중지하고 현실 검증의 일반적인 수단으로부터 철수하도록 이끌었다. 클라인은 딕이 "어둡고 텅 빈 어머니의 몸"이라는 감각적 세계 안으로 철수함으로써, 발달을 향한 이후의 모든 움직임이 억제되었다고 결론지었다(Klein, 1930, p. 245).

지금, 우리는 이 모든 것의 의미에 대해서 물어볼 수 있을 것이다. 나는 유아의 "정상적인 가학적 충동들(또는 위니캇이 발달적으로 적절한 "무자비성"이라고 불렀던, "자비-이전의 것")이 건강할 경우 점차적으로 복잡해지는 환상들에 의해 다루어지는, 편집-분열적 불안들을 발생시킨다는 사실을 기억하는 것이 중요하다고 생각한다. 처음에 이러한 환상들은 분열과 투사적 동일시의 환상들로서, 이것들은 나중에 전치와 상징적 동등시로 발달해간다. 상징적 동등시는 마침내 새로운 대상들에 대한 아기의 점증하는 흥미와 상징화 할 수 있는 아기의 능력을 위한 토대를 형성한다. 나는 "유아의 가학적인 공격 행동"이, 우리가 임상적으로 투사적 동일시라고 알고 있는, 초보적 환상들을 구성하고 있는 내용들을 어머니의 몸 안으로 침범적으로 비워내는 행동일 뿐만 아니라, 또한 그러한 빨기와 어머니에게서 오는 피드백과 연결된 내사적 환상과 일치하는 것이라고 제안한다.

우리는 클라인이 제시한 자료들에서, 딕은 과도하게-불안한 상태에 있는 그의 어머니가 그 자신의 유아기 불안들을 수용하고 다룰 수 없었다는 것을 정확하게 지각했을 수 있다고 추론할 수 있다. 이러한 상황에서, 딕이 재-내사할 수 있었던 것은, 자신의 원초적 불안들을 받아줄 수도 없고 수용할 수도 없는, 정신적 공간이 거의 없는 대상이었다. 이러한 상태가 만성적으로 지속될 때, 유아는 자신의 소화되지 않은 두려움을 다시 가져갈 뿐만 아니라, 어머니의 의식적 및 무의식적인 두려움의 일부를 다시 가져감으로써, 결과적으로 비온이 "이름 없는 공포"[8]라고 부른 것을 산출한다.

딕은 명백히 깨무는 구강성의 결과로서, 이 이름 없는 공포를 산산조각 난 어머니로서 경험했다. 이 상황은 그의 초기 수유장애에서, 즉 그가 어머니의 젖 빨기를 거절했고, 나중에 깨물거나 씹는 등의 공격적 행동을 요하는 모든 음식을 거절했던 행동에서 반영되었다. 딕의 투사적 동일시와 내사적 동일시 모두에 대한 초기 환상들은 거의 처음부터 삭감된 것처럼 보였다. 따라서 그의 내적 대상들의 세계는 심각하게 제한되었고, 이것은 "어둡고 공허한 어머니의 몸"으로서 경험되었다(Klein, 1930, p. 245).

분명히 우리는 투사적 동일시와 내사적 동일시가 모두 정상적인 정신적 및 정서적 발달에 필수적이라는 것을 알 수 있다. 내적 대상들의 세계, 자아, 그리고 상징형성 능력의 건설은 모두 이 동일시 과정들이 지나친 억제 없이(어머니의 생존을 위해서 작용되는) 진행되는 것에 달려있다. 이러한 가정을 가지고, 나는 이제, 앞에서 약속했듯이, 투사적 및 내사적 동일시를 방해하는 데 기여하는 억제의 뿌리에 있는 본질적 요인은 모성적 불안의 문제로 돌아갈 것이다. 나는 또한 이것을 비온이 마음의 담아주는 기능이라고 부른 것이 발달하는 데 실패한 것과 연결시킬 것이다.

비온의 담는 것-담기는 것 모델

1946년에, 클라인은 분열과 투사적 동일시를 신생아가 원치 않는 정동들, 대상들, 그리고 자기의 부분들을 비워내고, 그럼으로써 환상 속에서 어머니를 통제하는, 발달적으로 정상적인 공격 수단으로 정의했다. 그 후 1957년에, 그녀는 투사적 동일시의 환상—그것에 무의식적 시기심이 더해질 때—이 유아가 시기하는 대상을 파괴하는 데 사용한다는 개념을 도입했다.

그러고 나서 1959년에, 윌프레드 비온은 클라인의 투사적 동일시의 개념을 확장하여, 그것에 어머니와 유아 사이의 비언어적이고 전-언어적인 형태의 의사소통을 포함시켰고, 이것을 "현실적인 투사적 동일시"라고 불렀다. 그는 브라질 강연에서 다음과 같이 말했다:

아기가 매우 놀라고, 죽을 것 같은 임박한 재앙에 대한 두려움을 느끼며, 그것을 울음을 통해 표현한다고 상상해봅시다. 그 언어는 어머니가 이해할 수 있는 것이며, 그녀의 마음을 산란하게 만들 수 있습니다 … 그 때 어머니가 아기를 들어 올려서 달래주고, 전혀 해체되거나 스트레스를 받지 않은 채, 달래주는 반응을 해준다고 가정해봅시다. 스트레스를 받은 유아는 비명과 외침을 통해 그것을 느끼고, 그러한 임박한 재앙의 느낌을 어머니 안으로 비워냅니다. 그것에 대한 반응으로, 어머니는 유아가 비워낸 것을 해독합니다; 그 결과 임박한 재앙에 대한 느낌은 수정되고, 그것은 아기에게 수정된 형태로 되돌려줄 수 있는 것이 됩니다. 유아는 임박한 재앙의 느낌이 제거된, 훨씬 더 감당할 수 있는 것을 어머니에게서 되돌려 받습니다. 수잔 아이작스는 아이가 "우엘, 우엘"과 같은 소리를 내는 상황을 서술했는데, 어머니는 그것을 "괜찮아, 괜찮아"(well well)라고 한 자신의 말을 모방한 것임을 알 수 있었습니다. 이런 방식으로 유아는 내면의 좋은 어머니에 의해 위로 받는다고 느낄 수 있고, 마치 어머니가 항상 거기에 있는 것처럼 자신에게 안심시켜주고 달래주는 소리를 낼 수 있는 것입니다(Bion, 1974, pp. 83-84).

나는 이것이 현대 클라인학파 영역에서 널리 채택되어왔고 지금은 잘 알려진, 비온이 말하는 모성적 담아주기 기능 개념의 본질이라고 생각한다(Mitrani, 2001). 더욱이, 비온의 담는 것과 담기는 것 모델(1962a)은 우리로 하여금 자아발달에 있어서 투사적 및 내사적 동일시의 중요성을 더 잘 이해하도록 도우며, 어머니의 마음 상태가—그리고 무엇보다도 그녀의 유아의 불안뿐만 아니라 그녀 자신의 불안을 다룰 수 있는 능력이—장차 아기의 정신건강과 자율성의 축을 떠받쳐주는 지주라는 것을 말해준다. 명료성을 위해서, 나는 이 모델에 대해 내가 이해하는 대로, 상세히 설명할 것이고, 정신분석적 기법과의 관련성을 밝힐 것이다.

"담아주기" 과정에 담긴 세 가지 기본적인 요소들

비온의 모델에서, 어머니는 첫째—비온이 "몽상(reverie)"이라고 부른 상태 안에서—환상 안에서 자신에게 투사된 유아의 자기, 대상들, 정동들, 그리고 처리되지 않은 감각 경험들의 감당하기 어려운 측면들을 받아들이고 흡수한다. 둘째, 그녀는 이러한 투사물들이 그녀 자신의 마음과 몸에 끼치는 전체 충격을 그것들에 대해 생각하고 이해할 수 있기 위해 필요한 만큼 오래 견딘다—비온은 이것을 "변형 과정"이라고 불렀다. 셋째, 어머니는 아기의 경험들을 자신의 마음속에서 변형시킨 다음에, 점차적으로 그것들을 제 시간 안에 해독된 형태로 아기에게 되돌려준다—이것은 아기를 다루는 그녀의 태도와 방식에서 드러난다. 분석에서, 비온은 이 마지막 과정을 "공표"라고 불렀는데, 우리는 이것을 보통 해석이라고 부른다. 아마도 이 전체 과정에 대한 예를 제시하는 것이 도움이 될 것이다.

칼라

칼라의 분석 3년차에, 나는 피분석자인 칼라가 주말 휴일이 끝나고 돌아올 때면, 거의 변함없이, 대기실에서 따뜻하고 열렬한 미소로 나를 맞이한다는 것을 주목했다. 그러고 나서 그녀는 상담실로 가는 복도를 지나면서 나의 얼굴을 세심하게 훑어보곤 했다. 칼라의 훑어보는 시선의 강렬함은 보통 때와 달리 나 자신을 의식하도록 만들었다. 그녀는 매우 아름다웠고, 회기에 올 때면 항상 완벽하게 화장을 하고 오는데 비해, 나는 빈번히 나의 입술 화장이 비뚤어지지는 않았는지, 콧등에 분을 칠하는 것을 잊지는 않았는지, 또는 한 쪽 눈에만 마스카라를 한 것은 아닌지 걱정하곤 했다. 이러한 진부한 반추는 불편했고, 고질적이었으며, 나는 그런 것들이 아무래도 상관없는 것이라고 무시하고 싶은 유혹을 받고 있는 나 자신을 발견했다. 물론 다른 환자들과의 관계에서 이러한 몰두가 전혀 없었던 것은 아니지만, 이러한 일은 흔치 않은 것이었기 때문에, 나는 그것에서 무엇이 걸러져 나오는지를 보기 위해 그런 생각들을 허용하기로 선택했다. 이것은 얼마의 순간적인 생각들의 출현으로 이끌었다: 내가 이 젊고 아름다운 아가씨를 시기하는 것일까? 칼라는 내 얼굴에서 그녀 자신의 느낌들을 반영해줄 수 있는 무언가를 찾고 있는 것일까? 불편하고 달래줄 수 없는 방식으로 그녀를 다루는 나의 방식 때문에, 내가 실패하고 있다는 느끼는 것일까?

이러한 생각의 연쇄가 얼마나 많이 발생하는지와 상관없이, 그녀가 카우치에 자리를 잡고 나면, 나는 그녀가 마치 또 한 번의 회기와 또 한 주간에 대한 나의 경직된 요구에 복종해야 하는 것을 증오하기라도 하듯이, 나 자신과 분석에 대한 그녀의 열의가 갑자기 무관심과 혐오감의 거칠고 끈질긴 분위기로 바뀌는 것을 알아차렸다.

어느 날 나는 대기실에서 카우치로 이동하는 동안에 나에 대한 그녀의 태도의 변화에 주의를 기울일 수 있는 기회를 가졌다. 나는 그녀에게, 이 변화가 혹시 내가 문을 열었을 때 그녀가 내 얼굴에서 보았다고 느끼는 어떤 것에 의해서 유발된 느낌들 및 생각들과 연결된 것이 아닌지 궁금하다고 말했다. 그러자 그녀는 실망스럽다는 식으로 대답했다. "그럴 수도 있어요. 그러나 나는 어떻게 그렇게 되는지는 생각할 수가 없어요. 결국, 선생님은 항상 똑같아 보여요."

그리고 나서 칼라는 계속해서—마치 주제를 바꾸려는 듯이—그날은 자신이 회기가 시작되기 전에 화장실에 갔다 올 수 있을 만큼 여유 있게 도착해서 기뻤다고 말했다. 그리고 자신이 "화장실이 모두 잠겨있다"는 것을 알았을 때, 마치 터져버릴 것 같은 기분이 들었다고 말했다.[9] 그리고는 배설 욕구의 긴급성과 자신의 실망의 중요성을 부인하기 위해, 그것은 "정말로 괜찮았다"는 말을 단호하게 덧붙였다.

그 순간, 잠겨있는 화장실에 대한 이야기가 그녀의 기분이 대기실에서 보였던 기쁨에서 카우치에서 보였던 경멸감으로의 급진적인 이행이 갖는 의미에 대한 실마리를 담고 있는 것처럼 보였다. 나는 칼라가 우리의 연결에 대한 긍정적인 감정이 터질 정도로 가득 차 있었고, 그녀가 내 사무실에 도착했을 때 그 감정을 간신히 내면에 간직하고 있었다고 생각했다. 그러나 넘쳐나는 그녀의 흥분에 내가 열려있다는 증거로서의 나 자신의 기쁨의 징표들을 내 얼굴에서 찾고자 했을 때, 그녀는 내가 그녀에게 정서적으로 마음을 닫고 있다고 느끼면서—그녀가 닫혀 있는 화장실을 발견했을 때 그랬던 것처럼—곧 실망했다. 다시 말해서, 그녀는 내가 이러한 것들과 다른 압도하는 감정들로부터(아마도 덜 긍정적인) 얼마의 안도감을 제공해줄 수 있을 거라고 기대했지만, 그것은 헛된 기대였던 것 같다. 대신에, 그녀는 나에게서 "... 항상 … 똑같은" 또는 닫힌 얼굴을 발견했던 것으로 보인다.

이런 나의 생각을 그녀에게 전달했을 때, 그녀는 동의한다는 의미로 고개를 끄덕였고, 그래서 나는 계속해서 그녀가 자신의 환멸의 느낌을 감당할 수 없는, 터질 것 같은 공포로 인해 자기를 강하게 만들기로 작정한, 피부가 얇은 아주 어린 그녀에 대해 관심을 갖고 있는 것 같다고 말해주었다. 그러자 칼라는 아주 통렬한 어조로, 자신은 단지 그녀가 나를 볼 때 행복한 만큼, 나도 그녀를 볼 때 행복하기를 희망할 뿐이라고 말했다. 나는 그녀의 희망을 인정해주었고, 또한—그녀가 흘러넘쳐 사라지거나 잃어버려지지 않도록 나의 얼굴 표정에서 볼 수 있고 담겨질 수 있는, 넘쳐흐르는—즐거운 아기-그녀를 느낄 필요가 있는 것처럼 보인다고 말했다. 나는 또한—나에 대한 그녀의 즐거운 감정을 반영하거나 그 감정에 보답할 수 없는 것처럼 보일 때—함께 담겨져야 할 이러한 필요가 매우 강렬하고 긴급하게 느껴질 수 있다고 생각했고, 그녀 자신이 마음이 닫히고, 가죽처럼 질기고 강하다고 느껴지는 어머니-분석가에게 "맞추기" 위해 그녀 자신을 변형시키도록 강요받았던 것 같다고 말했다.

얼마동안 칼라는 말없이 (마치 만족스러운 식사 후에 그렇게 하듯이) 그녀의 입술을 핥았는데, 나는 이러한 변형이 그녀로 하여금 우리 사이를 간격 없이 더 가깝게 만듦으로써 그녀가 그녀 자신을 잡을 수 있고 붙들 수 있다는 느낌을 만들어내기 위한 것이 아닌지 궁금하다고 말했다. 그녀는 조용히 눈물을 흘렸고, 마침내 나에게, 내가 말하는 동안 그녀가 소녀 시절에 화장대 거울 앞에 앉아있는 어머니를 사랑스러운 동경의 눈빛으로 바라보았던 기억과 함께 어머니의 얼굴 이미지가 떠올랐다고 말했다. 또 다시, 훨씬 더 긴 침묵이 이어진 후에, 칼라는—내게 처음으로—그녀의 어머니가 어렸을 때 끔찍한 교통사고로 인해 얼굴이 망가졌고, 그 결과, 그녀의 얼굴은 항상 이상하고, 혐오스럽고, 쌀쌀맞아보였으며, 흉터로 가득한 질긴 피부 때문에 얼어붙고 변하지 않는 경멸의 표정을 짓고 있는 것처럼 보였다고 말했다. 그리고 그때 그녀의 어머니가 정말로 자신을 사랑했는지 전혀 알 수가 없었다고 눈물을 흘리며 말했다.

나에게 아기-칼라는, 그녀의 경험의 어떤 차원에서, 사랑스러운 존재로서의 경험이나 어머니의 시선 안에서 사랑스러운 존재가 되는 경험이, 또는 사랑스럽고, 안전하게 그리고 반응적으로 안겨본 경험이 전혀 없었던 것으로 보였는데, 이것은 칼라의 어머니의 바뀔 수 없는 표정이 딸의 기쁨, 감탄 그리고 어머니를 향한 사랑을 반영할 수 있는 능력을 방해했을 뿐만 아니라, 어머니 자신의 사랑하는 감정을 적절히 반영하는 데 실패하게 했기 때문인 것으로 보인다.

불행하게도, 칼라에게 있어서 어머니와의 하나됨의 황홀감 (Tustin, 1992)은 담겨지지 않은 채로 남겨졌고, 어머니의 자기감 안에서 반영되지 않은 것으로 경험됨으로써, 표정 없는 어머니의 얼굴 표면에서 튕겨져 나간 것으로 보인다. 여기서 나는 자아 발달에 대한 라깡(1949)의 연구에 의해 영향을 받은 것으로 보이는, 위니캇(1967)이 한 말이 생각난다:

> [아기가 어머니의 얼굴을 바라볼 때] 아기는 자신을 본다. 달리 말해서, 어머니는 아기를 보는데, [아기의 환상 속에서] 아기를 보는 어머니의 모습은 거기에서 그녀가 보는 것과 관련되어 있다. 많은 아기들은 … 그들이 주는 것을 되돌려 받지 못하는 오랜 경험을 갖는다. 그들은 바라보지만 그들 자신을 보지는 못한다. 그 결과로, 첫째, 그들의 창조적인 능력은 시들기 시작한다 … 대부분의 어머니들은 아기가 곤란한 처지에 있거나 공격적일 때, 특히 아기가 아플 때 반응할 수 있다. 둘째, … 통각 대신에 지각이 발생한다 … 지각이 세계와의 의미 있는 상호교환의 시작이었어야 하는 것, 즉 자기를 풍요롭게 하는 것이 보여진 것들의 세계 안에 있는 의미의 발견이 교대로 일어나는 쌍방통행 과정을 대신한다(Winnicott, 1967, pp. 112-113).[10)]

나는 또한 칼라의 어머니—슬픔에 잠기고, 버림받고, 배신당했으며, 그녀의 딸에게 되돌려줄 수 있는 자존감과 자기 사랑이 거의 없는—가 어머니의 내적 선함에 대한 어린 딸의 경험을 확인해주는 데 실패했을 거라고 상상할 수 있다. 따라서 칼라 자신의 내적 선함과 아름다움에 대한 믿음과 인식이 차츰 증발하고 사라졌을 수 있고—좋은 내적 대상에 대한 느낌을 반향 받는 경험의 결여로 인해—그녀는 방해하고 영향 받지 않는 현존에 만족해야만 했을 수 있다.

내가 "항상 똑같아 보인다는" 칼라의 지각은 전이 안에서 이러한 아주 초기의 그리고 지금까지 지속되는, 자신이 사랑스럽지 않다는 고통스러운 느낌을 불러일으킨 것으로 보인다. 그와 동시에, 나는 역전이 안에서 극도의 자기-의식과 비뚤어지거나 무언가를 빼먹은 화장에 대한 강박적인 의심으로 드러난, 얼어붙고, 변형된 얼굴을 가진 내적인 모성적 대상을 위한 수용체가 되었다. 그리고 이것은 실제로 나의 얼굴 표정에 영향을 끼쳤을 수 있고, 그 결과 악순환의 형성에 기여했을 수 있다.[11]칼라의 경험에 대한 우리의 이해가 차츰 깊어짐에 따라, 우리가 서로를 그리고 스스로를 바라보는 방식이 바뀌었다. 그녀는 그녀 자신과 우리의 연결에 대해 더 좋게 느끼기 시작했고, 우리는 그녀가 그토록 강하게 방어해야 했던 완강한 죄책감과 수치심을 발생시킨 전능 환상들의 일부와 접촉하기 시작할 수 있었다.

풀러(Fuller,1980)는 우리에게 아름다움의 인식(aesthetic)의 반대는 무감각(anesthetic)임을 상기시켜주었고, 미적 정서가 유아의 환경 안에 침잠하는 일차적인 자기 경험들과 연결되어 있고, 유아의 자기는 나중에야 환경으로부터 점진적으로 구별되어 나온다고 제안했다. 나는 "세상의 아름다움과의 하나됨"이라는 초기의 짧은 경험이 때 이르게 또는 갑작스럽게 상실되는 것이 종종 거의 아무것도 흘러들어가지도 흘러나오지도 못하는, 무감각 상태로 인도한다고 믿는다. 이러한 붕괴의 가장 극단적인 결과들은 터스틴(1992)이 묘사한 유아기 자폐증의 사례들에서 발견될 수 있다. 그런 경우, 자연스런 투사적 및 내사적 동일시의 과정들은 크게 손상된다. 사실상, 내 환자인 칼라가 그녀의 어머니와의 점착성 동일시(Bick, 1968) 안에서 그녀 자신을 위해 얻을 수 있었던 모든 것은, 기껏해야 그녀 자신의 아름다운 아기다운-생명력에 구멍을 내고 맥 빠진 것으로 만들려고 위협하는, 환멸에 대한 거칠고, 질긴 방어였던 것으로 보인다.

칼라의 상황은 모성적 담아주기의 실패에 뒤따르는 연쇄 과정에 대한 비온의 서술을 위한 좋은 예로 볼 수 있다:

이때 유아는 어머니의 거절을 통해서 그리고 두려움의 느낌에 대한 아기 자신의 거절을 통해서, 훨씬 더 공포스러운 것이 된 임박한 재앙의 느낌을 되돌려 받는다. 이 아기는 자신이 무언가 좋은 것을 되돌려 받는다고 느끼지 못할 것이고, 나쁜 것에 대한 비워내기는 전보다 더 악화될 것이다. 아기는 계속해서 울 것이고, 어머니 안에서 강력한 불안을 야기할 것이다. 이런 식으로, 상황이 더욱 나빠지면 마침내 유아가 더 이상 자신의 비명을 견딜 수 없게 되는 악순환이 발생하게 된다. 사실, 그대로 두면 아기는 조용해지고 두렵고 나쁜 것은 아기 안에 갇히게 된다; 물론 아기가 두려워하는 그것은 다시 터져 나올 수 있다. 그러는 동안, 아기는 "착한 아기," "착한 아이"가 된다(Bion, 1974, p. 84).

여기에서 제시된 칼라와의 작업 내용은 분석에서 환자를 담아주는 계속되는 과정을 구성하는, 몽상, 변형, 그리고 공표의 연쇄를 보여준다. 내가 전에 쓴 글에서 밝혔듯이(1999, 2000, 2001), "전이를 담는" 행동이 바로 비온이 말하는 모성적 몽상 기능의 본질이다: 즉 주의 깊고, 적극적으로 수용적이며, 내사적이고, 경험적인 담는 것의 측면. 내 생각에, 이 기능은 주어진 어떤 순간에 환자가 분석가에 대해 느끼고 경험하는 것에 대한 인지적 이해 또는 "공감적 조율" 그 이상의 것이다. 그것(어머니의 몽상의 기능)은 또한 분석가에 의한, 환자의 내면세계 안에 있는 특정 측면들에 대한 무의식적 내사를 가리킬 뿐만 아니라, 분석가 자신의 내면세계 안에 있는 요소들과 반향을 일으키는 것들, 즉 분석가 자신이 실제로 환자의 원치 않는 자기의 부분이라고 느끼거나, 이전에 내사적으로 동일시한 견딜 수 없는 대상이라고 느낄 수 있는 것들을 가리킨다.

테오도르 미트라니는 개인적인 의사소통에서 에니드 발린트(Enid Balint)의 최근 논문(1968)에 대한 관심을 불러일으켰는데, 그 글에서 그녀는 이러한 현상의 특징을 그녀 자신이 "거울 기법"이라고 명명한 것을 통해 설명했다. 1912년에 프로이트에 의해서 추천되었고, 1919년에 페렌찌에 의해서 정교화된 이 기법에 대해, 그녀는 다음과 같이 말한다:

> 그것은 분석가가 먼저 환자와 동일시하고 나서, 그 다음에 자신의 해석을 통해서 환자의 생각이나 아이디어들이 어떻게 "보이는지"를 보여주는 두 단계를 거치는 태도(biphasic attitude)이다 ... 내가 보기에, 강조점은 분석가의 아이디어와 생각들이 그가 환자에게 되돌려주는 그림을 왜곡하거나 채색하지 않는다는 데 있다. 이것은 분석가에 의한 고도의 동일시와 최소한의 투사를 가정한다(Balint, 1968, p. 58).

나는 환자를 내사하는 행동이 그것이 선한 의지나 좋은 훈련의 문제가 아니라 무의식적 요인들에 의해 지배되는 무의식적 행동이라는 점에서, 우리의 작업에서 가장 어려운 측면이라고 제안한다, 내가 말하고자 하는 것의 이해를 돕기 위해, 하나의 예를 제시해보겠다.

헨드릭

눈에 띄게 우울하고 분노로 가득한 40대 후반의 남자인, 헨드릭은 분석을 위해 오래 전에 나에게 의뢰되었다. 처음으로 그를 만났을 때, 나는 대기실에 서있는 그를 발견했는데, 그는 2미터가 넘는 키에 골격이 튼튼한 당당한 신체를 갖고 있었다. 그는 자신을 소개하고는, 곧 바로 위협적인 분위기와 함께 내 상담실 안으로 밀고 들어와 의자에 앉았고, 어깨를 잔뜩 웅크린 채 뚱한 표정으로 주변을 의심스럽게 살펴보았다. 그의 얼굴은 청소년기에 무성했던 여드름 흉터들이 가득했고, 그의 커다란 손과 발과 함께 무서운 사람이라는 인상을 주었다. 그의 표정은 상념에 빠져있는 것 같았고, 비록 의자에 앉아있을 때 그의 자세는 구부정했으나, 그는 마치 싸울 준비가 되어 있는 사람처럼 주먹을 움켜쥔 채, 적을 찾기라도 하듯이 나의 방을 훑어보았다.

뚫고 들어갈 수 없는 그의 용모와는 대조적으로, 헨드릭은 자신이 극심한 외로운 감정을 갖고 있다고 실감나게 고백했고, 그가 적대적인 행동으로 여러 명의 여자 동료들을 한 번 이상 울게 만든 일로 인해 직장에서 해고될 위험에 처해 있다고 털어놓았다. 부분적으로, 헨드릭은 도움을 요청하고 있었다. 그것은 그가 직장에서 동료들과의 상호작용에서 "괴롭히는 그리고 위협적인 언행"을 통제하는 법을 배우지 못한다면, 그에게 "고용 부적

격자"라는 딱지가 붙을 수 있을 것이고, 따라서 그의 직업적 미래가 불안해질 것이기 때문이었다. 그리고 그는 또한 개인적 삶의 빈곤이라는 어려움을 겪고 있었다. 그가 직장 밖에서 접촉하는 사람들은 그의 원가족에 국한되어 있었다. 그는 간략하게 자신의 어머니에 대해 언급하면서, 그녀를 "제로"(zero)라고 불렀고, 나머지 가족들에 대해서는 거의 언급조차 하지 않았다. 그리고 그가 15살 때 돌아가신, 그래서 그에게 때 이르게 가장의 자리를 넘겨준, 아버지에 대해서는 아무것도 기억하는 게 없었다.

헨드릭은 또한, 비록 약 20년 전에 어린 아들이 있는 여자와 잠시 동거한 적이 있음에도 불구하고, 자신이 남자와 여자 누구와도 성관계에서 성공해본 적이 없다고 밝혔다. 그들의 관계가 플라토닉 했음에도 불구하고, 헨드릭은 그가 아니었다면 줄 수 없는 편의들을 그녀와 그녀의 아들에게 제공함으로써 "가장"이 될 수 있는 것에 만족했었다. 보고에 따르면, 그들은 서로 동반자 관계를 즐겼지만, 그가 "냉장고에 있는 우유를 다 마셨다"는 이유로 그녀의 아이에게 격분한 사건이 있은 후에, 그녀는 갑작스럽게 그와의 관계를 끝냈다.

이 이야기를 듣는 동안, 나는 정서적으로 부모님과 깊은 관계를 맺는 데 실패한 어린 헨드릭이 그의 유아기 절망, 실망, 그리고 분노를 덮는 기능을 갖고 있는 조숙을 사용해서 스스로를 위로하는 측면을 얼핏 볼 수 있는 특권을 갖는다고 느꼈다. 첫 번째 만남에서, 헨드릭은 또한 동거했던 여자를 만나기 전에 그리고 그녀와 헤어지고 난 몇 년 후에 주말마다 거의 빠짐없이 공중 화장실에서 그가 "글로리 홀"(glory hole)이라고 부르는 것(역주: 펠라치오 등의 성적 접촉을 위해서 공중 화장실의 칸막이에 뚫려 있는 작은 구멍)을 통해 "사람들의 신체의 부분들"과의 익명의 성적 놀이에 참여하는 데 시간을 보냈고, 어린 남자 아이들

을 지배하는 환상들에 탐닉한 채 학교 운동장 주변을 맴돌았다
고 말했다. 비록 그가 이러한 환상들을 행동으로 옮긴 적은 단
한 번도 없었지만, 그는 소아성애자로서의 자기 자신을 저주했
다. 나는 이러한 행동이 실제 관계를 갈망하는 아픔으로부터 거
리를 두기 위한, 그리고 비록 환상 속에서 뿐이기는 하지만, 아
이-자기의 취약한 측면을 지배하기 위한 욕구의 표현이라고 이
해했다.

   "전이를 담아내는 것"의 논의에 대한 나의 관심사 중의 하나
는 이 첫 면담이 끝날 때 일어난 일과 관련되어 있다. 그때 헨드
릭은 일어서서 내가 앉아 있는 의자 위로 손을 내밀었는데, 그것
은 내게 악수를 하라는 도전인 동시에 감히 악수를 해서는 안
된다는 경고인 것처럼 느껴졌다. 나는 내가 어떤 것을 택하든지,
잘못할 것이고 사형선고가 내려질 것이라는 것을 감지했다. 나
는 숨을 구멍을 절실하게 원했음에도 불구하고, 헨드릭의 손을
잡는 것으로 반응했다. 그의 무쇠 같은 손아귀에 잡힌 채, 나는
나 자신이 끔찍스럽게 작고, 겁에 질려있으며, 무기력하고, 취약
하며, 정말로 괴롭힘과 위협을 당하고 있다고 느꼈다.

   그 주간의 남은 기간 동안도 결코 덜 힘들지 않았는데, 그것
은 헨드릭이 나의 신체적 외모에서부터 상담실의 배치, 내가 말
이 없는 것, 그리고 약속된 상담료에 이르기까지 모든 것에 대해
우렁차게 울리는 바리톤 목소리로 반복적으로 나를 저주했기 때
문이다. 나는 그가 나에게 오기 전에 그를 면담했던 몇몇 분석가
들이 왜 그를 분석에 받아들이기를 거절했는지 이해할 수 있었
다. 그러나 나는 그럼에도 불구하고 이 남자의 무의식적인 협조
와, 자신의 가장 원초적인 경험들을 나에게 의사소통할 수 있는
그의 엄청난 능력에 충격을 받았고, 크게 다행스럽다고 느꼈다.

   내가 이러한 사건들에 대한 나 자신의 경험들을 충분히 생각

할 수 있을 만큼 정신을 차렸을 때, 나는 헨드릭이 무의식적으로, 어린아이가 생존을 위해 의존해있던 어머니에게서 버림받는 위협을 받고 있는 것이 어떤 것인지 그리고 그 위협에서 스스로를 보호해야 할 필요가 어떤 것인지를 나에게 전하려고 애쓰고 있다는 것을 느꼈다. 그리고 이것을 우리의 연결의 측면에서 직접적으로 다루는 것이 이 남자에게 상당히 안심이 되는 것으로 드러났다. 다시 말해서, 나는 내가 그를 도와주어야 한다는 참을 수 없이 고통스럽고 치욕스러운 그의 필요, 내가 그를 즉각적으로 거절할 것이라는 생각할 수 없는 공포, 그리고 위협적인 분위기 안에서 자신의 취약성을 숨기고자 하는 그의 경향성 등을 직접적으로 다루어야만 했다. 그는 결국 그의 어머니에 대한 초기 기억들을 자연스럽게 회복해낼 수 있었다.

헨드릭이 겨우 한 살이었을 때, 그의 어머니는, 선천적으로 장애가 있었고 결국에는 죽은 둘째 아이를 출산한 후로 심각한 병을 앓았던 것으로 보인다. 어머니의 "병"은 빈번하고 격렬한 격노에 의해 특징지어졌는데, 그것은 어린 헨드릭을 향한 언어적 폭력으로 분출한 다음에, 한바탕 토하고 나서, 무기력한 우울증에서 절정을 이루었다. 따라서 나는 달리 아무것도 할 수 없는 상황에서, 헨드릭이 자기 자신의 죽음에 대한 공포와 그의 어머니의 죽음에 대한 공포—그녀의 담겨지지 않은 그리고 감당할 수 없는 비탄과 격노가 유아와 걸음마 아기로서의 그에게 넘치도록 흘러들어왔기 때문에—모두를 견딜 수 있을 만치 강해지기 위해서, 조숙하게 발달하도록 강요받았다고 추측하게 되었다.

나는 이 사례가, 분석가가 환자와 내사적으로 동일시 할 수 있는 능력이 어떻게 분석적 쌍 모두를 유기적인 "경험에서 배우기"로 인도할 수 있는지를 우리에게 보여준다고 생각한다. 이러한 교환을 통해서, 환자는 그의 가장 초기 경험들이 그가 한 때

믿었던 만큼 그렇게 두렵거나 나쁘지 않은 것이라는 것을 배울
수 있다.

아기가 자신을 보호하기 위해 조숙하게 발달하는 이러한 상
황과 나란히, 조숙한 자아발달 역시 보호를 필요로 하는 어머니
의 욕구에 대한 반응으로 작동하기 시작할 수 있다.

나는 계속해서 그러한 빗나간 발달의 동인에 대해서 다룰 것
이다.

어머니의 욕구를 경험하는 것에 대한 반응으로서의 조숙한 자아발달

런던의 프리실라 로스(Pricilla Roth, 1994)는 분석에서 명백한
거짓됨과 피상성으로 인해 진정한 정서적 접촉을 가로막는 많은
장애물들을 만들어냈던 한 환자에게서 또 하나의 조숙한 자아발
달의 표현을 확인했다. 로스는 그 환자의 사례에서, "마치-인양"
특징들이 일차적 대상이 지닌 동일한 속성들의 현존과 관련되어
있다는 것을 발견했다. 그녀는 이렇게 관찰했다:

> 분석에서 환자가 일차 대상이 거짓된 존재일 뿐만 아니
> 라, 선함이 유지되고 있다는 그 대상의 환상들에 전적으로
> 의존되어 있다는 사실을 정확하게 지각했다는 것이 서서
> 히 드러났다(Roth, 1994, p. 394).

로스는 이러한 경우에, 아기가 일찍부터 인식하는 것은 어머
니가 그녀 자신이 이상적으로 좋은 존재라는 환상을 유지해야

할 필요가 있음을 암시한다고 말한다. 어머니의 욕구에 대한 지각과 함께, 거기에는 불행히도 아기 자신의 타당한 지각과 경험들보다 우선권을 갖고 있는, 어머니의 욕구에 반응함으로써 어머니와의 하나됨의 느낌을 유지해야 하는 아기 자신의 강제적인 욕구가 있다.

로스는 계속해서 말한다: 아기가 자신에 대해 어머니가 실망하는 순간들을 정확하게 지각하기 시작하는 순간에, 어머니를 방어하기 위한 아기의 이상화는 미쳐 날뛰게 된다. 나는 이러한 상황에서, 분열은, 정상적 발달에서 성숙한 구별과정으로 발달하는 것과는 달리, 내적 대상뿐만 아니라 외적인 모성적 대상에 대한 믿음을 유지하는 데 그리고 그들의 온전성을 유지하는 데 사용하기 위해서 소환된다, 그리고 그것은 실제로 아기 자신의 갓 태어난 지각 능력과 진실을 아는 능력을 공격하는 데 사용되고, 이것이 다시금 정상적인 발달을 방해한다. 내가 클로에라고 부르는 환자의 분석에서 가져온 다음의 사례는 어떻게 이러한 상황이 분석적 관계에서 연출될 수 있는지 그리고 그것이 분석과정을 통해서 어떻게 완화될 수 있는지를 보여줄 것이다.

클로에

분석 3년차에 접어든 30대 중반의 젊은 여성인, 클로에는 최근에 결혼을 했고 아기를 임신하려고 시도하고 있다. 한 주의 마지막 회기를 마친 후에, 나는 회기의 전체과정을 다시 생각해보았고, 내가 그녀의 감정이 개선되었다는 클로에의 표현을 주말동안의 분리에 대한 조적 방어로 잘못 해석했다는 것을 확인했다.

아니나 다를까, 그 다음 월요일 회기에서 클로에는 그녀가 나에 대해 느꼈던 분노와 실망을 어떻게 다루었는지를 나에게 말해줄 수 있었다. 그녀는 그녀의 가사도우미가 그녀의 약상자에서 진통제를 훔쳤다고 말하는 것으로 회기를 시작했다. 그녀가 분노와 배신감을 느끼기 시작한 순간, 그녀는 곧 그녀 자신을 둘로 분열시켜서, 화나고 상처 받고 배신당한 쪽의 역할은 완강하게 가정부를 해고시키자고 주장하는 남편에게 전가했고, 반면에 그녀 자신은 도둑질을 용서하고 그 일에 대해 신경 쓰지 않는 사람이 되었다.

나는 나 자신이, 그녀의 가사도우미처럼, 클로에에게서 지난 주말 동안에 그녀의 좋은 감정들을 훔쳤을 수 있다는 가능성에 충격을 받았다. 부가적으로, 나는 나를 향한 그녀의 분노의 결여가 어느 정도 나를 안심시킨다는 것을 발견했고, 그것이 그녀가 부지중에 내가 박해를 감당할 수 없다는 자신의 느낌에 반응하고 있는 것일 수 있고, 그래서 나를 안심시키려고 시도하고 있는 것일 수 있다고 생각했다. 고통을 다루는 그녀의 수단을 훔친 가사도우미처럼, 나는 나의 환자에 의해 도둑으로 경험되었다: 그녀 자신에 대한 긍정적인 감정뿐만 아니라, 내가 없는 동안 그녀 자신을 방어하는 그녀의 방식까지도 무례하고 비합법적으로 그녀에게서 박탈한 도둑.

회기가 끝나기 직전에, 나는 클로에가 목요일에 내가 그녀의 자신감과 자라나는 희망감과 안전감을 무너뜨리려고 시도했다고 느꼈을 수 있고, 그래서 나에게 배신당한 감정을 감당하는 것이 매우 고통스럽고 힘들었을 거라고 생각한다고 말할 수 있었다. 다음 날 그녀는 "가사도우미로부터, 허락을 받지 않고는 다시는 아무것도 가져가지 않겠다는 약속을 받아내는 것을 통해서 남편을 진정시켰다"고 말하면서, 회기를 시작했다. 그러나 그녀는 가사도우미에 대한 그들의 신뢰가 손상되었고, 남편이 결국 가정부에게 그만두라고 말할지도 모른다는 생각으로 인해 불안했다. 그녀는 가사도우미가 그동안 그녀에게 잘했기 때문에 "너무 안됐다"고 생각했고, 만일 자신이 아이를 낳는다면, 전보다 더 많이 그녀를 필요로 할 것이라고 느꼈다. 더욱이, 클로에는 이 여자가 "마음의 중심에서 자신이 정말로 사랑스럽지 않다고" 느끼고 있다는 것을 알고 있었고, 또한 그녀를 해고하는 것은 그녀의 그러한 감정을 가중시킬 것임을 알고 있었기 때문에 당혹스러웠다.

이 시점에서, 나는 클로에가 나를 해고할 수도 있다는 가능성을 받아들여야겠다고 느꼈다! 나는 또한 나 자신이 사랑스럽지 않다고 느끼는 경향성을 인식할 수 있었고, 그녀의 발달의 징표가 사랑스럽지 않은 내가 버림받는 위험에 처하도록 만들 때, 내가 그녀의 긍정적인 느낌들을 잠식했을 수도 있다는 것을 인식했다. 비록 그녀가, 내가 나의 해석을 고백으로 바꿈으로써 그녀의 갓 태어난 좋은 기분을 망치는 사람으로 경험된, 나에 대한 겉으로 드러난 분노의 감정들을 옆으로 제쳐놓는 것처럼 보였지만, 그날 그녀가 회기에 도착했을 때 나를 얼마나 심하게 경계하는 것처럼 보였는지를 나는 기억해냈다.

이것을 염두에 둔 채, 나는 비록 거기에는, 아마도 나의 유익을 위해 자신의 분노를 밀쳐두고, 내가 그녀의 것을 훔친 것에 대해 더 이상 개의치 않는 것으로 보이는 그녀가 있지만, 동시에 거기에는 회복이 불가능할 정도로 배신당한, 그리고 그녀에게서 날카롭고 압도하는 고통을 다루는 그녀의 수단을 박탈한 나에 대해 격노하고 있는, 그리고 나의 해임에 대한 요구를 연기하려고 노력하고 있는 그녀가 있다고 말했다. 비록 클로에는 고개를 끄덕였지만, 나는 그녀가 내가 말한 것을 무시하지 않으려고 열심히 시도하고 있다고 느꼈기 때문에, 이렇게 덧붙였다: "당신이 나를 향한 감사를 느낄 수 있을 때, 그리고 여전히 내가 필요하다고 느낄 때, 그리고 아마도—내가 이것에 대해 확신할 수는 없지만—나 자신이 사랑스럽지 못하다는, 깊은 곳에 자리 잡고 있는 느낌을 지각할 때, 나를 해고하려는 당신의 경향성을 잠재우려고 시도하고 있는 것은 아닌지 궁금해져요. 그리고 당신은 당신이 불안해하는 나의 불가피한 붕괴로부터 나를 보호하기 위해 지금 나를 떠받쳐주려고 노력하는 것 같아요."

이런 나의 해석이 다음에 이어지는 몇 회기에 걸쳐 확인됨에 따라, 조울병 아버지와 심각하게 우울하고 수동적인 어머니에게서 태어난 클로에가, 때 이르게 삶의 용기를 잃고, 죄책감에 짓눌리고, 그녀의 오빠의 죽음에 대해 비탄해하고 있는 부모의 책임을 떠맡았던 상황을 재창조해냈다[12]는 것이(나의 무의식의 도움을 통해)분명해졌다. 그녀는 죽은 오빠의 자리를 채우기 위해서 임신된 아이였다. 전이 관계 안에서 우리 사이에서 실연된 것을 내가 이해하고 그녀와 의사소통할 수 있었을 때, 그리고 그것을 클로에가 어떻게 이해했는지를 의사소통할 수 있었을 때, 우리는 비로소 앞으로 나아갈 수 있었다.[13]

기법적 고려사항들

마지막으로, 나는 이 장이 기여할 수 있는 가장 중요한 내용으로서, 때 이르게 발달한 자아를 가진 환자들과의 분석에 도움이 될 수 있는 몇 가지 기법적 고려사항들을 제시해보겠다. 나는 우리들의 환자들 안에 있는, 신체적인 것에서 심리적인 것에 이르는 전체 범위의 조숙한 경향성의 표현들을 임상적 예시를 통해 설명하려고 시도했다. 그것들은 빅이 말하는 근육적 또는 행동적 "이차적 피부"(1968), 또는 터스틴(1990a)이 자체-관능성의 "자폐적 껍질"이라 부르는 것으로부터 스타이너(1993)가 "정신적 은신처"라고 부르는 것, 또는 초기 클라인학파들이 "병리적," "자기애적," 또는 "방어적 조직"이라고 부르는 것에 이르기까지, 개인 안에서 그리고 개인들 사이에서 다양하게 표현될 수 있다. 이 각각의 경우들에서, 어머니가 아기가 경험하는 것을 걸러주는 기능을 만족스럽게 수행할 수 없을 때, 아기는 그러한 생존 기제들을 발달시킬 수밖에 없었다. 따라서 우리는 이러한 보호 장치들이 분석가와의 관계에서 다음과 같은 방식으로 작동할 것이라고 예상할 수 있다.

첫째, 이 환자들이 그런 수단을 사용해서 심리적으로 살아남을 수 있었기 때문에, 그들 자신들의 아주 초기의 느낌, 핵심적인 정체성, 그리고 심지어 그들의 존재 이유가 유사-성숙에 뿌리를 두고 있다는 것을 고려하는 것이 중요할 수 있다. 이것은 그들의 존재의 연속성에 대한 기본적인 느낌이 유사-성숙을 유지하는 데 달려있다는 것을 의미한다. 결과적으로, 그들은 종종 그들과 접촉하려 하고 그들에게 도달하려고 하는, 특히 그들이 일찍이 낯선 것으로 만들어버린 갓 생겨난 취약성 경험들과 접촉하려는 우리의 시도들을 집요하게 그리고 반복적으로 차단한다.

분석에서 이런 일이 발생할 때, 분석가는 밀쳐내지는 고통을 견딜 수 있어야 하고, 터스틴이 말했듯이, "앞으로 계속 나아가야" 한다. 이것을 할 수 있기 위해서, 우리는 취약한 상태에 머물러 있으면서, 환자가 투사적 동일시를 대대적으로 사용해서 거짓 성숙의 요새를 방어하는 동안 거절에 대한 우리 자신의 감정들을 견디고 소화해낼 준비가 되어있어야만 한다. 우리가 이 일에 성공할 때, 우리의 정서적 및 정신적 소화과정은 환자가 전에는 감당할 수 없는 것으로 느꼈던 곤경에 대한 해석적 이해를 산출할 것이다. 이러한 이해는 더 나아가 분석적 쌍에 의해서 우울증의 블랙홀과 공동 감각의 부재라는 끈질긴 경험으로부터 환자를 구해줄 수 있는 잠재력을 갖고 있는, 보다 완전하고 진정된 일관성을 갖고 있는 이야기를 직조하는 데 사용될 수 있다.

둘째, 전이 안에서, 환자의 내면에 자리 잡고 있는 분석가의 취약성에 대한 가정은—환자가 빈번히 분석가 안에서 그 증거를 발견할 수 있는—종종 이전에 "두렵고 나쁜 것으로" 경험되었던, 환자 자신의 아기- 자기와의 접촉을, 즉 말없이 닫혀 있거나 캡슐화 되어있어야 할 필요가 있는 내적 실재와의 접촉을 분석가가 시도할 것이라는 과장된 공포를 결과로 가져온다." 분석가가 압도되는 것을 막기 위해서 "좋은 아기"로 남아있어야 할 필요는 환자로 하여금 우리를 향한 환자의 다정한 느낌과 공격적 느낌 모두를 조절하기 위해 초과 작업을 하게 하는 동기로서 작용한다. 우리가 분석가와의 관계 안에 있는 이러한 열정적인 정서들에 대한 환자의 무의식적 표현들을 끌어 모으고 명료하게 해석할 때, 우리는 환자와 접촉하고 싶은 우리의 욕망과, 깊은 곳에 갇혀있거나, 막혀있고 소외된 환자의 유아적 자기의 측면들을 따라 현재-삶의 여러 지류들 안으로 갈라진, 정서의 "범람"을 견딜 수 있는 우리의 능력, 이 둘 모두를 보여준다.

세 번째 고려사항은 분석가의 역전이에 관한 것이다. 이 고려사항(또는 주의사항)은 내가 서술한 환자들과의 작업에서 빈번히 만나는 함정들과 관련되어 있다는 점에서, 특별히 유념할 필요가 있다. 이것들은 무엇보다도 직접적인 긍정적이거나 부정적인 유아적 전이 관계에 대한 해석에 저항할 뿐만 아니라, 클로에의 사례에서 볼 수 있었듯이, 바로 그러한 거절을 통해서 최대의 의존과 취약함의 상태와 접촉하는 것에 대한 분석가 자신의 저항을 자극하는 데 극도로 유능하다.

때로는, 이러한 강압적인 자극을 견디는 것이 너무 힘들어서 분석가는 자신도 모르게 스스로를 강하게 만듦으로써, 환자와 공모할 수 있다. 다시 말해서, 환자-안에 있는-유아가 소통하는 것이 분석가-안에 있는-유아가 경험한 것과 너무 강하게 공명하는 지점에서, 분석가는 상대적으로 무감각해질 수 있다.

이러한 공명은 분석가 자신의 초기에 경험했던 사건들에 뿌리를 둔, 그리고 환자의 초기 삶에서 발생한 것들이 무의식적으로 그리고 종종 비-언어적으로 의사소통될 때[14] 그것들에 의해서 복잡해진, 일정 범위의 역전이 반응들을 환기시킬 수 있다. 보통 우리는 이러한 반응들을 이해를 위한 도구로서 사용할 수 있다. 그러나 충분히 주의하지 않는다면, 우리는 유사-성숙의 문제를 가진 환자와 동일시함으로써 우리의 성인 경험과 유능성, 우리가 받은 훈련, 그리고 특히 우리의 이론들을 이러한 감정들을 회피하는 데 사용하도록 유혹 받을 수 있다. 불행히도, 그러한 보호들은 환자를 오해하는 방향으로, 또는 지적인 수준을 제외한 모든 수준에서 접촉이 결여된 해석으로 인도할 수 있다.

같은 맥락에서, 우리는 직접적인 전이 상황 밖에서 일어나는 환자의 현재 삶에 대한 상황이나, 그의 아동기 역사로, 또는 그의 내면세계의 역동에 대해 말하도록 환자에 의해 자극 받을 수 있다. 그리고 우리가 해석적 주의를 현재 외적 사건들이나 역사적 과거로 돌림으로써, 우리는 환자의 특정한 유아적 측면들을 우리에게서 멀리 밀쳐내는 것으로 환자에 의해 지각될 수 있는데, 이것은 우리가 그들의 내적 갈등들을—조숙하게 성인이 된 환자들과 함께—지적으로 토론하는 것을 선택할 때, 우리가 환자-안에 있는-유아를 완전히 유기하는 것으로 느껴질 수 있는 것과 같은 이유에서이다. 이것은 이전에 방해 받았던 정신적 및 정서적 발달의 재개를 촉진시킬 수 있는 방어 구조의 이완을 가져오기보다는, 오히려 환자의 방어 구조의 강화로 이끌 수 있다.

넷째로, 이러한 환자들과의 작업에서 마주치는 또 하나의 특징은 예측할 수 없는 사건들에 대해 분석적 커플 모두에게서 발견되는 끈질긴 저항의 출현이다. 이러한 저항은 "친숙한" 것을 끊임없이 재생산하고자 하는 완강한 노력의 형태를 취할 수 있다. 이것은 환자의 감각적 수준에서, 즉 분석가가 하는 말의 의미보다도 그의 목소리의 어조와 말소리에 집중하는 그들의 경향성에서 드러날 수 있다.15) 다시 말해서, 환자들은 우리의 말을 우리가 생각하기라고 부르는, 상징을-만들어내는 과정의 결과로서가 아니라, 마치 그것이 음악적이고 리듬적인 요소들로만 구성된 것처럼 취급할 수 있다.

내가 나의 임상 작업의 일부에서 보여주었듯이, 분석가 안에 존재하는 상응하는 문제 요소는 종종 우리가 "훈련" 받은 이론적 지향에 충성하는 모습으로 드러나는, "기억과 욕망"에 의존하는 경향성으로 나타날 수 있다(Bion, 1967). 이러한 이론적 "젖꼭지"가 주는 달래주는 성질은 유혹적이다. 따라서 때 이른 해석에 대한 압력이 우리 자신뿐만 아니라 환자의 생존 욕구에 의해 자극될 때, 환자의 자료 안에서 새롭고 예상하지 않은 무언가를 듣고 싶다면, 우리는 알려지지 않고 친숙하지 않은 상태에 충분히 오랫동안 머물러 있기 위해 혼신의 노력을 기울일 필요가 있다.

이러한 점들은 아기들이 자신들의 어머니가 정서적으로 접근할 수 없다고 경험할 때 스스로 모성적 기능을 떠맡는 것으로 삶을 시작하는 아기들에 대해서 쓴 제임스(1960)의 글을 생각나게 한다. 그것은 조숙하게 발달한 환자가 어머니를 정서적으로 사용하는 것이 불가능하다고 경험할 때, 분석에서 마치 우리(분석가)의 기능을 떠맡는 것과 동일한 현상이다. 이러한 환자들이

전이 해석을 통해서 그들과 접촉하려는 분석가의 노력에 반응하지 않는 것으로 보이는 결정적인 순간에, 위험은 해석으로부터 철수하거나 해석을 자제하는 경향성에 있거나, 환자의 협조의 부족을 분석적 젖가슴의 몰수나 젖가슴에 대한 시기에 찬 공격으로 해석하는 것에 있다. 만일 분석가가 그 둘 중 하나를 선택한다면, 분석가는 철수하거나 공격하게 되고, 환자는 이제 분석가가 정서적으로 사용이 불가능한 사람이라는 정확한 지각을 갖게 되면서, 하나의 악순환이 시작된다. 그 둘 중 어느 것도 모든 것이 순조롭게 진행될 때와 빗나갈 때를 알아차리는 우리의 능력은 방해받을 것이고, 그것은 환자에게 말할 수 있는 좀 더 나은 방법을 발견할 수 있는 우리의 능력을 정지시킬 것이다.

내가 이러한 어려움들을 만날 때마다, 프랜시스 터스틴(1987)은 환자-안에 있는-아기에게서 오는 그러한 의사소통을 찾는 일을 계속하기 위해서 "앞으로 나아가는" 길을 발견하라고 나를 격려해주었다. 그 아기의 비명은 오래전에 견딜 수 없을 정도로 "두렵고 나쁜" 것으로 느껴졌고, 묵살되었고 닫혀버렸다. 그러나 만일 우리가 종종 묵살되고 왜곡된 비명들을 일관되게 다룰 수 있다면, 우리는 그 비명들이 다시 한 번 터져 나오도록 도울 수 있을 것이다.

주

1. "조숙한 자아발달"과 비온의 마음의 "담아주는" 기능의 결함 사이를 잇는 나의 연결은 위니캇이(1949) 아기의 "정신-신체"(psyche-soma)를 돌보아주는 기능을 대신하는 "병리적인 적-마음-정신"(pathological enemy-mind-psyche)의 발달과 어머니의 "안

아주기" 기능의 결여 사이를 잇는 위니캇의 연결과 동일한 것은 아니지만, 서로 보완적인 것이다. 비록 비온의 담아주기 기능 개념이 위니캇의 "안아주기" 기능 개념과 상당히 겹치기는 하지만, 후자는 어머니와 유아 사이의 정서적 접촉에 대한 신체적이고 생물학적 요소들에 강조를 두는 반면, 전자는 정서적 경험과 정신적 발달과정에서 발생하는, 사고를 생각하는 능력의 건강한 발달 또는 장애에 중점을 둔다. 부가적으로, 우리는 "안아주기"는 "담아주기"의 필수 요소라고 말할 수 있다.

2. 영국 분석가인 마가렛 윌킨슨(Margaret Wilkinson)은 "클라인은 우리에게 아기가 세상을 경험하는 방식에 영향을 주는 유전적 성향으로 간주될 수 있는 것의 중요성을 각인시켜주었지만, 신경과학은 아이가 세상을 경험하는 방식이 환경의 경험을 통해서만 활성화된다는 것을 명료화했다"(Wilkinson, 2006b)고 말한다. 그녀는 또한 다음과 같이 가정한다: "상담실에서 조숙하게 우울적 자리에 도달하는 것으로 보이는 것은 종종 전혀 사실이 아닐 수 있으며, 그보다는 아기의 자라나는 뇌가 어머니의 뇌를 그대로 반영할 때 발생하는 어머니 자신의 장애와의 유해한 동일시의 결과일 수 있다. 이것은 아마도 적응적인, 거짓된, 대처하는 자기의 발달에 핵심적인 부분일 수 있다. 나는 모든 유아에게서 일어나는 어머니의 뇌의 반영(mirroring)에 대해 생각하고 있다. 건강한 쌍일 경우, 이것은 좋은 감정들을 나타내고 두 존재가 '서로를 알아가는' 것을 허용하는 반면에, 건강하지 않은 어머니의 뇌/마음이 반영될 경우, 아기의 뇌-마음의 성장 패턴을 결정하는 어머니의 마음에는 넘쳐나는 불안, 분노, 또는 우울로 가득 차 있기 때문에, 그녀의 아기가 분리된 존재로서 있을 수 있는 공간이 없다"(2006a). 윌킨슨은 또한 드세티(Decety)와 차미나드(Chaminade, 2003)를 인용하여 다음의 사실을 보여주었다:

"심리학적 수준에서 다른 사람들이 우리와 같다는 이해는 우리가 자신 안에서 비슷한 활동들과 과정들을 만들어냄으로써 다른 사람들의 정신적 활동들과 과정들을 나타내는 것을 통해서 발달한다 … 치료사들과 분석가들에게는, 이 반영이 전이/역전이 과정을 위한 견고한 신경-과학적 기초를 제공하고, 이러한 과정들과 마음의 가장 초기 발달 사이에 뗄 수 없는 연결을 형성한다는 점에서, 커다란 의미를 갖는다"(Wilkinson, 2007, p. 231).

3. 힌셀우드는 그의 책 「클라인 사전」(1989)에서 "박해 불안을 단순히 자아에 대한 두려움[으로], 그리고 우울 불안을 대상의 생존에 대한 두려움"으로 정의한다. 클라인은 발달적으로 인생 주기 전반에 걸쳐 지속되는 앞뒤로의 움직임과 함께, 전자가 후자를 앞선다고 제안했다. 그러나 일부 유아의 경우 자폐적 책략들은, 우울하기 때문에 어머니 자신의 또는 그녀의 아기가 갖는 죽음과 죽는 것에 대한 두려움에 대처할 수 없는 어머니를 경험하는 데서 시작되는, 절망과 희망 없음의 상태에 대한 보호막으로서 발달하는 것으로 보인다. 이런 경우, 매우 예민하고 총명하며, 삶과 아름다움을 향한 굉장한 욕망을 가지고 태어난 아기들은 아직 심리-생물학적으로 그러한 불안들을 창의적으로 다룰 준비가 되어있지 않았을 때, 또는 생기 넘치고, 반응적이며, 사려 있는 젖가슴에 대한 그들의 전관념이 구체화되지 않았을 때, 종종 우울 불안에 의해 압도되는 행동패턴을 관찰할 수 있다. "정상적인 유아기 전능성"(Winnicott, 1945) 상태에 있는 동안, 이런 유아들은 어머니에게 일어나는 이러한 장애가 자신들 때문이라고 느낄 수 있다, 이것은 곧 전능적 수단을 사용해서 어머니를 보호하려는 시도로 이어진다. 그러나 그러한 시도는 결국 실패하게 되고, 그 실패는 정상적인 인간 대상에 대한 신뢰에서 감각적인 "단단한-대상"(Tustin, 1980)에 대한 의존으로의 전환을 촉

발한다. 이 단단한 대상은 종종 강박적 활동을 통해 만들어지고, 희망 없음과 존재하지 않음의 공포로부터 벗어나기 위해서 사용된다.

4. 비록 이 논문의 범위가 클라인학파의 문헌에서 거의 강조된 적이 없는 환경적 요인들에 대해 말하고 있지만, 나는 내적대상 세계의 발달에 영향을 준 구조적/생물학 요인들의 역할에 대한 클라인의 견해를 가장 흥미롭게 요약한 힌쉘우드(1989, pp. 272-277)의 작업과, 관계적 외상이 우뇌의 발달적 궤적에 미치는 부정적 영향에 대한 알랜 쇼어(Allan Schore, 2003)의 연구로 독자를 안내하고자 한다. 쇼어는 다양한 인격장애들을 포함한, 자기-조절과 관련된 정신-병리들의 기질적 요인이 세대를 통해 이어지는 모델을 제공한다. 어떤 임상적 접근법도 그것이 철저한 것이 되기 위해서는 고전적 클라인학파의 견해와 현대 신경-정신분석학파의 견해 모두를 고려해야만 한다. 이것은 확실히 분석가가 각 요소의 비중과 그것이 환자 개인의 발달에 끼치는 영향을 어떻게 결정하는가에 대한 추후 논의를 위한 주제이다. "레두(LeDoux, 2002)는 유전자는 오직 정신적 그리고 행동적 기능의 대략적인 윤곽의 형태를 만들 뿐이라는 것, 유전을 통해 물려받은 것은 우리에게 특정한 방향의 편견으로 기울게 할 수 있다는 것뿐만 아니라, 많은 환경적 요인들은, 그 중에서도 특별히 주양육자는 우리의 유전형질들이 표현되는 방식에 영향을 미친다는 것을 강조했다"(Wilkinson, 2006a, p. 35). 나 자신의 경험은 환경적 요인들에 의해 지배적으로 영향 받은 대부분의 환자들이 충분히-좋은-분석가-담아주는-대상에게 보다 쉽게 반응할 수 있는 반면에, 불안, 좌절감, 그리고 정신적 고통에 대한 내성부족을 향한 지배적인 생물학적 성향을 타고난 환자들은 분석과정에 덜 반응적이고 더 요구적인 모습을 보인다는 사실을 확인시켜주었다.

5. 덧붙여 말하자면, 위니캇(1945)은 건강한 발달을 위한 필수적인 요소로서의 정상적인 유아기 전능 경험이 갖는 본질적인 역할을 인정하였다.

6. 이러한 클라인의 관찰의 빛에서 볼 때, 비온이 한 때 "이해한다는 것은 사랑의 기능이다"라고 말한 것을 주목할 필요가 있다. 현 저자는 만약 이것이 사실이라면, 우리가 환자들을 충분히 이해할 수 있을 때, 그리고 시간을 두고 성장을 향한 꾸준한 경향성이 존재한다면(분리와 재연합 같은, 일상적인 인간 경험들에 의해 자극되는 정서들을 견딜 수 있는 점증하는 능력을 포함해서), 우리는 체질적 구성에서의 타고난 결핍보다는 최초 환경에서의 결핍(개인의 욕구와 탄력성과의 관계 안에 있는)에 대한 증거가 존재한다고 추론할 수 있다고 본다.

7. 쇼어(Schore)는 "그러한 환경적 영향은 일차적 대상인 어머니와의 애착을 둘러싼 상호작용에 뿌리를 두고 있다고 말한다. 이러한 정동의 소통과 정동을 조절하는 상호작용은 불안정한 애착의 경우 너무 자주 심리생물학적으로 잘못 조율되었고 복구되지 못한 것으로 드러난다. 공포 상태와 우울한 정동 모두를 포함한, 부정적 정동을 수용하지 못하고 상호적으로 조절하지 못하는 양육자의 무능력은 유아의 기질적인 자체-조절 사용을 촉발시킨다"(즉, 터스틴이 말하는 자폐적 행동들). 이러한 자체-조절의 가장 좋은 예는 견딜 수 없는 정동에 대한 원시적 방어인, 해리로서, 이것은 빈번히 불안정한 산만/혼동형 애착과 불안정한 회피형 애착에서 차용된다. 삶의 첫 수년 동안에 겪는 만성적인 스트레스는 기질적인 해리의 사용과 연관되어 있으며, 이것은 다시금 우뇌의 주요 조절체계가 성장하는 초기의 결정적인 시기 동안에 그 체계의 경험-의존적인 성숙에 부정적인 영향을 끼친다. 나중에 대상관계적인 상호주관적 스트레스가 발생할 때(즉,

전이-역전이 관계에서), 이런 개인들은 생존 기능이 지배적이고 우울하고 공포스러운 정동 상태를 조절하는 데 비효율적인 미성숙한 우뇌의 조절 체계를 갖게 된다. 이들은 인간 무의식의 생물학적 하부층을 구성하고 있는, 과잉-억제적인 우뇌의 회로들을 사용해서 정동들을 과잉-조절(즉, 차단)한다. 이 오른쪽 뇌의 결여는 또한 타인과 자기 자신을 위한 공감의 결여에서 표현된다. 이런 식으로, "생물-신경학적 발달의 결핍은 신생아로 하여금 우울적 자리에 내재된 종류의 불안을 견디는 것을 불가능하게 만든다"(Schore, 2006, 개인적 대회).

8. 비온은 "이름 없는 공포"라는 용어를 만들어냈는데, 이것은 환경이 아기에 의해 자연적으로 "미리-생각된"것에 "실현"을 제공하는 것뿐만 아니라, 심리적-피부(Bick, 1968)에 해당하는 어떤 그리고 모든 초보적인 의미에 대한 감각 인상을 벗겨내는 것을 통해서 상처에 모욕을 더하는 환경의 실패에 따른 심각한 심리적 결과를 가리킨다. 불행히도, 충분히-좋은 유아기를 당연한 것으로 여기는 일부 고전적 분석가들과 자아-심리학자들처럼, 많은 고전적 클라인학파 분석가들은 종종 출산의 순간 또는 심지어 자궁 안에서부터 시작되는 "담는 것"과 "담기는 것의" 발달을 당연한 것으로 여긴다. 그러나 이러한 결정적인 발달은 그것이 타고난 요인들과 환경적 요인들 모두에 의존해 있기 때문에, 당연한 것으로 여겨질 수 없다.

9. 이 회기 이전의 주말 동안에, 내 사무실이 위치한 건물의 관리인은 화장실을 사용하기 위해 건물에 들어오는 사람들을 막기 위해 모든 층의 화장실에 자물쇠를 설치했다. 나는 이 변화에 대해 환자들에 통보할 기회를 갖지는 못했지만, 화장실 사용에 지장이 없도록 열쇠들을 대기실에 진열해 놓았다.

10. 코헛 역시 "정상적인 과대 자기의 단계를 치료적으로 재

도입하는 것"으로서의 거울역할과 거울 전이에 대해 논의했다. 그 단계 동안에 아이의 과시적 표현을 반영해주는 어머니의 눈의 반짝거림과, 아이의 자기애적-과시적 즐거움에 반응하는 모성적 참여의 다른 형태들은 아이의 자존감을 확인해주고, 점진적으로 이런 반응들의 선택성을 증가시킴으로써 그것을 현실적인 방향으로 인도한다(Kohut, 1971, p. 116). 그러나 나는 위니캇과 코헛이 어머니의 정신적/정서적 그리고 신체적인 존재에 대한 유아의 탄생 이전과 이후의 경험들 사이의 갈등에 대해서는, 그리고 이러한 경험들이 유아의 자기감의 발달에 영향을 끼치는 동안 그러한 경험들을 분류하고 그것들로부터 얼마의 의미를 이끌어내려는 유아의 시도들에 대해서는 직접적으로 언급하지 않았다고 생각한다. 그들은 어머니의 자존감이라는 이슈에 대해서뿐만 아니라, 그것이 어떻게 유아의 자존감과, 유아의 내적 대상들의 세계와 자기-표상들 그리고 그것들 사이의 정서적 연결의 확립에 영향을 끼치는지에 대해서 직접적으로 언급하지 않았다.

11. 일정한 전이-역전이 배열과 소위 일차적 외부 대상과의 "실제" 상호작용 사이의 관계에 관한 논쟁과 관련해서, 나는 나의 환자 칼라(그리고 내가 이전에 서술했던 다른 환자들)와 가졌던 이러한 임상적 순간들이 실제로 유아/아이 편에서 정확한 지각을 갖는 경우들이 있으며, 그러한 지각들이 빈번히 심리-신체의 영역 안에 기록되어 있다가, 분석에서, 때가 되면 분석가가 실제 사건들의 구체적인 세부사항은 아니더라도 그것의 본질을 직관할 수 있게 되는 방식으로 재연될 수 있다는 사실을 사람들에게 납득시킬 수 있다고 제안한다. 환자에 의해 되찾아진 구체적인 기억들을 통해 획득한 타당성에 대한 인정은(자발적이고 요구되지 않았을 때) 그러한 직관들에 더 많은 신빙성과 명료성을 부여한다. 나는 또한 초기 자아가, 그리고 그 후에 중심 자아

가(건강할 때) 현실적인 지각을 할 수 있다고 말하는 페어베언의 마음에 대한 모델(1952)을 생각한다.

12. "도덕적 방어"의 발달에 대해 말하는 페어베언의 모델(1952)은 분명히 이 역동들과 관련되어 있다. 하지만 그 모델에 대해 충분히 고려하는 것은 이 논문의 한계를 넘어서는 것이 될 것이다.

13. 죠셉(Joseph, 1984)은 회기에서 환자가 보이는 행동화가 그의 내적세계, 대상관계 그리고 역사에 관한 풍부한 정보의 원천이라는 것을 강조하면서, 그것이 현재에서 다시 사는 과거를 의미할 뿐만 아니라 정서들, 방어들, 그리고 대상관계들의 이동을 의미하는 "전체 상황으로서의 전이"라는 클라인의 본래 개념을 확장했다. 이 모델에서, 환자는 언어적 연상들을 넘어서는 방식으로 초기 역사를 살아내는 것으로 생각되고, 그런 사실이 무의식적으로 분석가에게 부과되는 압력을 통해서 소통되는 것으로 간주된다. 죠셉은 "전이는 그 안에서 항상 어떤 것이 발생하고 있는 것이지만, 우리는 이 어떤 것이 본질적으로 환자의 과거, 그의 내적 대상들과의 관계 또는 그것들에 대한 그의 믿음에 기초해 있다는 것을 알고 있다"고 제안했다(Joseph, 1984, p. 164).

14. 이러한 공모/충돌은, 깊은 의미에서, 역전이에 대한 프로이트의 최초의 이해와 직접적으로 관련되어 있다.

15. 분명히, 내용과 나란히, 언어와 생생한 의사소통이 지닌 음성학적 차원은 듣는 사람에게 충격을 가하고 다양한 정서적 반응들을 촉발시키는 유기적 요인인데, 그 이유는 그것이 뇌의 다른 영역들에 영향을 끼치기 때문이다(Schore, 2003). 그러나 현 논문의 맥락에서, 나는 환자의/경청하는 자의 주의를 방어적으로 분열시키는 현상에 초점을 맞추고 있다. 신경과학의 관점에서 볼 때, 우리는 이 상태가 선형적 논리를 담당하는 전두엽의 인지

기능이 억압되어 있음을 말해준다고 생각할 수 있다.

제4장. 전이 담기:
비온의 세 논문에 담긴 기법적 함축들*

누군가가 당신에게 당신이 어떻게 사물을 바라보는지 또
는 어떤 위치에서 사물을 바라보는지를 말해주는 것은 아
무 소용이 없다—당신을 제외하고는 아무도 그것을 알지
못할 것이기 때문에.

― 비온, 1976, p. 245.

이 장에서, 나는 앞의 장들에서 소개한 "전이를 담기"에 대한
나의 개념을 좀 더 구체적으로 설명할 것이다. 그리고 분석과정
동안에 피분석자의 마음 안에 "담는 대상"을 확립하는 과정을
개념화하기 위한 모델의 윤곽을 제시할 것이다. 이 모델에서 제
시된 기법적 함축들은 주로 윌프레드 비온의 세 논문들과 그것
들에 대한 나의 주석에서 제시된 개념들에서 가져온 것이다: "생
각하기 이론"(1962a)에서, 비온은 그가 "현실적 투사적 동일시"
라고 부른 것을 강조하는데, 그것은 무의식적인 의사소통의 형
태로서 기능하며, 분석가는 그것이 사고의 발달과 사고를 생각
하는 장치의 발달을 목표로 갖고 있다는 사실을 이해할 것을 요

---

* 이 논문의 최초 버전은 2001년도 국제정신분석저널 82(6)에 실렸고, 후기
버전은 「Bion Today」, Lond: Routledge에 "전이 담기"라는 제목으로 실렸다.

구 받는다; "기억과 욕망에 대한 소고"(1967)에서, 비온은 진화하는 치료적 상호작용의 "지금-여기"에 초점을 두는 분석 작업을 위한 "규칙"들을 제시한다; 그리고 "증거"(1976)라는 논문에서, 개인 분석가의 정서적 경험이라는 "사실"에 초점을 맞춘다. 나는 상세한 사례 요약을 제시하는 것을 통해서 분석 과정이 실패할 수도 성공할 수도 있는 몇 가지 방식들을 제시하려고 시도할 것이며, 그 과정에서 분석가의 "몽상" 능력, "변형," 그리고 "공표" (담는 기능의 모든 측면들에 대한)가 갖는 중요성에 초점을 맞출 것이다. 이에 덧붙여서, 나는 "전이 담기"의 본질적인 요소들에 대한 논의와, 해석이 갖는 두 개의 주요 측면인, "투사적" 측면과 "내사적" 측면 사이를 구별하는 것을 통해서 비온의 작업을 좀 더 확장할 것이다.

도입

일찍이, 프로이트(1901)는 환자들이 기억상실로 인해 고통을 겪고 있고, 텅 빈 간격들을 메우기 위해서 기억착오라고 하는 개념을 만들어낸다는 것을 관찰했다. 그러나 비온이 그의 생애 말년에 지적했듯이, "만약 그렇게 하는 것이 환자들뿐이라면, 무척 다행일 것이고, 우리가 그렇게 하지 않는다면, 그것은 행운일 것이다"(Bion, 1976, p. 243). 비온은 심지어 우리의 분석 이론들이 그리고 사실상 "정신분석 전체가 우리가 두려워하는 무지의 갭을 메우기 위해서 고안된, 거대한 기억착오의 정교화로 드러날 수 있는 가능성을 고려하는 지점에까지 나아갔다(p. 244). 그의 이론적 논문들에서, 비온은 그의 개념들을 일부러 "포화되지 않은" 상태로, 간격으로 가득한, 또는 아마도 더 정확하게는, 분석가 개인의 기억착오에 의해서가 아니라, 분석 안에서 일어나는 "경험에서 배우는" 과정에서 유래한 분석가 자신의 개인적 사고들에 의해 채워져야 하는 열린 공간으로 남겨놓았다. 이런 식으로, 비온은 분석가가 "그가 알고 있고, 사용할 줄 알고 있으며, 그가 그것의 가치를 알고 있는 언어를" 만들어낼 수 있기를 희망했다 (Bion, 1976, p. 242).

"좋은" 분석가나 슈퍼바이저가 그렇듯이, 비온의 이론 체계는 분석가들에게, 특히 분석과정을 개념화하는 모델들을 스스로 개발하려고 하는 분석가들의 노력과 관련해서, 영감의 원천을 제공해왔다. 나는 나 자신의 특정한 모델을 형성하는 과정에서, 비온의 세 논문들이 지닌 특정한 측면들을 진지하게 받아들였다: "사고 이론"(1962a), "기억과 욕망에 대한 소고"(1967), 그리고 그의 마지막 논문들 중의 하나인 "증거"(1976). 나의 관점에서 볼 때, 이 논문들은—함께 고려할 때—클라인학파 분석가뿐만 아니라 비클라인학파 분석가를 위해 몇 가지 기법적 함축들을 발생시킨다. 나는 여기에서 그것들의 윤곽을 제시해보겠다.

이 장 전체를 통해서, 나는 각 논문이 지닌 몇 가지 측면들을 강조할 것이고, 그것들로부터 몇 가지 잠정적 결론들을 끌어낼 것이다. 그리고 나의 작업 방식에서 중심적인 역할을 하는 비온의 개념들을 설명할 것이다. 이 과정에서 나는 임상에서 가져온 예들을 사용해서 이런 아이디어들을 보여주려고 시도할 것이며, 이것을 통해서 많은 분석 상황에서 우리가 만나고 있는 부류의 환자들의 치료에서 부딪치는 가장 초기의 유아기 전이가 발달하는 것이 그리고 그것을 다루는 것이 어떤 중요성을 갖는지를 강조할 것이다.

사고를 생각하기

비온은 클라인 이론(1946)의 중심축들 중의 하나를 감히 흔들어 놓으면서, 용감하게 방어적 환상으로서의 투사적 동일시 개념을 확장하고 확충해서, 원래 개념에다 어머니와 유아 사이에 정상적이고, 전언어적인 형태의 의사소통이라는 기능을 포함시켰다. 그는 자신의 논문(1962a)에서, 가장 눈에 띄는 방식으로 많은 사례들에 적용될 수 있다고 그가 믿고 있던 "이론적 체계"(p. 178)의 윤곽을 제시했다. 그는 그 글에서 "생각하기"는 사고의 성공적인 발달에 달려있는 것만큼이나 이러한 사고들을 생각할 수 있는 장치의 성장에 달려있다고 제안했다. 칸트 철학의 흐름을 따라서, 비온은 사고들에 대처하기 위해서 생각하기가 생겨나야 하고, "생각하기는 사고들의 압력에 의해서 정신에 강요되는 발달이며, 그 반대가 아니라고"(Bion, 1962a, p. 179) 보았다. 이것이 처음에는 알 수 없는 말처럼 들릴 수 있었기 때문에, 비온은 그 글에서 계속해서 어떻게 최초에 사고들이 생겨나는지를 설명했다.

비온은 만족스러운 젖가슴의 존재에 대한 아기의 타고난 기대(또는 그가 전관념이라고 부른 것)가 그것에 근접하는 경험과 만날 때, 관념(또는 아직 이름 붙여지지 않은 개념)이 발생한다고 밝힌다. 따라서 그는 만족에 대한 실제 정서적 경험의 존재 안에는 항상 관념이 발견된다고 결론짓는다.

이런 상황과 대조적으로, 전관념과 부정적인 실현의 결합은 나쁜 대상의 발달을 결과로 가져온다: 즉 젖가슴 없음 또는 좌절을 주는 부재의 현존이 나쁜 대상의 발달을 가져온다. 그에 따른 좌절의 느낌은—충분히 견딜 경우—사고의 탄생으로 이끈다. 여

기에서 우리는, 비온에 따르면, 충분히 견뎌낸 좌절에서, 또는 그
가 나중에 "견뎌낸 의심"이라고 부른 것에서 사고가 태어난다는
것을 알 수 있다. 부가적으로, 사고는 간절한 소망이나 욕망 그리
고 만족을 얻는 데 필요한 행동 사이에서 교량으로서 작용하기
때문에, "좌절을 견디는 능력은 정신으로 하여금 견뎌낸 좌절을
더 견딜 만한 것으로 만들어주는 수단으로서의 사고를 발달시키
도록 만든다"(ibid).

　비온은 좌절을 견디는 능력이 충분하지 않으면, 좌절이 수정
되기보다는 좌절의 회피가 발생하는 것을 관찰했다. 다른 말로,
좌절은 사고의 발달로 인도하기보다는, 비워내기에만 적합한
"나쁜 대상"의 발달을 가져온다. 비온은 바로 이 지점이 우리에
게 외부 대상인 어머니가 아기 삶이 시작되는 시점부터 무대에
등장하는 곳이라고 말해준다. 그리고 나는 여기에서 정신적 삶
의 시작에 대해서 말하고 있기 때문에, 어머니가 심지어 출생 이
전 대략 26주에서 30주 정도의 임신기간 동안에도 중요한 역할
을 한다는 사실을 고려하는 것이 중요하다고 강조하고자 한다.
이 주제에 대한 좀 더 상세한 논의를 위해서, 나는 출생 전의 태
아의 정신적 삶과 그것이 신생아의 정신적 삶에 미치는 영향에
관해 폭넓게 연구한 마우로 만시아(Mauro Mancia, 1981)의 연구
를 추천한다.

　어머니의 역할과 관련해서, 비온은 아기의 전관념들이 아기
자신의 생존에 관심을 갖는다고 말했다. 그러나 아기 자신의 인
격이 생존에 영향을 미치는 하나의 요인이라는 것을 주목하면
서, 그는 다음과 같이 명료화했다:

　유아의 인격은 환경의 다른 요소들처럼 보통 어머니에 의
　해서 관리된다. 만일 어머니와 아이가 서로에게 잘 맞춘다

면, 유아를 관리하는 일에서 투사적 동일시가 주요한 역할을 한다; 유아는 초보적인 현실감각의 작용을 통해서, 보통 전능 환상이라고 생각되는, 투사적 동일시가 현실적인 현상이 되는 방식으로 행동할 수 있게 된다. 하나의 현실적인 활동으로서 그것은 유아가 제거해 버리고 싶은 느낌들을 어머니의 느낌 안에서 불러일으키도록 합리적으로 계산된 행동을 보인다(Bion, 1962a, p. 182).

독자는 이러한 비온의 견해가 위니캇(1960a)이 정상적인 전능성의 영역이라고 부른 것과 공명한다는 것과, 또 그가 어머니 없는 아기란 없다고 말한 것에 대해 말하고 있다는 것을 알아차릴 수 있을 것이다. 비온의 개념을 예시하기 위해, 나는 슈퍼비전 사례에서 가져온 한 환자의 이야기를 제시해 보겠다.

Dr. A와 코라

이 책의 1장에서, 나는 코라의 사례를 소개했는데, 그녀는 인공수정을 포함한 집중적인 불임치료를 받고 있던 시기에 Dr. A와 주 2회 정신분석적 심리치료를 시작했다. 거의 치료의 시작부터, 우리는 그녀가 치료사와 더 많은 접촉을 원하고 있다는 것을 알아차릴 수 있었다. 그것은 자신이 아기의 "임신을 촉진시키기 위해서 더 많은 치료를 필요"로 한다고 말하는 그녀의 말에서뿐만 아니라, 분석가의 역전이의 파생물인 것처럼 보였던 Dr. A의 경험에서도 마찬가지로 확인할 수 있었다. 치료의 초기 동안에, Dr. A는 자신이 종종 슈퍼비전을 위해서 기록할 수 있을 만

큼 충분히 오랫동안 회기에 대한 느낌을 회상하는 데 어려움을
겪었다고 보고하거나, 그것을 쓸 수 있는 충분한 시간이 없다고
불평했다. 그녀가 기록하기 시작한지 한두 시간 정도 되었을 때,
그녀는 코라가 방을 떠난 지 한참이 지나고, 그래서 너무 늦었다
고 여겨질 때까지 자신이 환자의 의사소통이 지닌 전이의 의미
를 생각해내지 못한다는 사실을 깨달았다.

얼마의 격려와 함께, Dr. A는 그녀 자신의 불편한 경험의 맥락
안에서, 환자가 반복해서 말하는 내용을, 분석적 커플이 분석가
의 마음 안에 생명을 가져다주는 데 필요한 아기-코라를 임신시
킬 수 있기 위해서 더 많은 회기를 필요로 한다는 코라의 표현
으로 해석할 수 있었다. 환자는 이러한 흐름의 해석에 의해 크게
감동을 받았고 결국 매주 두 번의 추가 회기를 직접적으로 요청
했다.

그 후에 이어진 몇 개월 동안, 환자의 자료 안에는 "그녀가 자
신과 Dr. A를 서로에게 점점 더 잘 맞는 사람으로 경험하고 있
다는 증거가 발견되었다." 그 자료는 또한 Dr. A가 점진적으로
환자 안의 아기를 더 잘 임신할 수 있다는 코라의 느낌을 드러
냈다. 사실상 나의 슈퍼비전을 받고 있는 Dr. A는 이 시간 동안
에 그녀 환자의 가장 원시적인 공포에 대한 초보적 이해를 좀
더 제때 생각해낼 수 있고 말할 수 있다고 느꼈다.

그러나 주말 휴일에 대한 코라의 불안은, 분석가에 대한 그녀
의 의존을 증가시키는 결과를 가져다준, 그녀 자신이 치료자에
의해 이해받는 경험만큼이나 증가한 것처럼 보였다. 이 극단적
인 불안은 그러한 강렬한 분리 불안을 견디고 담아낼 수 있는
Dr. A의 능력에 부담을 주기 시작했다. 예를 들면, 이 불안은 그
주의 마지막 회기였던 목요일 회기에서, 코라가 들어와 직접적
으로 이전 시간이 끝날 때 쯤 그녀가 얼마나 안도감을 느꼈는지

에 대해 말했을 때—비록 이러한 진전을 보고할 때, 그녀의 목소리가 축 처져 있었지만—표현되었다.

긴 침묵이 있은 다음에, 그녀는 회기를 기다리는 오전 내내 자신이 "죽은 것처럼" 느껴졌다고 덧붙였다. Dr. A는 이 혼합된 의사소통을 이해할 수가 없었고, 코라가 이전 시간에 Dr. A가 눈물을 글썽였는데 그러한 그녀의 지각이 맞는 것인지 궁금하다고 계속해서 말했을 때, 몹시 불안해졌다. 코라는 그 눈물을 보았을 때 정서적으로 접촉되는 느낌을 생각했으며, 그 이유는 그것이 그녀에게 Dr. A가 코라 자신이 겪고 있는 것을 정말로 기꺼이 느끼고 싶어 하고, 또 느낄 수 있다는 것을 의미했기 때문이라고 추가적으로 설명했다. 그러나 코라는 또한 이 긍정적인 느낌이 갑자기 그 눈물이 단지 치료자의 기법의 일부일 것이라는 끔찍한 생각으로 바뀌었을 때, 마음이 심란해졌다. Dr. A로부터 직접적인 응답이 없자, 코라는 그 눈물이 진짜인지 또는 기법의 한 측면인지 알 필요가 있다는 것을 강조해서 말했다.

Dr. A가 계속 침묵하자, 코라는 약간 강한 어조로 그 눈물에 대한 그녀의 최초의 지각이 정확한 것이었는지를 아는 것이 그녀에게는 중요하다고 반복해서 말했다. 하지만 무언가를 말해야 한다는 극도의 압력을 느끼는 상태에서, Dr. A는 환자의 자료가 무엇을 의미하는지 알 수 없었다. 이 지점에서 코라의 어조는 실망스런 것으로 바뀌었고, 설령 Dr. A가 그 눈물의 진정성을 확인해주었다고 해도 자신은 그것을 믿지 않았을 것이라고 말했을 때, 분위기는 얼음장 같은 무관심으로 바뀌었다.

Dr. A가 반응 없이 머물러있자, 코라는 계속해서(마치 주제를 바꾸기라도 하듯이) 그 주간의 불임치료에 대해 불안했었다고 언급했다. 그녀는 그 주간에 세 번의 인공수정을 시도했는데, 비록 그녀가 수요일의 시술 이후에 평상시보다 더 희망적이긴 했지만, 그녀는 대부분 그랬던 것처럼 태아가 자궁 안에 착상하는 데 실패할 것이고, 월경이 시작되면 그 작은 태아는 벗겨진 껍질처럼 물속으로 쓸려나가는 불행한 운명을 맞을 것이라고 느꼈다; 그녀는 "그 많은 돈, 고통, 그리고 힘든 노력이 마치 변기물인 것처럼 씻겨 내려간다는 게 애석해요"라고 말했다.

이제 Dr. A는 그녀의 환자가 미끄러져 내려가고 있는 것을 느낄 수 있었고, 점점 더 절박한 심정으로 코라에게 뭔가 붙들 수 있는 것을 주고 싶어졌다. 그녀는 다가오는 주말에 대해서 생각했고, 코라의 질문을, 이전의 세 번의 회기에 대한 분석가의 개입들을 하찮은 것으로 만드는 것을 통해서 그녀 자신을 "죽은 것처럼" 만들고 주말 휴가에 대한 그녀의 느낌을 마비시키는 환자의 방식으로서 받아들이기로 결정했다. 분석가는 코라가 회기 중에 자신이 했던 말들을 마치 화장실에 쓰레기를 버리듯이 벗겨내 버리고 물로 쓸어버리고 있다고 말했고, 이러한 "한 주간 동안의 분석을 낭비한 것"이 어떻게 환자를 얼음장 같은 무관심의 분위기로 덮인 절망 상태에 남겨두는지를 계속해서 지적했다.

코라는 즉각적으로 이 해석에 대해 노골적인 격노로 반응했고, 그 "빌어먹을 주말"에 대해 그녀가 느끼는 것을 정말로 말할 수 없다고 말했다. 그녀는 치료사가 다음 주 월요일에 거기에 있을지 점점 더 확신할 수 없다는 말밖에 할 수가 없었다. 그때 그녀는 "실은 내가 월요일에 상담실에 올 수 있을지조차 확신할 수 없어요"라고 덧붙여 말했다.

명백히 좌절한 코라는 이제 그녀의 최초의 질문에 대한 답을 알려줄 것을 더 강하게 요구했다. 더 많은 압력을 받으면서, Dr. A는 환자의 질문 밑바닥에 어떤 것이 있는지 궁금하다고 말했다. 우리가 알 수 있듯이, 이러한 전략은 환자에게 더 많은 좌절을 가져다줄 뿐이었다. 코라는 방어적으로 대답하면서, 그녀가 왜 대답을 필요로 했는지 또는 그 질문에 대해 그녀 자신이 생각하거나 느낀 것을 좀 더 말했더라면, 그녀는 Dr. A가 그 눈물에 대해 진실된 대답을 하는 것인지 아니면 단순히 기법을 사용하고 있는 것인지 결코 알 수 없었을 것이라고 확신했다. 시간이 다되었기 때문에 Dr. A는 회기를 끝냈고, 환자는 화가 나서 씩씩거리며 상담실 문을 쾅 닫고 나갔다.

월요일에 환자를 보기 직전에 가졌던 슈퍼비전 시간에, Dr. A는 회기가 끝난 후에 코라가 몹시 불안했고 화가 나있었다고 보고했다. 분석가는 마음속에서 환자를 내려놓을 수가 없었다. 그녀는 코라가 자신이 월요일에 거기에 있을지조차 확신하지 못한다고 말했을 때, 그녀가 치료를 깰 것을 계획하고 있는 것이 아닌지 두려웠다. 따라서 Dr. A는 자신의 환자를 영원히 잃게 되는 것을 두려워했을 뿐만 아니라, 그녀 자신이 버림받았다고 느꼈고, 무엇이 잘못되었는지 알 수 없다는 느낌으로 인해 두려웠다.

Dr. A는 그녀의 개인분석에서 이 버림받는 느낌에 대해 검토했고, 그래서 이것이 그녀 자신의 분석가의 휴가날짜가 다가오는 것과 관련되어 있다는 것을 발견했다고 털어놓았다. 그러나 이러한 통찰이 그녀에게 환자에 대한 불안으로부터 약간의 안도감을 제공했을 때, Dr. A는 목요일 시간의 코라의 경험과 관련하여 자신이 무엇을 놓쳤는지 추적하는 데 내가 도움을 줄 수 있기를 희망했다.

목요일 회기를 시작하면서, 코라는 그녀와 Dr. A가 세 번에 걸친 이전의 회기 동안에 환자와 그녀의 어려움을 마음속에 담을(임신할) 수 있다고 느꼈을 때,—마치 그녀가 그 주에 세 번의 인공수정 후에 희망적으로 느꼈던 것처럼—그녀가 얼마나 희망적이었는지를 표현하려고 애쓰는 것처럼 보였다. 그러나 코라는 또한 그녀가 이미 다가오는 주말을 그들의 접촉이 위험스럽게 단절되는 것으로 경험하기 시작하면서, Dr. A에게 자신의 목소리의 음조와 형태를 통해서, 자신의 회기 전인 목요일 아침에 그 희망이 시들해지거나 닳아빠진다는 것을 알려주려고 시도했던 것처럼 보인다.

여기에서 우리는 코라가 단순히 치료사와의 미래의 분리를 두려워했을 뿐만 아니라, 이미 실제로 그녀 자신이 "죽어 있거나," 아마도 "유산되었다"고 느끼고 있었다는 것을 알 수 있다. 명백히 분석가의 침묵을 견디낼 수 없었던, 코라는 그녀가 Dr. A의 눈에서 보았던 눈물에 대한 기억에 도달했던 것처럼 보인다. 그녀는 그것을 정서적 접촉의 표시로, 즉 Dr. A가 정말로 존재했다는 증거로 받아들였다. 주간 내내 Dr. A를 사로잡았던 그녀의 질문은 분석가가 정말로 자신을 받아들였다는 자신의 느낌을 확인하고 싶은 희망 때문에 그 지각의 현실성을 시험하려는 시도였을 수 있다. 그러나 이 경우에, 어느 정도의 이해를 위해 기다리는 것은 이 환자에게는 분명히 너무 긴 것이었고, 그 결과 그녀의 불안은 증가할 수밖에 없었다.

문제를 더 복잡하게 한 것은, 코라의 넘치는 두려움이 여전히 무의식적인 상실에 대한 예상과 중복되면서 분명히 Dr. A가 담아낼 수 있는 범위를 넘어선 것이었다. 회기의 진화에 빛을 던져줄 직관에 대한 의심을 충분히 오랫동안 견디낼 수 없었던 Dr. A는 환자가 빠져나간다는 그녀 자신의 경험의 의미와, 코라에게 붙들 수 있는 무언가를 주고 싶은 그녀의 절박한 욕구를 인식하는 데 실패했다. 대신에, Dr. A는 그녀의 개입을 위한 근거로서 일반적인 이론에 매달렸다. 그녀가 코라의 전능 부인과 분석적 작업의 가치에 대한 평가절하라고 간주했던 것과 관련해서, 너무 쉽게 아귀가 맞는 해석들은 "실패한 임신"(mis-conception)에 대한 환자의 느낌을 확인해줄 뿐이었다.

이 사례에서, 나는 우리가 회기의 직접성 안에서 경험되고 있는 가장 힘든 마음 상태의 가장 깊은 수준에 관한 어떤 것을 의사소통하려는 코라의 시도를—현실적인 투사적 동일시를 통해서—이해할 수 있다고 생각한다. 목요일 회기를 기다리는 동안 그녀 자신이 "벗겨져 나간다고" 느꼈을 때, 그녀는 세 번에 걸친 이전 회기에서 획득한 담아주는 분석가의 존재에 대한 경험을 때이르게 상실한 것처럼 보였다. 그때 그녀는 그녀의 분석이 그때까지 "그녀가 그토록 원하는 임신으로 인도하는 데 실패한" 인공수정의 "기법"과 다를 바 없는, "하나의 기법"에 지나지 않을까봐 두려웠다. 나는 코라가 어머니-분석가의 상실을 경험했을 뿐만 아니라, 또한 분석의 첫 3주 동안의 노력을 통해서 이제 막 임신된 태아의 자기를 상실하는 경험을 했다고 제안할 것이다.

어머니-분석가의 정신적 자궁 안에 안전하게 자리를 잡는, 견고하게 확립된 일관되고 지속적인 경험을 세우는 충분한 시간을 갖지 못한 코라의 마음속에는 "담는 대상"이 아직 안전하게 뿌리내리지 못했다. 따라서 Dr. A의 침묵과, 코라의 곤경에 대한 그녀의 "빗나간 임신"은 내재화 과정의 시작을 유산시킬 수 있었고, 코라의 자기는 목요일 회기에서 어디론가 빠져나가기 시작했다. 마치 Dr. A와의 접촉을 재확립하려는 최후의 시도인 것처럼 상담실 문을 쾅 닫고 나갔을 때, 코라는 그녀 자신을 분석가의 마음속으로 강력하게 밀어붙였던 것으로 보인다. 그녀의 그러한 현실적인 투사적 동일시의 사용을 통해서, 우리는 코라가 어떻게 주말 휴일동안에 자신이 있을 자리를 마련하는 데 성공했는지를 관찰할 수 있다. 그것은 Dr. A가 주말 내내 정말로 "[그녀의]마음에서 코라를 몰아낼 수 없었다"는 사실에서 알 수 있다.

내가 방금 서술한 상황은, 비록 투사의 의미를 보존하고 확장하는 분석적 커플 양쪽의 많은 노력을 통해서 이루어진 것이기는 하지만, 결국 해결되었다. 그러나 비온은 병리적 형태의 투사적 동일시가 연쇄적으로 자리를 잡는 최악의 시나리오를 다음과 같이 묘사한다.

> 만일 어머니가 이 투사물을 견딜 수 없다면, 유아는 점점 더 커지는 힘과 빈도를 가지고 계속해서 투사적 동일시에 의존하게 된다. [이것은] 투사된 것에서 의미의 주연부 (penumbra)를 벗겨버리는 것처럼 보인다(Bion, 1962a, p. 182).

그 결과, 재내사(reintrojection) 과정은 좋음과 유아가 주고받는 모든 것의 잠정적인 의미가 벗겨진 내적대상들을 발생시킴으로써, 주체로 하여금 어떤 이해도 사용할 수 없는 굶주린 상태에 처하도록 만든다.

다른 말로, "[유아의] 초보적 의식과 모성적 몽상(Bion, 1962a, p. 183) 사이의 투사적 동일시를 통한 상호작용이 붕괴될 때," 거기에는 정상적인 사고와 생각하기의 발달에 심각하고 장기적인 장애가 발생한다. 그런 경우들에서, "어머니의 몽상 능력의 붕괴가 남겨놓은 끝나지 않은 과제들은 본성상 전지적이고 전능적인 [아기의] 초보적 의식에 부과되며," 이것은 내면에 투사적 동일시를 거절하는 대상의 확립으로 이끈다 ... 이것은 이해하는 내적 대상 대신에, 유아가 동일시한 제멋대로 오해하는 대상을 갖는다는 것을 의미한다. 게다가, 그것의 정신적 특질들은 전의식과 연약한 의식에 의해서 지각된다(Bion, 1962a, p. 184). 나는 종종 그러한 내적 대상의 형상들이 가장 해결하기 어려운 곤경으로 이끈다는 것과, 그것이 한 세대 이상의 세월을 거치면서 형성된, 투사적 동일시를 통한 아기의 초보적 의식과 어머니의 몽상 사이의 상호작용의 붕괴에 따른 산물일 수 있다는 것을 발견한다.

비온의 "담는" 대상 모델은 정상적인 발달에서 투사적 동일시와 내사적 동일시 모두가 차지하는 중요성을 좀 더 잘 이해할 수 있게 해주고, 어머니의 마음 상태—무엇보다도 그녀 자신의 불안과 유아의 불안을 다룰 수 있는 능력—가 아기의 안전감을 떠받쳐주는 지지대이며, 따라서 정신 건강의 핵심 축이라는 의미를 함축하고 있다. 그러므로 명료화를 위해서, 나는 잠시 이 개념을, 내가 이해한 바대로, 설명할 것이고, 그것이 나의 분석기법에 미친 영향을 강조할 것이다.

담는 대상으로서의 어머니

비온의 모델에서, 첫째, 어머니는—비온이 몽상이라고 부르는 상태에서—환상 속에서 자신에게 투사된 유아의 자기, 대상, 정동, 그리고 처리되지 않은 감각경험들이 지닌 견딜 수 없는 측면들을 수용하고 받아들인다(또는 널리 사용되는 용어를 사용하자면 "내사한다"). 둘째, 그녀는 투사된 내용물에 대해서 생각하고 이해할 수 있기 위해서, 그것이 그녀 자신의 몸과 마음에 끼치는 전체 영향을 필요한 만큼 오랫동안 감당해야만 한다. 비온은 이 과정을 변형이라고 부른다. 셋째, 아기의 경험들을 그녀 자신의 마음속에서 변형시키고 나서, 그녀는 그것을 해독되고 소화될 수 있는 형태로 (아기가 그것을 필요로 하는 순간에) 아기에게 조금씩 되돌려준다. 이것은 그녀의 태도와 아기를 다루는 그녀의 방식에서 드러난다. 분석에서, 비온은 우리가 보통 해석이라고 부르는 이 마지막 과정을 공표라고 불렀다.

우리가 쉽게 알 수 있듯이, "담는" 능력은 자신의 불안뿐만 아니라, 아기와의 관계에서 획득한 불안들을 담아낼 수 있는 충분한 내적 공간과 경계를 가지고 있는 어머니를 전제로 한다; 이런 어머니는 고통을 감당할 수 있고, 숙고할 수 있고, 생각할 수 있고, 자신이 생각하는 것을 유아에게 의미 있는 방식으로 전달해 줄 수 있는 능력을 가진 사람인 동시에, 그녀 자신이 분리되어 있고, 온전하고, 수용적이고, 몽상이 가능하고, 적절하게 줄 수 있는, 따라서 "담는" 대상으로서 내사하기에 적합한 사람이다. 그리고 시간을 두고 조금씩 이루어지는 그런 대상에 대한 유아의 동일시와 동화(同化)는 정신적 공간의 증가, 의미를 만들어내는 역량의 발달(비온이 알파기능이라고 부르는 것), 그리고 자신에 대해 생각할 수 있는 지속적인 마음의 진화로 인도한다. 이렇게 말한다면 이상화로 보일 수도 있겠지만, 나는 이것이 위니캇(1960a)이 그의 정신건강 모델에서 말한, 보통의 헌신적인 어머니의 역할에 해당된다고 제안할 것이다.

나는 비온이 몽상이라는 용어를 사용한 것—주의 깊고, 수용적이며, 내사적이며, 담는 것의 경험적인 측면에 대해—은 또한 내가 전이 담기라는 부르는 것과 유사한, 분석가편에서의 기능에 해당된다고 본다(Mitrani, 1999). 내 생각에 따르면, 전이를 담는 행동은, 특히 원시적인 정신 상태를 다룰 경우에, 전이의 해석을 향해 가는 길에서 거쳐야 할 필수적이고 없어서는 안 될 단계이다.

분석가 편에서 전이 안에 있는 환자의 자료와 그것의 결과를 담아내지 못하는 무능력은 아마도 아래에서 제시되는 사례에서 쉽게 추적될 수 있을 것이다. 그 사례는 자신의 작업방식이 어떤 것인지 배우기를 원하는 이스라엘의 동료 분석가에 의해서 아주 솔직하게 나에게 제시된 것으로서, 분석에서 때 이른 중단으로 끝날 수도 있었던 사례였다. 독자들은 이 사례에서 전이를 담을 수는 있었지만, 그것을 어떻게 다루어야 할지 몰랐던(몽상은 가능하지만, 그것을 변형시킬 수 있는 능력이 부족했던) Dr. A와 이러한 특별한 환자와의 관계에서 몽상 능력이 차단되었던 것으로 보이는 Dr. B 사이에 존재하는 두드러진 차이를 식별할 수 있을 것이다.

Dr. B와 게일라

Dr. B는 동년배 여성 환자인 게일라와의 마지막 회기들 중의 하나에서 가져온 자료를 나에게 슈퍼비전 사례로 제시했다. 여기에서는 분석가와 피분석자 모두가 유대인 대학살 생존자들의 자녀로서 비슷한 역사를 공유하고 있다는 점을 주목하는 것이 중요할 수 있다. 게일라는 2년차 치료에서 주말 휴가를 보내고 난 직후에 가진 회기에서, 지난 번 회기 이후로 잠을 잘 수 없었다고 호소했다. 그러고 나서 그녀는 X(그녀의 친구인)가 멋진 휴양지에서 열린 학회에서 Dr. B와 그녀의 남편이 발표하는 것을 들었다는 이야기를 전해 들었다고 Dr. B에게 보고했다. 게일라는 X가 "그들은 서로 잘 어울리는 멋진 부부였다고" 논평했다는 말을 전했다. 그러고 나서 그녀는 주말동안에 아이를 유산한, 또 다른 친구인 Y에 대해서 언급했다. 그녀는 임신기간에 흡연한 것에 대해 Y를 비판했고, Y가 이러한 위험한 행동이 태아에게 미치는 영향을 고려하지 않았음이 명백하다고 강조했다. 게일라는 Y가 그녀 자신의 성공한 경력 때문에 그리고 남편과 함께 자유로운 삶의 방식을 즐기는 데 더 많은 관심을 갖고 있기 때문에, 그녀가 정말로 아기를 원하지 않았을 거라는 자신의 생각을 털어놓았다.

Dr. B는 이 자료를, 게일라가 그녀의 아동기 내내 태만하고 무책임했으며 담배를 피웠던 어머니와 가졌던 아동기 경험에서 온 "옛 상처"의 표현으로 받아들였다. 그것은 어머니를 게으르고 무관심한 존재라고 느끼게 만들었고, 게일라 자신이 "유산된," 그리고 그녀를 원치 않는 어머니에게서 사랑받지 못한 존재라는 느낌을 갖게 했다. 환자는 다음과 같은 꿈을 이야기하는 것으로, 이러한 해석에 반응했다:

> 그녀는 병원에 입원해 있고 의사가 그녀의 침상 옆에서 돌보고 있는데, 그 의사는 그녀의 호소를 마음으로 듣고 있지 않다. 게일라는 꿈속에서 그 의사가 전염성이 있는 무언가를 갖고 있고 그래서 그녀로부터 거리를 두고 있으며, 그 결과 문제가 무엇인지를 진단하는 데 어려움을 겪고 있다고 생각한다. 환자는 다른 병사의 가슴에서 튕겨 나온 파편조각이 그녀의 머리에 박힌 일로 인해 자신이 뇌종양을 갖게 되었다는 것을 알고 있다. 그녀는 그것이 그녀의 전쟁이 아니었고 옛 세대들 사이의 분쟁에 관한 것이었기 때문에, 너무 불공평하다고 생각한다. 아무도 그 갈등에 대해 책임지지 않았고, 그녀는 자신이 그로 인해 죽어가고 있다는 사실이 두렵다.

Dr. B는 그 꿈이 주말 후일 동안에 분석가인 자신이 게일라를 원치 않는 그리고 유산된 존재라고 느끼는 상태에 남겨둔 채 전문가로서의 일과 남편과 자유로운 삶을 즐기는 것을 선택했다는 느낌에 대해 말하고 있는 것일 수 있다고 생각하지 못한 것으로 보인다. 이 맥락에서, 그 꿈은 분석가의 발생학적 해석들이 환자로 하여금 자신이 멀리 밀쳐졌다는 느낌을 갖게 했고, 이것이 환자의 곤경을 이해하는 데 어려움을 겪고 있는 치료자의 곤경에, 즉 그들 자신의 경험에 대해 책임지지 못하고 (아마도 투사적 동일시를 통해서) 그것을 젊은 세대에게 전가한 옛 세대와 연결되어 있는 곤경에, 기여하고 있다는 사실을 말해주고 있는 것으로 보인다.

Dr. B는 자신이 그 꿈을 어머니의 책임감 결여로 인해 그리고 전쟁 후유증, 특히 그녀 자신의 세대가 아닌 어머니의 세대에 속했던 대학살의 후유증으로 인해 고통당한 경험을 게일라가 표현하고 있는 것으로 받아들였을 때, 그녀 자신이 공감적이었다고 생각했다. Dr. B는 환자가 바로 그 순간에 분석에서 발생하고 있는 유산(流産)에 주의를 기울이기를 요청하고 있다는 것을, 즉 분석가-어머니가 바닥에 떨어뜨려지고 있고 그래서 심각하게 상처를 받고 있다는 환자의 느낌을 포함해서, 전이를 굴절시키고 있다는 느낌을 상상할 수 없었다.

우리가 종종 오해가 발생할 때 관찰하듯이, 환자는 Dr. B에게 반응하지 않았고, 그 후에 Dr. B가 했던 어떤 말도 그녀에게 도달하는 데 도움이 되지 않았다. 게일라는 한동안 말이 없다가, 마침내 다음과 같이 말했다:

나는 직업을 바꾸는 것을 생각하고 있어요. 내 고용주는 나를 제대로 대접하지 않아요. 그녀는 내가 한 작업을 검토하는데, 그것을 되돌려받을 때면 엉망진창이 되어 있고, 알아볼 수조차 없어요. 그녀는 일이 잘못되면 모든 것을 내 탓으로 돌려요. 내가 무엇을 하는지는 중요하지 않아요. 나는 일을 바로잡는 책임을 지려고 노력하지만, 그녀는 결코 자신이 한 부분에 대해서는 고려하지 않는데, 그로 인해 나는 상처 입고 증오로 가득해져요. 나는 다른 어떤 일보다 이 일을 하면서 자주 아팠어요. 나는 덫에 걸린 것 같아요. 그것은 나쁜 직업이에요. 나는 그 일을 그만둘 수 있다는 것을 알지만, 어디로 가겠어요? 나는 다른 일을 할 수 있는 자격을 갖추지 못했어요.

고통스럽게도, Dr. B는 환자가 점점 더 깊이 절망에 빠져드는 동안 그리고 회기가 끝날 때까지 침묵하는 동안, 자신을 낳아준 어머니에 대한 감정의 덫에 걸린 느낌—어머니를 떠날 수도 없고, 어머니의 대학살 경험이 자신에게 미치는 다양한 영향들에서 빠져나오지 못하는—에 대해서 언급했다. 이러한 패턴은 연합을 가져다주는 실마리가 분석가의 취약성과 피분석자의 취약성이 서로 겹치고, 그 결과 일종의 전이의 맹점이 초래되는 종류의 곤경에서 종종 발견되는 것이다. Dr. B와 그녀의 환자인 게일라의 사례에서, 그들의 공유된 취약성이 자극되었지만, 반응되지는 않았다. 왜냐하면 치료적 커플을 이루고 있는 두 사람 모두가 동일한 외상 경험에 갇혀있고("나쁜 직업"과 같은 대학살), 그래서 그들 각자의 부모들이 지닌 보호막들에서 튕겨져 나온 심리적 파편으로부터 안식처를 발견할 수 없었기 때문이었다—즉, 그들 각자는 "다른 세대"에 속한 외상으로 인해 고통을 겪고 있었다. 환자는 다시 한 번 그녀가 "자신에게 맞지 않는 나쁜 직업"과 책임을 지지 않고 "떠넘기는 고용주"에 대해 비난했을 때, 한 번 더 분석가에게 도달하려고 시도했지만, 고통과 좌절에 맞설 수 있는 분석가의 부재로 인해 다시 침묵 속으로 철수해야만 했다.

이 상황의 전이 실연 안에서, 분석가는 (꿈속에서의 의사처럼)

환자의 호소를 마음으로 듣고 있지 않는 사람으로 느껴졌다(즉, 그녀는 그 호소를 분석가에 대한 환자의 느낌에 대한 표시로서 받아들이지 않았다). 그로 인해 발생한 침묵은 환자의 소통적 측면의 죽음 또는 죽어가고 있음의 징표였을 수 있다. 여기에서 우리는 Dr. B가 해석한 것이 게일라의 자료가 갖고 있는 내용과 발생학적 상황(과거에)과의 연결이었던 반면에, 지금 여기에서 피분석자가 느끼는 부정적 전이의 본질적인 경험을 받아들이기 보다는 간과하는 것이었고, 그 결과 최초의 외상을 반복하고 있다는 것을 알 수 있다; 최초의 외상은 어머니 자신이 감당할 수 없고 소화되지 않은 고통으로 인해 발생한 그녀 자신의 인간적인 실패들과 관련해서, 아기의 고통의 느낌을 견딜 수 없었던 어머니의 돌봄을 받았던 아기의 경험이었다.

무기력함, 공포, 그리고 상실에 대한 원시적이고, 유아적이며, 정신화되지 않은 경험들이(Mitrani, 1995) 대학살 경험에 의해 재활성화되었을 때, 그것은 종종 너무 끔찍스러운 것이어서 부모의 마음은 생존을 위해 정서적 힘의 많은 부분을 박탈당했고, 나중에 분석가의 마음 역시 정서적 힘의 많은 부분을 박탈당했다. 게일라와 Dr. B의 사례에서, 분석가가 그녀 자신의 정신적 생존을 위해서 자신도 모르는 사이에 전이를 포기한 것처럼, 결국 피분석자도 분석을 포기하고 다른 직업을 찾는 데 대한 그녀의 무자격과 관련해서 실망과 희망 없음을 경험하고 있다.

우리가 알 수 있듯이, 전이를 담는 행동은 단순히 어느 주어진 순간에 환자가 분석가에 대해 느끼고 있고 그와 함께 경험하고 있는 것을 인지적으로 이해하거나 공감적으로 조율하는 것을 말하는 것이 아니다. 그것은 또한 분석가에 의해 환자의 내면세계와 경험의 어떤 측면들이 내사되는 것과, 분석가 자신의 내면세계와 경험이 그러한 요소들과 공명하는 것을 말하는 것이다.

그 결과 분석가는 실제로 환자의 원치 않았던 자기의 부분이나 이전에 내사적으로 동일시되었던 견딜 수 없는 대상이 되는 것이 어떤 것인지를 느낄 수 있다.

이것은 선한 의지나 적절한 훈련의 문제가 아니라, 정서적 경험에 반응하는 무의식적 요인들에 의해 지배되는 무의식적 행동이라는 점에서, 우리가 하는 작업의 가장 어려운 측면들 중의 하나일 수 있다. 비온(1976)은 정서적 경험이 우리의 해석을 믿을 만한 것으로 만들어주는 유일한 "사실"(Bion, 1976, p. 242) 또는 진정한 증거라고 보았다. 이 책의 1장에서 내가 헨드릭과 앤써니로 부른 환자들의 사례들 역시 정신분석적 대화에서 증거가 무엇인지에 대한 비온의 개념을 강조한 것일 수 있다. 헨드릭과 마찬가지로, 앤써니의 삶에서 발생한 초기 사건들은 그의 "초보적 의식"의 장치에 기록되어 있었다.

헨드릭과 앤써니 같은 환자들과 작업하는 동안, 우리는 이론의 기억에 의존하는 쪽으로 우리를 끌어당기는 힘에 저항하는 것이 얼마나 필수적인 것인지에 의해 충격을 받기도 하고, 우리가 의심과 불확실성에 직면할 때 환자에게 무엇인가를 주고 싶은 욕망에 의해 영향을 받기도 한다. 전이는 담겨져야 하고, 환자의 정서적 경험은 현실적인 투사적 동일시를 최적으로 사용할 수 있는 것이 되기 위해서 분석가에 의해 견뎌져야만 한다. 이러한 생각은 나를 분석에서 우리는 기억과 욕망 없이 작업해야 한다는 비온의 권고로 데려다준다. 나는 이 이상하고 종종 오해받는 비온의 개념에 대해 설명을 시도할 것이고, 그것의 주된 기법적 함축들에 대해 말할 것이다.

증거, 기억, 그리고 욕망에 대하여

그의 가장 논쟁적인 논문들 중의 하나인, "기억과 욕망에 대한 소고"에서, 비온(1967)은 분석에서 기법에 대한 논쟁들과 관련해서 좋은 생각할 거리를 제공해주었다. 약 1000개의 단어밖에 되지 않는 짧은 글에서, 비온은 분석가들이 감각인상들에서 유래하는 기억과 욕망을 피할 것을 간청했다. 그런 것 대신에 정서적 경험이나 "감정"에 의존하라는 것이다. 그는 그것들을 분석가들이 해석의 기초로 삼아야 하는 유일한 "사실"로서 지정했다(Bion, 1976 / 1988).

더 나아가, 비온은 기억이 무의식적 과정에 의해서 항상 왜곡되기 때문에, 그것은 우리를 잘못 인도하고, 욕망은 건전한 판단을 위해서 필수적인 관찰능력을 방해한다고 주장했다. 비온은 지금 여기에서의 해석을 활용하는 기법을 지지하면서, "정신분석적 관찰은 어떤 일이 일어났는가도 아니고, 어떤 일이 일어날 것인가도 아니라, 어떤 일이 일어나고 있는가에 관심을 가져야 한다고 말한다(ibid). 코라와 게일라의 사례는 모두 이런 식으로 작업해야 할 필요성을 상기시켜주는 본보기로 사용될 수 있을 것이다. 비온이 이미 알려진 것은 진부한 것이라고 주장하면서, 분석가는 자신의 직관을 따를 것을 격려했다는 사실을 주목하는 것이 아마도 필수적일 것이다. 오직 알려지지 않은 것만이 중요하고, 그 어떤 것도 그것을 직관하는 것으로부터 [우리의 관심을] 분산시키도록 허용해서는 안 된다(Bion, 1976, pp. 17-18).

비온이 말한 다음 문장은 이 논문의 중심적인 내용을 담고 있는 것으로 보인다:

모든 회기에서 진화가 발생한다. 암흑과 형태-없음으로부

터 무언가가 진화해 나온다. 그 진화는 피상적으로는 기억
과 닮은 것일 수 있지만, 일단 그것이 경험되고 나면 결코
기억과 혼동될 수 없다. 그것은 전체로서 존재하는 특질,
또는 설명할 수 없이 그리고 갑자기 부재하는 특질을 꿈
과 공유한다. 분석가는 이 진화에 대해서 해석할 준비가
되어 있어야만 한다(Bion, 1976, p. 18).

비온은 기억과 욕망이 분석가의 마음을 차지할 때, 그가 말하
는 진화는 그것이 발생하는 순간에 상실된다고 경고한다. 그는
이 "규칙"을 지키는 것이 확실히 분석가의 불안을 증가시킬 것
임을 알고 있었다; 경험하고 있는 상태와, 직관의 발생을 향해 가
는 길에서 알지 못함의 상태를 수반하는 불안. 그러나 그는 그
진화 안에는 매 회기마다 진전의 징표가 나타나고, 움직임이 빨
라지며, "무드와 아이디어들과 태도들"의 다양성이 증가하고, 자
료에서 반복이 줄어드는 보상이 따를 것임을 우리에게 약속한
다. 게다가, 비온은 분석가의 해석들이—일반화된 이론으로부터
가 아니라 고유한 개인과의 정서적 경험에서 파생된 것일 때—
"분석가 자신과 환자 모두를 위해서(Bion, 1976, p. 18) 힘과 확신
을 얻게" 될 것이라고 약속한다.

비온이 그의 규칙들에 담긴 기법적 함축들은 "분석가 각자에
의해서 발견될 수 있는 것"이라고 제안했기 때문에(ibid), 나는
그 주제에 대한 나의 생각들을 독자들과 공유할 것이고, 그럼으
로써 논의를 자극할 수 있기를 희망한다. 먼저, 내가 이해한 바에
따르면, 비온은 진화라는 용어를, 특정 회기에서의 말과 음률에
대한 반응으로 분석가의 마음속에 불러일으켜진 아이디어나 표
의문자가 아무 데도 묶여있지 않은 채 떠다니는 상황을 나타내
는 데 사용한다. 시인 키이츠의 글에서 영감을 받은 비온은 훈련

된, 유동적인 마음의 상태를 유지하기 위해 "사실에 대한 조급한 추구" 또는 "강요된 회상"을 포기해야 한다고 제안하는데, 그런 상태를 키이츠(1817)는 "소극적 능력"이라고 불렀다.

비온은 또한 강요된 기억은 욕망의 과거 시제에 속하는 반면에, 예상은 미래 시제에 속한다는 점을 주장하는 것으로 보인다. 그 둘 모두는 우리를 현재의 정서적 경험에서 벗어나게 한다. 하는데, 나는 현재의 정서적 경험이, 즉 우리가 바라는 것이 현재 안에서 환자와 함께 있는 상태를 성취하는 것이라고 느끼는 것이, 그래서 마침내 그가 자신과 함께 자기 자신일 수 있다고 느끼게 되는 것이 가장 핵심적인 문제라고 생각한다. 그렇다면 이러한 생각은 우리의 정신분석 기법에 어떤 영향을 미치는가? 이 질문에 대답에 도달하기 위해서, 나는 다시 한 번 비온이 "증거"라는 글(1976)에서 분석가의 정서적 경험을 "공표하는 것"과 관련해서 제안한, 주변적인 발언으로 보이는 내용의 일부를 생각하게 된다. 그 글에서 비온은 다음과 같이 질문한다: 우리는 정신분석가가 아닌 사람들이나 정신분석 훈련을 받지 않은 사람들에게, 또는 그런 훈련을 받은 사람들에게 ... 우리의 정서적 경험을 소통하기 위해서 무엇을 말할 것인가? 여기에서 비온은 우리에게 우리의 해석 스타일에 대해 고려해볼 것을 요청하고 있는 것으로 보인다. 해석은 진부한 틀에서 자유로워야 하고, 현실적이고, 직접적이며 그리고 특별히 환자의 유아적 측면에 접근할 수 있고, 진정한 연결을 촉진하기 위해서 지금 여기에서 불러내는 것일 필요가 있다는 것이다.

나는 "기억과 욕망을 피하라"는 비온의 아이디어가 의미하는 것은, 분석가가 발생학적 해석이나 심지어 환자의 분석적 과거(다른 말로, 분석가가 과거 회기에서 또는 환자 자신의 과거력에서 환자에 대해 알게 된 것)에 대한 해석을 제공할 때, 그녀는 현재 상황과 상담실에 있는 환자에 대한 분석가 자신의 직관적인 관찰이 아니라, 기억(그녀 자신이나 환자의 기억 또는 아마도 환자의 영향권 안에 있는 다른 사람들의)에 의존하고 있음을 말해준다는 것이다. 그런 경우, 분석가는 현상유지를 원하고, 그럼으로써 진화를 방해하고자 하는 환자의 측면과 공모하는 위험에 빠지기 쉽다.

유사하게, 만일 분석가가 미래에 발생할 어떤 것에 대한 환자의 두려움이나 미래에 발생하기를 기대하는 환자의 희망을 해석한다면, 분석가는 진화하는 공포나 그녀 자신과의 접촉에 의해 자극된 갈망, 또는 심지어 그 순간에 표현된 순간적인 만족 경험을 놓칠 수 있다: 미래에 분석가가 부재한 동안에 발생할 수 있는 것이라기보다는 그녀의 현존 안에서 발생하는 것으로 느껴지는 어떤 것. 나는 환자가 나를 "나쁘거나 좋은" 대상으로 경험하는 동안 내가 그 환자와 함께 있을 수 있을 때, 이런 상황들 각각에서 환자에게 담는 대상의 경험을 제공할 수 있는 기회를 발견한다. 그럴 때, 나는 또한—상담실 밖에 있는 동안—환자와 내가 현실적인 투사적 동일시를 촉진시키기 위해 어떻게 함께 작업할 수 있는지; 어떻게 나 자신을, 감당할 수 없는 감정들과 사건들을 처리해주는 설비로서 가장 잘 제공할 수 있는지; 그리고 비온이 알파 기능으로 불렀던 기능을 수행할 수 있는 대상들을 환자가 내사할 수 있도록 촉진하는 방법이 무엇인지를 생각해볼 수 있다.

나는 환자들의 유아적 측면들을 이해하기 위해서 나 자신이 기꺼이 아기처럼 느낄 수 있어야 한다는 것을 발견한다. 물론 우리는—우리 모두가 아기였기 때문에—이런 경험이 우리의 정서적 이해 영역 안에 있다고 생각할 수 있다. 그러나 나는 나의 성인 경험과 유능함, 내가 받은 훈련과 특별히 내가 "좋아하는" 이론들을 사용해서 가능한 한 유아와 어린아이의 취약성과 민감성을 회피하는 것이 얼마나 유혹적인지 빈번히 생각하게 된다. 불행하게도, 이것은 정신분석가조차도 간과할 수 있는 특정한 기본적인 공포, 동경, 그리고 접촉되어 있지 않은 해석(지적 수준에서 이루어지는)을 통해서, 환자에 대한 오해로 이끌 수 있다.

때로 직접적인 전이 바깥에서 진행되는 환자의 현 삶의 상황, 그의 아동기 기억 또는 심지어 내면세계의 역동들에 대해 말하는 것이 훨씬 덜 고통스러운 것일 수 있다. 그러나 나의 해석적 주의를 상담실 밖에서 현재 일어나고 있는 사건들이나 역사적인 과거로 돌리는 순간, 나는 (종종 정확하게) 나 자신이 환자의 특정한 유아적 측면과 거리를 두고 있는 것을 지각한다. 같은 방식으로, 나는 내가 종종 환자의 내적 갈등에 대한 조숙하게 성인화된 환자와 주지적인 논의에 빠질 때, 환자-안에 있는-유아를 통째로 버리고 있다고 느낄 수 있다. 그것은 아무것도 발생시키지 않을 수 있기 때문에, 나는 이러한 종류의 학문적인 논의가 종종 훈련 중인 분석가 지망생에 의해 쉽게 수용되는 것을 발견한다.

그 외에도, 비록 환자가 그에게 주어진 것을 수용하지 않을 때 다소 불편할 수 있지만, 그럴 때 나는 환자가 받아들일 수 없거나 받아들이고 싶지 않은 것이 실은 그가 소화해낼 수 없는 것일 수 있다는 점을 고려할 필요가 있다. 나는 심지어 상황이 다른 것이기를 바라는 나의 욕망에도 불구하고, 환자의 정신 안에 음식을 먹을 수 있는 입과 음식을 담아낼 수 있는 위가 아직 형성되지 않은 상황을 생각해볼 필요가 있다고 본다. 그럴 때 나는, 그의 초보적 의식의 지배를 강화할 뿐인 비난이나 설명들을 자제하는 동안, 이것을 탐지하고 환자에게 의미 있는 방식으로 서술하기 위해서 상당한 고통을 감수해야 할 것이다.

달리 말해서, 나는 특정 순간에, 나의 주의를 분산시키는 방해

물에도 불구하고, 환자에게 직접적으로 느껴지는 것을 포착하고, 나의 도움을 가장 필요로 하는 환자들의 그런 요소들과의 접촉을 유지하기 위해서, 내가 "알고 있는 것" 너머로 나 자신의 사고를 확장해야 할 필요가 있다고 본다: 다른 사람의 마음속에서 "임신되는" 경험을 아직 갖지 못한, 취약하고, 형성되지 않고, 태아적인, 초기 유아적 측면들. 그러한 경험이 없이는, 인식으로부터 배제될 수밖에 없었던 근원적(primordial) 사건들은 완화되지 않은 상태로 남게 될 것이다.

나는 그러한 "마음"의 발달에 대한 열쇠가 비온이 말하는, 오랜 기간 동안 일관되게 경험될 필요가 있는, 분석가의 "담는 기능"이라고 생각한다. 엄밀하게 말하자면, 분석가를 점진적으로 내사하는 것(또는 분석가와의 내사적 동일시)은—환자의 원초적인 감각 경험들을 받아주고, 처리하고, 그것에 의미를 부여하는 행동을 통해서—환자의 관점에서 경험되는 직접적이고, 즉각적이며, 명료한 전이의 해석을 통해서 가장 잘 성취될 수 있다. 나는 이런 방식으로 이루어진 접촉이 환자에게 정서적 및 정신적으로 사용이 가능하고 내사적 동일시가 가능한, 든든하면서도 경직되지 않은 묶어주는 존재와 접촉되는 느낌을 제공한다고 확신하게 되었다.

분석가가 환자의 "정점" 또는 관점을 정확하게 직관할 때, 분석가는 내가 내사적 해석이라고 부르는 것에 도달할 수 있다; 즉 내사적 동일시의 행위에 기초한 해석. 내가 헨드릭과 앤써니의 사례에서 보여주었듯이, 이러한 종류의 해석은 종종 이해받는다는 경험에서 절정을 이룬다. 이와는 대조적으로, 분석가가 자신의 정점에 근거한 해석—다른 말로, 환자에 대한 그리고 환자가 다양한 방어적인 책략들을 통해서 환상 속에서 분석가에게 "행하고 있다"고 여겨지는 것에 대한 분석가 자신의 느낌에 근거한—을 만들어낼 때, 이것은 분석가가 환자가 자신에게 투사한 것을 다시 환자에게 되돌려주는 "투사적 해석"을 구성한다. 이런 유형의 해석은, 비록 그것이 환자가 자신을 "이해하거나" 자신에 대한 "통찰을 얻도록" 돕기 위한 것임에도 불구하고, 그 자체로서 분석가 편에서의 투사 행위라고 나는 생각한다. 그러나 이러한 종류의 해석을 사용하는 것은 피분석자가 자기 인식을 담아낼 수 있는 적절한 정신적 공간을 발달시켰을 뿐만 아니라, 분리됨의 경험들과 맞설 수 있는 충분한 자아 강도를 갖고 있다는 것을 가정한다. 본성 상, 투사적 해석들은 "젖떼기" 해석들이고, 그것은 확고하게 뿌리내린 유대를 배경으로 갖고 있을 것을 요구한다.

논쟁의 여지에도 불구하고, 환자의 투사물에 대해 말하는 이런 종류의 해석은 만약 그런 투사물이 분석가에 의해 의사소통을 위한 환자의 시도로서 진지하게 지각되고 이해된다면, 때로는 환자에게 도움이 될 수 있고, 그것은 심지어 담아주는 대상의 수용과 생각하기를 위한 공간이 일시적이고 초보적인 것일 때조차도 그럴 것이다. 다시 말해서, 가장 초기의 통찰이나 '핵심적' 통찰은—자아의 핵심에 있는 "좋은" 대상처럼—자기의 "좋은" 측면임에 틀림없다. "투사적 해석"의 특별한 부분집합은 환자 안에 있는 긍정적인 리비도적 경향성을 더욱 강화시킬 수 있고, 시기심에 대한 잠재력을 완화시키는 그 자신의 내적 선함에 대한 환자의 믿음을 강화시킬 수 있다. "내사적 해석"과 마찬가지로, 이런 종류의 "투사적 해석"은 또한 분석가의 선함, 즉 환자의 의사소통을 수용하고 그것을 의미 있는 것으로 만들 수 있는 능력에 대한 환자의 경험을 증가시킬 수 있다. 따라서 환자는 의사소통할 수 있고 이해받을 수 있는 주체 또는 자기와 관련해서, 분석가를 이해할 수 있는 대상으로서 안으로 들이기 시작할 수 있다.

궁극적으로, "이해받는" 경험으로 인도하는 이러한 해석의 양태들은 또한 내사적 과정을 위한 "좋은 본보기"를 제공할 수 있을 것이고, 내면세계의 부정적인 고갈보다는 그것의 긍정적인 건설을 가져다줄 것이다. 다시 말해서, 이런 종류의 해석 작업을 통해서 이해받는 경험과 나란히, 감당하고 이해할 수 있는 대상이 환자의 정신 안에 확립될 것이다. 그러한 "이해하는 대상"의 확립은 환자가 그 자신과 타자들을 이해하는 데 필수적인 영감과 공감 같은 훨씬 더 세련된 능력을 위한 토대가 된다.

정신발달에서 이 중요한 지점에 근접할 때, "투사적" 종류의 해석에 대한 더 미세한 부분집합을 구성하는, 발생학적 재구성과 심리내적 설명들 모두는 분석에서 진정으로 생산적인 위치를 갖게 될 것이다. 이 지점에서, 그것들은 관심을 갖고 수용될 것이고, 심지어 감사한 마음으로 그렇게 될 것이다. 부가적으로, 일단 환자가 "마음의 현존"을 발달시키고 나면, 그는 이러한 호의적인 자기 및 타자 의식에 토대를 둔 좀 더 진보된 사고의 노선들이 방어적이지 않고 진실된 방식으로 작용하도록 이끌 것이다. 이전에 그것들은 분석가와의 관계에서 "연기"(play)되거나 반향어와 닮은 방식으로 설명될 수 있을 뿐이었다.

여기에서 내가 반드시 선형적 발달의 단계들이나 국면들을 서술하는 것이 아니라는 점을 분명히 하는 것이 중요할 것 같다. 대신에, 내가 제안하는 것은 어떤 병리적 형태 또는 마음의 상태들을 작업해내는 것과 그것들이 발생할 때 야기되는 특정한 상황들을 경험하고 생각할 수 있는 능력의 발달로 인도하는 것과 관련해서, 주어진 회기 안에서 또는 분석의 특정한 부분 안에서 탐지될 수 있는 순환들이 있다는 것이다.

결론적으로, 나는 우리들 중 많은 사람들이, 적어도 부분적으로는, 좋은 일을 하겠다는 욕망에 의해 분석 작업에 끌려왔다고 말할 것이다. 그러나 역설적으로, 이것이 실제로 "좋은 분석 작업"을 하는 데 가장 큰 장애가 될 수 있고, 그러므로 진정으로 환자를 돕는 데 가장 큰 장벽이 될 수 있다. 그 욕망에 재갈을 물리지 않는다면, 그것은 비온이 말하는 가장 심각한 방해하는 욕망으로 드러날 수 있다—왜냐하면 우리의 환자들은 우리를 전이 관계의 안전함 안에서 실제로 해를 끼치는 "나쁜" 대상으로 변형시킬 필요를 갖고 있기 때문이다. 분석 기법의 측면에서 볼 때, 분석가는 환자의 입장에서 사물을 보고, 듣고, 냄새 맡고, 느끼고, 그리고 맛보는 수단을 동원할 수 있어야한다. 나는 내가 이런 저런 방식으로 말하고 행한 것에 대해서 환자가 생각하고 있는 것이, 내가 의도하거나 실제로 행하거나 말한 것이 아니라는 인상을 주는 것이 별로 소용이 없다는 것을 발견했다. 이러한 책략은 거의 항상 과녁을 빗나가고, 심지어 자신의 경험이 정말로 견딜 수 없는 것이라는 환자의 느낌을 강화시킬 수 있다.

그 무엇보다도 피분석자들이 그들의 "나쁜" 대상들과 우리 분석가들 안에 있는 견딜 수 없는 경험들을 담아내는 능력을 발달시킬 필요가 있다. 우리 안에서, 이러한 대상들과 그것들을 만들어낸 경험들은 재활과 변형을 위한 기회를 발견할 수 있다. 예를 들면, 휴가기간이나 주말 휴일 또는 침묵하는 동안, 그리고 특별히 분석시간 동안에 우리의 이해가 부재할 때, 우리가 "유기하는 대상"이 되는 경험은 질적으로 새로운 경험으로 바뀔 수 있는 기회를 갖는다. 그때 그 "유기하는 대상"은, 과거의 그것과는 달리, 환자를 버린 것에 대해 책임을 지는 동시에 환자가 버림받은 것에 대해서 어떻게 느낄 수 있는지 생각할 수 있기 위해서 충분히 오랫동안 마음속에 환자를 간직할 수 있는 대상으로 경험될 수 있다. 가장 중요하게는, 동일한 대상이 환자에 의해 "나쁜" 존재가 되는 것을 견딜 수 있는 것으로 경험되는 것인데, 그것은

그 자체로서 "좋은" 것이다! 더 나아가 나쁜 대상이 환자에 의해
이러한 수정된 형태로 재내사될 때, 그 "나쁜" 대상은 전혀 나쁘
지 않은 것이 된다: 그것은 상상할 수 있는 모든 보통의 인간적
인 약함들을 가지고 있지만, 감당할 수 있는 보통의 인간적인 것
이다. 이 변형된 상태에서 "나쁜" 대상(이제는 담겨진)은 "담는
것"(분석적 대상)과 함께 고양되고, 환자는 생각하고 느끼는 개
인으로 "존재"하는 길로 나아갈 것이다.

제5장 비온의 「숙고」에 대한 성찰:
기법을 위한 또 다른 함축들*

한 명 이상의 환자가 나의 기법이 클라인학파의 것이 아
니라고 말한다. 나는 이 말속에 실체가 있다고 생각한다.
― 비온, 1992, p. 166

4장에서, 나는 분석적 작업에 대한 중요한 기법적 함축들을
생성해내는 비온의 세 논문들에 대해 논의하면서, 그것들을 함
께 고려한다면, 분석작업을 위한 기법적 함축들을 획득할 수 있
다고 말했다.[1] 같은 맥락에서, 이 글은 비온의 사후에 출간된
「숙고」(1992)에 실린, 보다 비공식적인 사색들에 초점을 맞추고
자 한다. 이 특정한 사색들은 정신분석적 기법 이론을 위한 새싹
을 담고 있는 것으로 보인다.[2] 나는 특히 비온의 이러한 통찰들
과 그것들의 임상적 유용성, 그리고 그것에 따라오는 다양한 기
법적 고려사항들 사이에 존재하는 연결들을 보여주고자 한다.
이 장 전체에서, 나는 명료한 설명을 위해 상세한 임상사례들을
제공할 것이다. 비록 이 글이, 가장 잘 알려져 있는 독창적인 클
라인의 제자들 중의 한 사람이라고 주장되는, 비온의 작업의 일
부를 둘러싼 것이기는 하지만, 아마도 내가 이 논문의 화두(話

---

* 이 논문은 원래 20011년에 Psychoanalytic Quarterly, 80에 실렸다.

頭)로서 선택한 문구는 이론적 지향과 상관없이 모든 분석가들을 환영하는 나의 몸짓으로 사용될 수 있을 것이다.

　나는 이 장에서 제시된 것이 비온이 인용된 구절을 썼을 때 그가 실제로 의미했던 것과 어떤 관련이 있다고 제안하려는 의도를 갖고 있지 않다. 오히려, 이 글에서 제시되는 단상들을 나 자신의 사고들로 받아들여질 필요가 있다. 그것들은 비온의 엄청나게 사고를 자극하는 책에서 제기된 몇 가지 관심들에 의해 자극된 것이다

덧씌워진 기록3)으로서의 행동

　정신분석 이론과 관련해서, 비온은 다음과 같이 말했다:

　　나는 환자의 행동이 그 안에서 여러 행동의 층들을 탐지할 수 있는 덧씌워진 기록이라고 생각한다. 내가 발견한 모든 것들이 작동하고 있다는 바로 그 사실 때문에, 갈등들이, 오늘의 표현들을 획득하는 갈등적인 견해들을 통해서 발생하게 된다. 이런 방식으로, 환자의 고통과 역동 심리학의 이론에서 매우 중요한 위치를 차지하고 있는 갈등은, 내가 보기에, 동일한 상황의 두 개의 다른 견해들에 비해 우연적이고 이차적인 것이다(Bion,1992, p. 166).

　위의 인용문에서, 비온은 (우리가 고려할만한 다른 것들 중에) 이미 있는 글을 부분적으로 또는 완전히 지운 다음 그 위에다 다시 쓴 양피지의 글처럼, 환자의 가장 초기에 발생했던 일들이

사실상 부인, 억압, 또는 분열과 투사에 의해 의식에서 거의 지워지고 그것에 다른 의미/경험이 덧씌워진 것일 수 있다고 암시하고 있는 것으로 보인다. 예컨대, 기억상실을 덮고 있는 기억착오, 조증 근저에 있는 우울증, 우울증에 의해 무감각해진 감당할 수 없는 불안들, 유사 성숙에 의해 가려진 유아기 사건들의 층들, 신경증적 인격의 표면 아래 숨겨져 있는 자폐적 고립영역들, 그리고 비정신증 안에 숨어있는 정신증적 상태 등이 그것이다. 나는 비온의 이러한 이해가 프로이트가 "신비가의 수첩"(Mystic writing pad)이라는 그의 글에서 암시한 것과 일치한다고 본다.

동시에 또 다른 수준에서, 비온은 또한—환자 안에 갈등하는 상태들이 존재하고 있고, 각각의 상태는 표현, 주의, 그리고 해석을 위해 경쟁하듯이—유사한 갈등들이 표현, 주의 그리고 해석을 위해 애쓰고 있는, 정신분석 안에 존재하는 학파들 사이에서 벌어지는 많은 논쟁들을 설명해줄 수 있다고 주장하는 것처럼 보인다. 그런 한 논쟁과 관련해서, 비온은 다음과 같이 말한다:

> 위니캇은 환자들이 퇴행할 필요가 있다고 말하고; 멜라니 클라인은 그들이 퇴행해서는 안 된다고 말한다; 나는 환자들이 퇴행한 상태에 있고, 분석가는 환자가 완전히 퇴행하도록 밀어붙일 필요 없이 그리고 환자의 완전한 퇴행을 관찰하고 해석할 수 있기 전에, 환자의 퇴행을 관찰하고 해석해야 한다고 말한다(Bion, 1992, p. 166).

여기서 비온은 아마도 "촉진적 환경"이 제공되든 제공되지 않든 환자의 유아적 측면은 존재하며, 분석의 안과 밖에서 그 표현의 결과를 분석가가 다루고 싶든 아니든 이런 저런 방식으로 표현되고 있다고 제안한다. 그러므로 분석가의 일차적 과제 중의 하나는 그 퇴행의 표현을 촉진하거나 억제하거나 무시하는 것이 아니라, 성인 안에 (또는 심지어 아동 또는 청소년기 환자 안에) 있는 유아의 곤경에 대한 분석가의 관심을 이끌어내는 방식으로서의 과장법(hyperbole)이 자리 잡기 전에, 그 표현을 관찰하고 해석을 통해 그것을 인정하는 것이다.

이 점을 설명하기 위해서, 나는 브라질 임상 세미나 동안에 논평을 위해 비온에게 가져온 사례를 인용할 것이다. 비록 이 논문에서 재생산되고 논의된 자료는 비온에게 제시된 사례에서 가져온 것이지만, 여기에서 제시되는 언급들은 나 자신의 것이고 그것들은 비온의 실제 언급들과 혼동되어서는 안 될 것이다 (Bion, 1987, pp. 218-220).[4] 내가 이 사례를 부분적으로 선택한 이유는 환자 자신이 매우 직접적으로 여러 겹으로 된 의미의 층에 분석가의 주의를 끌고 있기 때문이고, 그 사례가 "분석가로 하여금" 의미의 다른 층들을 "관찰하고 해석하게" 만들려는 환자의 시도들을 보여주고 있기 때문임이 드러날 것이다. 나는 여기에서 내가 참여하고 있는 이러한 종류의 연습이, 비온이 "정신분석적 게임"이라고 부른 것의 범주에 해당한다고 생각한다 (1965, p. 128).[5]

비온에게 제시된 임상 사례

5년간 분석을 받아온 환자가 그 주간의 첫 회기를 시작하면서, 분석가에게 특정한 정신분석 책을 읽었느냐고 물어본다. 환자는 "그 책이 아주 좋은 책이에요"라고 말한다. "나는 몇 가지 흥미로운 부분들만 메모해 두었는데, 정말로 좋은 책이에요. 하지만 다 읽지는 못했어요. 왜냐하면 몇몇 부분들은 흥미를 느끼지 못하겠더라고요. 그 책에는 결투를 묘사하는 장면이 있는데,—이것은 매우 흥미로워요. 왜냐하면 지난 토요일에 나는 거의 밖에 나가지 않았거든요—나는 정말 피곤해서 쉬어야만 했어요. 이해하시겠어요? 나는 쉬어야 했다구요."

그 말에 대한 반응으로, 분석가는 방어에 초점을 둔 하나의 관찰을 제공한다. 그는 "당신은 하나의 생각에 대해서 말하기 시작했다가 그것을 중단하고는, 다시 계속해서 다른 어떤 것에 대해 말하는군요."

환자는 설명처럼 보이는 말로 반응한다. "음, 맞아요. 왜냐하면 나는 오직 흥미로운 부분만을 읽었기 때문이고, 내가 그것을 알아챘기 때문이며, 토요일에 쉬었기 때문이에요. 나는 그것이 중요하다고 느꼈어요." 환자의 방어적인 태도를 탐지한 분석가는 "내 생각에 우리도 여기서 결투를 벌이고 있는 것 같아요"라고 말한다.

환자는 분석가로 하여금 환자의 방어들뿐만 아니라 분석가 자신의 경험에 주목하게 하려는 시도로 보이는 대답을 한다. "그래요, 하지만 이것은 매우 어려워요. 왜냐하면 지금 일어나고 있는 것은 마치 여러 상황들이 겹쳐진 것 같거든요."[6] 그러자 분석가는 자신의 의견을 밝힌다. "당신은 당신 내면에서 일어나고 있는 일을 나에게 말하지 않으면, 당신 자신이 혼란스러워질 거라고 느끼는 것 같습니다."

짧은 침묵이 흐르고 나서, 환자는 계속해서 말한다. "선샘님이 말할 때, 나는 선생님이 마치 조로처럼, 자신의 표식을 남기고 있는 것 같다고 느껴요." 아마도 이 말은 피분석자가 분석가의 해석을 어떻게 경험했는지를 나타내는 것일 것이다. 이 시점에서, 분석가는 조용히 조로가 검은 마스크를 쓰고 말을 타고 달리면서 그의 검으로 적의 가슴에 Z라는 표식을 남겨놓는다는 이야기를 상기한다. 분석가는 마치 자기-방어를 하듯이 외친다. "조로는 불의와 맞서 싸우는 사람이다!"

환자는 웃고 나서 계속해서 말한다. "조로는 병사의 멜빵끈을 잘라서 알몸으로 만들어요. 그것이 바로 선생님이 나를 짜증나게 만드는 이유죠." 환자의 솔직함은 그가 그의 분석가를, 분석이라는 가면 뒤에서 자신을 지탱해주거나 유지시켜주는 방어들을 자르고, 자신을 바닥에 떨어진 상태에―바보처럼 그리고 짜증난 상태로―남겨두는 사람으로 느끼고 있음을 드러낸다. 그러나 분석가는 "조로가 공격하는 사람은 또한 그의 친구"라는 것을 환자에게 상기시키면서, 진짜 바보처럼 보이는 사람은 자기 자신인 것 같다고 느낀다.

이에 대한 반응으로, 환자는 "맞아요, 나도 동의해요―그 병사는 바보예요"라고 말한다. 분석가는 선언한다. "당신에게는, 친구가 바보군요. 그런 이유로 당신이 지금 여기에서 나에게 친근한 감정을 보이지 않는 거고요." 맞아요! 환자는 침묵한다―이것은 그가 어떤 중요한 수준에서 연결될 수 없고, 닿을 수 없으며, 이해받을 수 없다고 느끼면서, 절망 상태에서 포기했다는 것을 말해주는 신호일 가능성이 크다.

논의

환자가 분석가에게 자신이 읽고 있는 책에 대해 말하는 것으로 회기를 시작했다는 점에 주목하라. 그 책이 분석에 관한 책이라는 점에서, 우리는 어떤 수준에서, 환자가 자신의 분석가에 대해 경험한 것과 분석적 만남에 대해 경험한 것을 소통하고 싶어 한다고 간주할 수 있다. 이것은 환자가, 직접적으로 또는 간접적 으로, 우리를 어떻게 생각하는지를, 그것이 우리에 대한 사실일 수도 있고 사실이 아닐 수도 있지만, 적어도 환자가 어떤 사람인 지에 대해서는 그리고 회기의 특정 순간에 그가 경험하는 것이 무엇인지에 대해서는 항상 말해주는, 자신의 방식을 찾을 때 우 리가 크게 도움을 받는 점에서, 분석에서 발생하는 긍정적인 발 달로 볼 수 있을 것이다.

기록에 의하면, 비온은 만일 환자가 분석에 온다면, 그는 자신 에 대해 무언가를 배울 수 있어야 한다고 말한 적이 있다(Tustin, 1990a). 아마도 환자가 분석가와 경험하고 있는 것이 무엇인지를 말해주는 해석은, 이 기준을 충족시킬 수 있을 것이다. 이것에 더 해, 비온은 해석이 분석가와의 관계라는 측면에서 주어지는 이 유는 분석가가 중요해서가 아니라고 제안했다(Tustin, 1990a). 다 른 말로, 환자가 분석가를 향해 분노나 감사를 나타낼 경우, 그것 이 반드시 분석가가 호의적인지 악의적인지(종종 사람들이 이런 식으로 받아들이기는 하지만)를 포함해서, 분석가의 인격에 대해 말해주는 것이 아니라는 것이다. 그러나 이러한 설명은 거의 항 상 감사 또는 적개심의 감정을 경험할 수 있는 환자의 능력에 대해서, 다시 말해서, 환자가 무엇을 느낄 수 있는지를 말해준다.

때가 되면, 우리의 해석들은 환자로 하여금 자신이 어떤 종류 의 사람인지 그리고 자기 자신이 아닌 다른 사람과 어떤 관계를 가질 수 있는지에 대해 깨닫도록 도와줄 것이다. 따라서 이 사례 에서 환자가 다른 것이 아니라 자신이 읽고 있는 책의 흥미로운 부분들에 대해 서술하는 것으로 회기를 시작한 것은 분석에서 그가 오직 자신의 경험에 적용되는 것만을 접수하고 보고할 것 이라는 선언으로 이해할 수 있다.[7] 이런 흐름을 따라서, 환자는 자신에게 정말로 흥미로운 것은 결투에 관한 부분이라고 선언한다. 이 지점에서, 우리는 분석에 대해 환자가 경험하고 있는 것이 결투가 아닌지 궁금해진다—환자는 그 순간에 분석가를 적대자로 경험하는 것일까?

환자가 그 다음에 한 말—"정말로 나는 지난 토요일에 거의 외출하지 않았기 때문에 이것은 아주 흥미로워요—나는 정말 피곤해서 쉬어야 했어요"—은 대화의 주제를 바꾸기 위한 것일 수 있다. 그리고 그는 분석가가 자신이 한 말을 이해했느냐고 묻는다. 무엇보다도 분석가는, 적어도 한 수준에서는, 환자가 자신에게 다음과 같은 사실을 말해주고 있다는 것을 자신이 알고 있음을 환자에게 전달하고 싶었을 수 있다: 즉 환자가 지난주에 분석가와의 결투라는 상호작용을 경험하면서, 세상과 교류하는 것이 너무 피곤하다고 느꼈고, 그래서 주말 동안에 철수했으며; 그리고 지금 분석가가 이것에 대해 알고 싶어 할 거라고 생각한다는 사실.

그것이 아니라면, 환자가 자신이 실제로 아주 좋은 분석가(정신분석에 대한 그 책처럼)를 경험하고 있다는 느낌을 소통하고 있는 것일 수도 있다. 그러나 그는 분석가가 제공하는 모든 것을 받아들일 수 없을지도 모른다. 분석가가 제시하는 것이 소화하기에 너무 벅찬 것일 수도 있다. 따라서 환자가 자기 자신의 생각들과 감정들을 구별하도록 혼자 남겨졌을 때, 그는 지쳤고, 주말동안에 (밖에 나가서) 세상과 상호작용할 수 없었다. 환자의 발언들에 대해 이런 방식으로 생각하고 해석하는 것이—전이를 담는 것을 통해서(Mitrani, 2001)—환자 자신의 현재 불만에 대해 환자에게 좀 더 많은 것을 말할 수 있는 길을 열어줄 것이다.[8]

환자가 분석가의 이해를 요청할 때, 우리는 이것을 건설적인 발달로서 이해할 수 있다. 그러나 이 사례에서 분석가는 점점 조급해지고 의사소통의 이 리비도적 수준을 놓치는 것처럼 보인다. 그 결과, 분석가가 환자가 주제를 바꾸고 있다는 것을 지적했을 때, 그 해석은 환자에게 비판으로 들렸고, 따라서 환자는 방어적이 되어 자신에게 어떤 일이 일어났는지에 대해, 즉 그가 흥미를 잃고 철수했고 외출을 할 수 없었던 일에 대해 추가적으로 설명하기 시작했다. 우리는 이 말을 그 자체로서 "외출"할 수 없는 환자의 무능력을 나타내는 것이거나, 또는 분석 회기에서 혼자 남겨졌을 때 앞으로 나아갈 수 없는 그의 무능력을 나타내는 것으로 이해할 수 있다. 환자는 분석가가 이것을 아는 것이 중요하다는 것을 알고 있다.

애석하게도, 분석가는 계속해서 환자에 의해 자신이 비난받는다고 경험하는 방식으로, 환자와의 원치 않는 결투를 행하듯이 —분석가의 방어적인 태도를 가리키는— 분석을 진행한다. 이러한 방어적 태도의 근저에 있는 불안이 부적절하게 다루어질 때, 방어에 대한 해석은 더 심한 방어를 불러오는 경향이 있다는 것이 나의 경험이다(Mitrani, 2001). 비온은 그가 우월한 자아(Superior ego) 또는 "초"-자아 개념을 도입하는 것을 통해서 방어적 또는 병리적 조직의 본성에 대한 클라인학파의 이해를 정교화했을 때, 이러한 현상에 대한 나의 이해를 세련된 것으로 만들어주었다. 비온은 프로이트가 말하는 초자아의 일반적인 특징들과는 다른 특징들을 갖고 있는 내적 조직을 나타내기 위해서, 이 용어들(Superior ego와 super ego)을 상호교환이 가능한 것으로 사용했다. 비온의 초-자아는 "실제로 아무런 도덕성을 갖고 있지 않으면서 도덕적 우월성에 대한 시기에 찬 주장을 가리킨다 … 그것은 시기에 차서 모든 선함을 벗겨 내거나 발가벗긴 결과로서, 그것 자체가 벗겨내는 과정을 계속하는 운명을 갖고 있다"(Bion, 1962b, p. 97). 이러한 내적 배열은 비온이 -K[9]라고 부른 것과 일치하고, 부정적 자기애[10)와 관련되어 있다.

비온은 이 상황을 다음과 같이 서술했다:

-K 안에서 젖가슴은, 죽어간다는 공포 안에서 선함과 가치
있는 요소를 제거하고, 무가치한 잔여물을 다시 유아에게
강제적으로 집어넣는 것으로 느껴진다. 죽음에 대한 두려
움과 함께 출발한 유아는 결국 이름 없는 공포를 갖게 되
는 것으로 끝이 난다 … [이 상황의] 심각성은 죽음에 대
한 공포가 존재하기 이전 시기 동안에 필수적인 요소인,
삶에 대한 의지가 시기에 찬 젖가슴이 제거한 선함의 일
부라고 말하는 것을 통해서 가장 잘 전달될 수 있을 것이
다(Bion, 1962b, p. 96).

논의 중인 사례에서, 환자는 스스로를 정당화해야 한다는 확
신을 가진 채, 자신을 방어하고 있는 것으로 보일 수 있다. 환자
는 그 자신의 유아기 마음 상태—주말뿐만 아니라, 특히 현재 순
간에—가 무언가를 의사소통하고자 하는 호의적인 시도일 수 있
고, 그것을 분석가의 방어성이 덮고 있을 수 있는 가능성에 분석
가가 주목하도록 만들기 위해 다시 한 번 시도한다. 분석가는 만
약 환자가 자신의 마음속에 있는 것을 말하지 않으면, 그(환자)
가 혼동을 경험할 것이라는 자신의 믿음을 제시하고 있다.

비록 이 경우에, 분석가가 자신이 생각하는 불안을 해석을 통
해 다루고 있지만, 분석가는 환자의 의사소통 자체가 분리됨을
나타내는 신호라기보다는, 그 자체로서 혼동에 대한 방어를 나
타내는 것으로 보고 있는 것 같다. 환자가 "당신이 말할 때, 나는
당신이 표식을 남기는 것처럼 느껴요"라고 반응하는 것에서, 환
자는 분석가의 반응을 칼로 잘라내는 것으로 그리고 박해적인

것으로 경험한다는 사실이 분명히 드러난다. 조로가 상처를 표시를 남긴다는 것을 알고 있는, 분석가는 그가 환자의 불평에 담긴 부당함으로 경험할 수 있는 것으로부터 자신을 방어하고 있는 것으로 보인다. 그 결과, 결투는 계속된다.

환자는 다시 한 번, 분석가로 하여금 그의 해석이 환자 자신을 "발가벗기고 무방비한" 상태로 느끼도록 방치했음을 알게 하려고 시도하는 것처럼 보인다. 아마도 환자는 분석가를 "좋은 친구"(좋은 분석관련 서적처럼)로 생각했던 자신이 바보 같다고 느끼는 것 같다. 하지만 다시 한 번, 분석가는 부정적 전이를 담기보다는, 회기 동안에 자신에게 충분히 친절하지 않았던 것에 대해 더 많이 비판하는 것으로 반응한다. 비록 이것이 분석적 순간에 대한 정확한 평가일 수는 있지만, 그것은 또한 환자의 방어를 증가시키고, 심지어 그의 보호 껍질(Tustin, 1990b)[11]을 강화함으로써, 초-자아(Superior ego)를 곧바로 강화시킬 수 있는 개입에 대한 또 하나의 예시로 볼 수 있다.

회기 내내, 환자의 방어에 대해 언급할 때마다—아마도 자신의 경험에 대한 분석가의 흥미를 불러일으킬 수 없다는 절망감으로 인해—환자가 점점 더 조적이 되고, 결국 우울해지고, 무감각해지며, 포기하고, 철수한다는 사실이 관찰될 수 있다. 나는 이 상황이 전형적으로 비온이 말하는 모성적 담기의 실패에 수반되는 연쇄 모델을 보여준다고 제안한다. 비온은 이렇게 말한다:

유아는 어머니를 거절하는 것을 통해서 그리고 두려움의 감정에 대한 유아 자신의 거절을 통해서 더욱 두려운 것이 되는, 임박한 재앙의 느낌을 자기 자신 안으로 다시 들인다. 이 아기는 자신이 어떤 좋은 것을 되찾는다고 느끼지 않을 것이고, 자신의 나쁨을 비워낼 것이지만, 그것은 상황을 악화시킨다. 유아는 계속해서 울 수 있고 어머니 안에서 강력한 불안을 야기할 수 있다. 이런 식으로 유아 가 자신의 비명을 더 이상 견딜 수 없을 때까지 상황이 악화되는, 악순환이 발생한다. 사실상, 그 상황을 혼자서 다 루도록 남겨진 유아는 조용해지고, 두렵고 나쁜 것을 자신 안에 가두지만, 그 두려운 것은 언젠가 다시 분출할 수 있 다. 그러는 동안, 유아는 "착한 아기"가 되고, "착한 아이" 가 된다(Bion, 1974, p. 84).

비온을 따라, 터스틴(1990b)과 스타이너(1993)는 자기와 경험 의 거절된 측면들이 감당될 수 없는 것으로 가정될 때, 그것들에 의해서 발생한 캡슐화와 철수의 결과들에 우리의 주의를 환기시 킨다. 나는 전이 안에서, 분석가의 취약성에 대한 뿌리 깊은 가 정—특히 우리가 방어적이 될 때, 우리 환자들이 거의 항상 그것 에 대한 증거를 발견할 수 있는—이 이전에 공포스럽고 나쁜 것 으로 경험되었던, 그래서 말없이 닫혀 있고 캡슐화된 상태로 남 아 있는, 유아-자기와 접촉하는 것을 환자가 과장되게 두려워하 는 결과를 가져올 수 있다고 제안한 바 있다(Mitrani, 2007). 분석 가가 압도되지 않도록 보호하기 위해 좋은 아기로 남아있어야 할 필요가 종종 환자로 하여금 자신의 애정적인 감정과 공격적 인 감정 모두를 침묵시키기 위해 초과 근무를 하게 하는 동기로 서 작용한다. 나의 환자와의 작업에서 가져온 다음 사례가 이러 한 상황을 잘 보여줄 수 있을 것이다.

임상사례: 레오나드

40대의 조용한, 분열성 유형의 남자인 레오나드는 여러 해 동안 나와 함께 주 5회 분석을 수행하고 있는데, 그의 어머니는 그를 출산한 뒤에 정신증적 붕괴를 겪었다. 시간이 지나면서, 그는 어느 정도 일관된 경험을 통해서 나의 탄력성에 대한 견고한 확신을 건설했고, 이 경험이 그로 하여금 많은 원시적 방어들을 포기할 수 있게 해주었다.

레오나드는 나의 사무실에서 한 시간 넘게 걸리는 곳에서 살았고, 집 근처에 있는 직장에서 일했다. 그는 정기적으로 일과를 마친 다음 분석을 받기 위해 도시를 동-서 방향으로 관통하는 간선도로를 운전했다. 어느 월요일에, 기록적으로 파괴적인 지진이 아침 이른 시간에 온 도시를 뒤집어 놓았고, 고속도로를 붕괴시켰다. 로스앤젤레스 전 지역에 야간 통행금지가 선포되었다. 정오경에, 레오나드는 나에게 사무실에 있을 것인지를 물어보기 위해 전화를 했다. 그는 그의 회기 시간에 맞추어 안전하게 도착할 수 있을지 자신 없어했고, 그가 길을 통과할 수 없거나 적어도 우회로를 택하는 바람에 늦어질지도 모른다는 염려를 표현했다.

보통 때 같으면, 나는 그가 언제 도착하든지 상관없이 그의 회기시간에 사무실에 있을 것이라고 확인해주고, 회기 중에 그의 의심과 두려움을 담아주었을 것이지만, 이번에는 그렇게 하는 대신에, 이렇게 말했다. "아마도 도로가 붕괴되는 등의 안전문제 때문에, 오시지 않는 게 좋을 것 같아요." 눈에 띌 정도로 놀라면서, 레오나드는 오후에 그가 어떤 결정을 내릴지 알려주겠다고 대답했다. 실제로, 그는 내 사무실로 출발해야 할 시간에 나에게 메세지를 남겼는데, 그것은 그가 아무래도 집으로 돌아가

는 것이 최선일 것 같으며, 그 다음날에 다시 시도해보겠다는 내
용이었다.

화요일에, 레오나드는 상담실에 도착했고, 고속도로가 붕괴되
는 바람에 모든 길들이 혼잡해져서 간신히 올 수 있었다고 말하
면서, 회기를 시작했다. 그는 상황이 복구될 때까지 우리가 어떻
게 회기를 계속할 수 있을지 걱정이라고 말했다: "아마도 절대로
그 전과 같을 수는 없을 거예요. 그리고 이런 일이 다시는 일어
나지 않게끔 고속도로를 다시 건설할 거라고 어떻게 믿을 수 있
겠어요? 나는 도로에서 떨어져 죽었을 수도 있어요. 나는 너무
많은 스트레스를 받고 있고 무거운 짐을 지고 있는 것 같아요."
그러고 나서 레오나드는 매우 철수했고, 회기의 대부분 동안 잠
을 잤다. 나는 그 전날 내가 전화로 말한 것을, 그가 우리를 연결
해주던 고속도로가 지진 때문에 붕괴되었던 것처럼 나 역시 과
도한 스트레스와 긴장을 못 이겨 "붕괴되었다"는 신호로 받아들
였을 수 있다고 생각했다. 아마도 내가 나 자신의 짐이 너무 무
겁다고 느끼면서 그의 상당한 걱정으로부터 나 자신을 보호하고
있다고 느끼는 동안, 그는 접촉으로부터 철수했고 나에게 접근
하는 것을 포기했던 것처럼 보인다.

그 다음에 이어진 회기에서, 그가 처음에 했던 전화내용을 현
실검증에 대한 시도로서 그리고 확인받고 싶은 욕구에 대한 표
현으로서 받아들임으로써, 우리는 내가 표현한 것과 그것에 대
한 그의 해석을 정말로 적절하게 다룰 수 있었다. 점차적으로, 우
리는 나의 "붕괴"가 만들어낸 레오나드의 정서적 지진을, 먼저는
전이 안에서 그리고 나중에는, 정신적 발달의 통로를 방해하는 것
을 통해 보호적 캡슐화와 그의 원래 정신의 정지로 이끌었던, 어
머니에 대한 그의 최초의 경험이라는 맥락 안에서 복구해나갔다.

성인 환자 안의 유아적 측면을 담는 과정

내가 전에 설명했듯이(Mitrani, 2001), 비온의 담는 것-담기는 것 모델에서 몽상 상태의 어머니는 첫째로, 무의식적 환상 안에서 그녀 자신 안으로 투사된, 유아의 감당할 수 없는, 아직 처리되지 않은 감각적 경험들을 수용하고 내사한다. 둘째로, 그녀는 이러한 투사들에 대해 생각하고 그것들을 의미 있는 것으로 만들기 위해 이러한 투사물들이 그녀의 마음과 신체에 미치는 힘과 정동을 견디려고 애쓰는데, 비온은 이 과정을 변형이라고 부른다. 그 다음에, 아기의 경험들을 자신의 마음속에서 변형시켜 낸 어머니는 그것들의 독성을 제거하고 아기가 소화시킬 수 있는 형태로 만들어서 점차적으로 아기에게 되돌려준다(아기에 대한 그녀의 태도와 아기를 돌보는 그녀의 방식에서 드러나듯이). 비온은 이 과정의 마지막 단계를 공표라고 불렀는데, 분석에서 우리는 그것을 보통 해석이라고 부른다.

나는 담는 능력이 탄력성 있는 경계를 갖고 있고, 자신의 불안과 그녀의 유아와의 관계에서 발생하는 불안을 담아낼 수 있는, 충분한 정신적 공간을 가진 어머니의 존재를 가정한다고 제안했다. 그것은 또한 고통을 견디고, 경험하고, 유아에게 의미가 있다고 생각되는 것을 숙고하고, 생각하고, 소통하는 비교적 잘-발달된 능력을 가진 어머니—분리되어 있고, 온전하며, 수용적인 그리고 적절하게 주는—의 존재를 가정한다. 아기의 타고난 성질과 재능들과 관련해서 이러한 요구사항들을 대체로 충족시키는 어머니는 담는 대상으로서 내사되기에 적합할 것이다.

따라서 시간이 흐르면서 아기가 점점 더 이러한 대상과 동일시하고 그 대상을 동화하는 과정은 아기 자신의 정신적 공간의 확장, 경험의 의미를 만드는 능력의 발달(또는 비온이 알파 기능이라고 부른 것), 그리고 스스로 생각하는 능력12)의 진화로 인도할 것이다. 비온이 몽상이라고 부른 담는 대상의 주의 깊고, 수용적이며, 내사하고, 경험하는 측면은 또한 분석가의 편에서의 전이를 담는 과제에 포함된 핵심적인 기능과 유사하다(Mitrani, 2001). 이 몽상은 특히 초기 정신 상태들에 대한 분석에서 필수적인 전이 해석을 향해 가는 길에서, 그것 자체로서 필수적이고 없어서는 안 될 요소이다.

직접적인 전이 안에서 환자의 자료를 담는 것의 복잡성과, 그것의 실패에 따른 결과들은 이 책의 4장에서 제시된 Dr. B와 게일라의 사례에서 다루었다. 그 사례를 검토해본다면, 우리는 그 사례가 한편으로 발생학적 재구성이 열쇠라는 믿음과, 다른 한편으로, 전이 해석이 분석적 작업에서 변화를 가져오는 요인(Strachey, 1934)이라는 믿음 사이의 갈등을 나타낸다고 볼 수 있을 것이다. 하지만 해석의 그 두 차원 모두는 분석과정에 필수적인 요소로 보아야 하지 않을까? 만일 그렇다면, 우리는 무엇을 그리고 언제 말해야 되는지, 어떻게 판단할 것인가? 그 갈등을 일으키고 있는 견해들 중 어떤 것이 특정한 순간에 주의와 해석을 보장해주는, "오늘의 표현"을 획득하는지를 결정하는 데 있어서, 비온이 제공하는 유용한 사고들은 어떤 것인가?(Bion, 1992, p. 166). 다음에 제시되는 모델은 이러한 질문들에 관한 것이다.

의미와 해석: 변형적 연쇄

비온은 무엇을 해석할지를 결정하는 분석적 과제에 초점을 맞춘 채, 다음과 같이 말한다: "연상들을 경청하는 동안, 그 연상들의 의미와 그것들에 대한 해석을 구분하는 것은 가치 있는 일이다"(Bion, 1992, p. 167). 이 문장에서, 나는 비온이 환자의 연상들의 내용이 갖고 있는 숨은 의미를 직관하는 것과 관련된 분석적 작업과, 겉으로 드러난 그 연상들의 표피층, 그리고 현재 일어나고 있는 가장 직접적인 분석적 발생에 대한 해석을 구성하는 기술 사이에 구별이 존재한다는 사실에 우리의 주의를 환기시키고 있다고 본다.

이것을 설명하기 위해서, 비온은 다음과 같은 익살스런 이야기를 들려준다:

환자가 말하기를, "나는 어제 햄스테드 히스에 가서 새-구경을 했어요."[13] 먼저 그 의미를 담는다면 다음과 같다:
그가 그들의 성 생활을 들여다봤다는 것을 의미하는 걸까?
또는 수상한 행동으로 인해 경찰에 끌려갔다는 것을 서술하려는 시도인가?
또는 그가 마침내 운동을 좀 했다는 의미인가?
그 외에도 다른 추측들이 있다. 이것들 중에서 어느 하나를 정한 다음에, 해석은 어떻게 할 것인가?
분석가는 현재 진행되고 있는 전이, 방금 제시된 연상들, 그리고 위에서 결정된 의미와 함께, 분석의 전체 내용들을 고려해서 최종적으로 해석한다(Bion,1992, p. 167).

한 수준에서, 우리는 이 묘한 문장을 중요한 기법적 고려사항을 말하고 보여주는 비온의 방식으로 이해할 수 있을 것이다: 환자가 말하는 내용에 대한 분석가의 연상은 단순한 추론이거나 상상력 있는 추측에 지나지 않는다. 그는 분석가의 연상이 현재 일어나는 과정의 맥락 안에서 검토되어야만 하고, 실제 해석을 형성하기 전에 그의 마음속에서 분류되고 변형되어야 한다고 말하는 것으로 보인다—그리고 이 과정에서 분석가는 반드시 환자가 무엇을 건설적으로 사용할 수 있을 것인지를 고려해야만 한다. 그 다음에, 만일 환자가 주어진 해석을 건설적으로 사용할 수 없다면, 분석가는 환자의 곤경에 대한 진화하는 이해를 좀 더 세련되고 명료한 것으로 만들기 위한 계속되는 시도를 통해서 창조적인 과정을 회복하기 위해, 그 해석을 구성하는 것이 무엇인지를 이해하려고 계속해서 시도해야만 한다.[14]

하지만 만약 이런 변형적 과정이 분석가의 마음속에서 발생하지 않는다면, 어떻게 되는가? 환자는 변형되지 않거나 소화되지 않은 분석가의 과정/연상들의 조각들을 가지고 무엇을 하는가?

도착에의 적응[15]

이러한 질문들과 관련해서, 나는 환자들이 종종 해석의 진정성이나 타당성과 상관없이 주어진 해석을 사용할 수 있게 만드는 방식으로 자료를 제시한다는 것을 관찰해 왔다. 환자는 다음 두 가지 중에 하나의 방식을 택할 것이다: (1) 분석가가 자신에게 소통되고 수용된 것을 소화하고/변형시키고/이해할 수 있을 때 그리고 그것에 대한 이해(Bion의 K)를 전달할 수 있을 때, 환자는 마음의 성장으로 인도하는 새로운 경험(담는 것-담기는 경험)을 얻을 것이다; 또는 (2) 분석가는 직접적인 분석적 순간에 환자의 경험들을 빠뜨리거나 오해한 채, 대체로 환자에 관한 소화되지 않고/변형된 사변들을 전달할 수 있고, 이런 방식으로 의도하지 않게 그리고 매끈하게 환자로 하여금 그의 실패하고 있는 방어조직을 성공적으로 지탱해줄 수 있는 자료들(-K)을 획득하도록 "도울" 수 있다.

내가 도착에의 적응이라고 부르는 두 번째 경우에서, 정신적이고 정서적인 성장은 침체된다. 하지만, 어떤 점에서 환자는 강화된 생존 수단에 의해 보상받고 있다. 나는 자문을 위해 나에게 제시된 사례를 사용해서 이런 종류의 이중 망상을 예시해보겠다.

피터와 Dr. C

이 자료는 주 4회 분석의 수요일 회기에서 가져온 것이다. Dr. C는 지난주에 회기를 빼먹었고, 피터는 업무 때문에 그 주의 목요일 회기를 빠져야만 했다. 피터와 그의 아내는 3주 후에 태어날 그들의 첫 번째 아기를 기다리고 있었고, 이 시기에 피터에게는 그의 초기 역사와 관련된 것들, 즉 그의 출생 직후에 그의 아버지가 그와 그의 어머니를 버렸던 것과 그의 어머니가 그가 "집안의 남자가" 되기를 바랐던 것과 같은 많은 것들이 떠올랐다.

우선, 피터는 그의 평상시의 업무 복장과는 달리, 청바지를 입고 샌들을 신은 채, 보통 때보다 훨씬 젊게 보이는 차림으로 회기에 왔고, 분석가는 그 점에 대해 언급했다. 그녀는 피터가 그들이 화요일에 이야기 했던 것에 대한 "실마리를 잃어버렸다"는 말로 회기를 시작했다고 보고했다. 그는 이 두 회기 사이에 놓인 시간동안 그 실마리를 붙들고 있어야 한다고 생각했다. Dr. C는 피터가 무엇을 말하는지 확신할 수 없었지만, 그를 열심히 안심시켰다. 그리고 그는 "그날 아침 다른 곳에 가있는 것 같았다고" 말했다.

비록 피터가 그럴 수 있다고 동의했지만, 그는 화요일에 그들이 무슨 이야기를 했었는지 알 필요가 있다고 말했다; 그는 "일관성을 필요로 했다." 피터는 분석 회기들 사이에 놓인 시간 동안, 그의 초-자아가(Bion, 1962b) 그렇지 않았더라면 감당할 수 없었을 분리됨의 인식을 견딜 수 있게 해준 요인이었고, 일관성에 대한 그의 언급은 분석가에 대한 기억을 유지할 수 없는 그의 무능력을 나타내는 것으로 보인다. 아마도 Dr. C는 그녀 자신이 불확실한 상태에서 그리고 그녀의 환자를 안심시켜야 한다는 압력 하에서, 피터가 분석가의 마음 안에 담겨지지 않는다고 느끼는 동안, 계속되는 박해의 "끈"에 의해 지탱되고 있는 아기-피터를 알아줄 수 있는 기회를 놓쳐버린 것 같다. 전이 실연처럼 보이는 것 안에서 Dr. C는 피터가 성장했고, 그래서 그가 "다른 곳"에 있다고 넌지시 말했다.

Dr. C는 이 해석이 그녀 자신의 자기-비판뿐만 아니라 피터의 자기-비판을 완화시켜주기를 희망했다고 나에게 말했다. 그러나 우리는 그들이 논의 중인 것에 대한 피터의 회상이 이어지고 있다는 것을 탐지했다: 어떻게 "그가 그 순간에 머무르지 못하고 앞서 나갔는지 그리고 그 순간에 그가 있는 곳에 대해 실제로 불확실하게 느끼는 동안, "미래를 더 크게 만들려고" 노력했는지. 그는 "나는 내가 지금 느끼고 있거나 행하고 있는 것이 내가 이전에 했던 것과 일관된 것임을 확인하기 위해서 나 자신에게 압력을 가해요"라고 말했다.

이 지점에서, 피터의 생존 전략은 성공하는 것처럼 보인다. 자신을 지탱하고 가혹한 자기-비판의 압력 하에서도 "일관성"을 유지하려는 시도를 통해서, 그는 자신이 성장하고(즉, 그의 반바지와 샌달을 착용하는 수준을 벗어나) 집안의 남자가 되기(즉, 다른 장소에 있기)를 바라는 분석가의 욕망에 의해 요새화된 것처럼 보인다.

다음에 이어진 자료에서, 일련의 투사적 변형16)처럼 보이는 것들이 드러났는데, 그것들 안에서 아기-피터는 체계적으로 피터의 아내와 태아, 그의 개와 일, 그리고 심지어는 그의 미래의 자기에게로 "재배치되었다." 비슷한 방식으로, 모성적 속성을 결여한, 태만하고 무능한 대상이 환자에 의해 내사적으로 동일시되었고, 그 다음에 다시금 분열되어 그의 아내에게로 투사된 것처럼 보였다.

이러한 현상에 대한 반응으로, Dr. C는 그의 걱정들을 다른 사람 안으로 비워내고자 하는 피터의 욕망을 "그 자신이 자유롭게 즐길 수 있기 위한 것"으로 해석했다. 하지만 그녀는 왜 그런지에 대해서는 언급하지 않았다(즉, 그녀는 방어 근저에 있는 분리불안을 인식하지 못했다). 슈퍼비전에서, Dr. C와 나는 그녀가 피터의 투사를 아기-피터가 경험한 감당할 수 없었던, 버림받는 느낌에 대한 표현으로서 받아들였으면 좋았을 거라고 생각했다.

Dr. C는 환자가 완벽한 순간에 대한 욕구에 대해 계속해서 이야기했다고 말했다: "모든 것이 완벽해야만 해요. 그렇지 않으면 휴가는 결점을 갖고 되고 망쳐질 거예요." 그는 그의 아내가, 휴가에 대한 그의 강박적 태도와 완벽주의 자체가 그들이 함께 보내는 시간을 망칠까봐 두려워한다고 덧붙였다. 실제로, 그의 반추하는(ruminative) 방어들은 서로 보지 못했던 두 주 동안과 다가오는 휴일 동안뿐만 아니라 회기 안에서 분석가에 의해 버림받았던 감당할 수 없는 불안으로부터 아기-피터를 보호하기 위해 사용되었을 가능성이 높아보였다.

Dr. C는 환자가 계속해서 "노쇠한" 그의 할머니로부터 카드 한 장을 받았다고 말하는 동안 그녀 자신은 침묵했다고 보고했다. 그는 자신이 할머니를 돌보지 않았고 그 점에 대해 죄책감을 느낀다는 것을 깨달았다. 그는 그의 어머니에게도 편지를 쓰지 않았다는 것을 생각해냈다. 이 부분은 그 자신의 경험/자기의 부분들을 되찾는 그의 능력을 증가시키기보다는, 회기 안에서 분석가의 이해가 부재한 동안 버림받고 방치된 아기-피터가 투사되고 있었다는 증거로서 간주될 수 있다.

하지만 Dr. C는 피터의 죄책감을 휴가기간 동안에 분석가를 남겨두고 떠나가는 것과 관련된 것으로 해석했고, 이것이 그의 즐거움을 망칠 거라고 위협하고 있다고 말해주었다. 환자는 이것을 곧바로 부인했다. 그때 그는 해외에서 보냈던 그의 대학시절을 기억해냈다. 그는 이것을, 그가 집을 떠나고 나서 몇 달 후에 그의 어머니가 갑자기 방문해서 그의 계획을 엉망으로 만들고, 그녀 자신에게 "완벽함을 선사하기 위해 그의 행복을 포기한 채, 자신을 돌보도록" 압력을 가했던 사건들과 연관시켰다.

분석가는 이것을 현재 그들 사이에서 일어나고 있는 일에 대한 실마리로 듣지 못한 채, 발생학적 해석—피터가 Dr. C의 해석(즉 분석가/어머니가 그로 하여금 "그의 행복을 포기하라고" 요구한다고 확신했을 때, 그가 힘들었다는)을 어떻게 들었는지에 대한—을 통해서 피터의 실제 어머니에 대한 증오를 설명했다.

그 해석에 대한 반응으로, 피터는 자신이 대학을 졸업한 후에 평화 봉사단에 참여했고, 어머니가 따라올 수 없는, 사람들이 기피하는 곳을 여행했던 것에 대해 계속해서 말했다. "나는 여행을 위한 명분이 필요했는데, 그것은 어머니를 남겨두고 떠나는 것에 대한 죄책감을 달래야했기 때문이에요." 우리는 이것을 그가 Dr. C의 요구라고 느꼈던 것에 대한 반응으로 들을 수 있다: 그는 그의 어머니/분석가가 그를 찾을 수 없는 "평화"의 장소를 찾아갔지만, 그곳은 비록 갈등은 없었지만, 바람직한 곳은 아니었다(망쳐진 휴가).

Dr. C는 계속해서 피터가 갖고 있는 그의 어머니를 향한 증오와 죄책감에 대해 말했고, 또 그가 아직 새로운 아기를 맞을 준비가 되어있지 않은 것에 말했다. "집안이 엉망이에요." 그가 말했다. "집과 사무실 양쪽에서 할 일이 너무 많아요"; 그는 다가오는 휴일에 관해 "불길한 느낌"을 갖고 있었다. 회기가 거의 끝날 무렵에, 피터는 필체가 점점 더 희미해지고 불안정해지는, 연약하고 방치된 그의 할머니"에 대한 죄책감으로 되돌아갔고, 그녀가 한 때 그에게 "아버지와 같은 인물"이었던 "사자-할머니"가 될 수 있었으면 좋겠다는 소망을 표현했다. 그는 어머니가 죽는 것보다도 할머니가 죽는 게 더 두려웠다고 말했다. 실제로, 피터는 분석가가 버림받은 어머니로서가 아니라 사자-할머니/아버지로서 기능하는 것을 통해서, 어머니/분석가와 아기-피터의 사이에 어느 정도 경계를 제공해주고 그들 각자의 역할을 명백하게 정의해주기를 바라고 있었고, 그 결과 피터가 조숙하게/전능적으로 분석가의 책임을 떠맡지 않아도 되기를 바랐던(Klein, 1930), 그 자신의 무의식적 욕구를 표현하고 있었던 것으로 보인다.

이 사례보고에서, 우리는 환자가 자신에 대한 분석가의 추측들을 어떻게 받아들였는지, 그래서 그의 실패하고 있는 방어조직(강박적 사고, 전치, 분열, 그리고 투사적 동일시에 의해 특징지어지는)을 강화시킴으로써, 분리에 직면해서 그의 생존에 대한 가능성을 높였는지를 관찰할 수 있다. 그러나 이 과정에서 상실된 것은 자신의 마음을 알고 알려지는 것으로부터 얻는 정신적 발달을 위한 기회이다. 앞에서 서술된 현상은, 그것이 만성적일 때, 끝나지 않는 분석을 발생시키는 요인이 될 수 있다. 왜냐하면 그러한 구조를 위한 근저의 욕구가 수정되지 않은 채로 남아있는 한, 매번 자극이 발생할 때마다 병리적인 방어조직이 강화되기 때문이다.[17]

투사적 동일시에 대한 해석

나는 이제 비온에 의해 언급된 또 하나의 기법적 문제인, 이론의 사용에 대해서 논의할 것이다. 그는 「숙고」(cogitations)에서 다음과 같이 서술하였다:

이론들은 항상 정신분석가들 사이에서조차 어느 정도 논쟁거리였다. 이것은 부분적으로 어떤 한 주제가 발달한다는 것이 항상 시험되고 있는 얼마의 이론들이 존재한다는 것을 의미하기 때문이고, 부분적으로 오랫동안 인정되어 왔어도 개정이 요구되는 이론들이 존재하기 때문이며, 부분적으로 이론 그 자체는 건전하다고 해도 이론을 적용하는 데 있어서의 결함 때문이다. 이런 것들이 그 이론에 대한 의심으로 인도한다(Bion, 1992, p. 92).

한 예로서, 클라인의 방어로서의 투사적 동일시 이론은 비온의 실험을 거치는 동안(1967) 정제되었다. 그는 투사적 동일시는 유아와 어머니 사이의 정상적인, 일차적 의사소통의 수단이며, 그가 제시한 담는 것과 담기는 것 모델 안에서 그런 본질적인 역할을 수행한다고 제안했다.

하지만 일부 분석가들 사이에서 이 이론은 여전히 의심을 받고 있는데, 그것은 아마도 그 이론 자체에 문제가 있어서라기보다는, 비온의 모델 안에서 투사적 동일시의 기능이 무엇인지에 대해 충분히 숙고하지 않았기 때문에, 임상적 상황에서 이론의 적용이 종종 잘못 수행되기 때문이다. 나는 임상사례를 사용해서 투사적 동일시를 설명할 것이고, 그 외에도 분석가의 마음의 변화와 해석의 경로를 수정하기 위한 분석가의 움직임에 대해 설명할 것이며, 그 다음에 이론의 적용과 관련된 문제들을 논의할 것이다.

임상적 설명 : 로라와 Dr. Z

Dr. Z와 주 5회 분석을 시작한지 2년차 된 젊은 여성인, 로라는 3주 동안의 휴가를 끝낸 직후의 월요일 회기에 나타나지 않았다. 이에 더하여, 그녀는 화요일 회기에 20분 정도 늦게 왔다. 나와의 슈퍼비전에서, Dr. Z는 로라가 월요일 회기에 나타나지 않았을 때, 회기를 취소하는 전화조차 하지 않았기 때문에 무척 걱정했다고 털어놓았다. Z박사는 처음에는 그녀의 환자가 "자신을 잊어버렸다"고 생각했다고 말했다.

이어서, 그 날이 저물면서 그리고 그녀가 아직 로라에게서 아무 말도 듣지 못했을 때, Dr. Z는 로라의 부재가 분석을 그만두겠다는 결정의 표시라고 확신하게 되었다. 물론, 이 생각은 이 젊은 분석가 안에서 상당한 동요와 자기-의심을 휘저어놓았다. 그녀는 휴일 전 마지막 회기를 회상하려고 노력했지만, 그것에 대해 아무것도 기억할 수 없다는 것을 깨닫고는 스트레스를 받았다. 환자가 화요일 회기에 제 시간에 오지 않았을 때, Dr. Z는 자신이 무언가를 크게 잘못했음이 분명하다고 확신했고, 로라가 나타날 때까지 지난 회기들에 대한 메모들을 살펴보면서, "로라가 분석을 포기하게 된" 수수께끼에 대한 실마리를 찾으려고 노력했다고 말했다.

마침내 로라가 도착했을 때, 그녀는 웃으며 방에 들어왔고, 별일 없었다는 듯이 카우치에 누웠다. Dr. Z는 대기실에서부터 어리둥절했고, 불안했으며, 혼란스러움을 느꼈다고 보고했다. 로라는 "휴가를 무척 즐겼어요. 기분도 상쾌하고요. 오늘 일하러 갈 준비가 되어있어요. 앤[그녀의 고용주인]은 내가 휴가를 많이 쓰는 것에 대해 탐탁해하지 않았지만, 나는 선생님이 떠나있는 동안 제대로 기능할 수 있을 거라고 생각할 수가 없었어요. 비록 앤이 좀 불만스러웠지만, 모두를 위해 좋은 선택이었죠. 게다가, 내 휴가날짜가 다가오고 있었으니까요."

Dr. Z는 그녀 자신의 감정과 환자의 유쾌한 태도의 성질을 고려할 때, 로라가 투사적 동일시를 사용해서 휴가에 대한 그녀의 감정을 제거하고 있다고 가정했다고 말했다. 그래서 그녀는 환자에게 말했다. "내 생각에 당신은 휴일 동안에 나에 의해 버림받았다고 느끼면서 불안과 박해감에 시달렸던 것 같고, 그래서 나를 당신 자신으로부터 떼어놓기 위해 무언가를 해야만 한다고 확신했던 것 같습니다. 아마도 당신은 어제 나와 함께 있는 것이 두렵고, 처지고, 행복하지 않기 때문에 회기에 가지 않는 게 더 좋겠다고 느꼈던 것 같고, 그게 우리 두 사람 모두를 위해 더 낫다고 생각했던 것 같습니다."

잠시 침묵이 흐른 후에, 로라는 그녀가 월요일 회기를 빠진 것에 대해 미안하다고 말했고, 자신이 월요일 밤에야 휴가에서 돌아왔다고 설명했다—그러나 침체되고, 버림받고, 불행하다는 느낌에 대해서는 전적으로 부인했다. 그리고 잠시 동안의 침묵

이 있은 후에, 그녀는 다음과 같은 꿈을 보고했다:

나는 신생아를 품에 안고 있는 친구와 [분석가와 이름이 같은] 험한 길을 걷고 있었어요. 갑자기 그 친구가 나를 향해 돌아서더니 아기를 나에게 떠맡겼고, 내가 상황을 파악하기도 전에 사라져버렸어요. 내가 아기를 내려다보았을 때, 어머니의 품에 안겨 있을 때에는 분홍빛이 돌고 예뻤던 아기가 추하고 더럽게 보였어요. 나는 아기를 돌보는 데 필요한 용품들을 갖추지 않았다는 것을 깨닫고는 당황했고, 그 친구가 어머니로서의 자신의 의무를 저버린 것에 대해 두렵고 화가 났어요.

잠에서 깨었을 때, 로라는 왜 애초에 그 친구가 아기를 낳았는지 궁금해 했다. 그녀는 "나는 무엇이 나로 하여금 그 꿈을 기억하게 만들었는지 모르겠어요"라고 말했다. "그건 아주 오래전 꿈이에요. 아마 작년 크리스마스 즈음이었을 거예요."

Dr. Z는 자연스럽게 작년 겨울휴가를 생각해냈고, 그 후에 발생했던 유사한 단절을 생각해냈다. 그녀는 자신의 역전이에 대한 오용과 그로 인한 이해에서의 실수를 인정하면서, 환자에게 다음과 같은 해석을 제공했다: "비록 그 꿈이 오랫동안 잊고 있던 과거의 꿈이지만, 이 순간에 그 꿈을 기억해낸 것은 그 꿈이 지금 여기에서 나에 대해 경험하고 있는 것에 대해 무언가를 말해주고 있기 때문이라고 여겨집니다. 버림받고, 우울하고, 화난 당신의 느낌에 대한 나의 반응을 내가 방금 말했을 때, 그것이 긴 휴가 동안에 우리의 분리됨에 대한 인식을 감당할 수 없었던 당신에 대한 책임을 질 수 없었고 책임을 지고 싶어 하지도 않는 모습으로 당신에게 보이지 않았을까 궁금합니다. 아마도 내가 그 말을 한 그 순간에, 당신은 내가 아기-당신을 그러한 상실의 느낌과 씨름하기에는 아직 준비되지 않았다고 느꼈을 당신의 좀 더 나이든 부분에게 넘겨주었다고 느꼈을 수 있습니다. 그리고 내가 이러한 감정을 감당할 수 없다면, 애초에 왜 당신을 맡았는지 궁금해 하는 상태에 당신을 남겨두었을 수 있습니다. 어쩌면 오늘 상담실에 도착했을 때 당신은 '핑크빛으로' 느꼈음에도 불구하고, 나의 오해가 당신의 기분 좋은 느낌을 더 이상 관계하고 싶지 않은 추하고 더러운 아기가 되는 느낌으로 바꾼 것은 아닐는지요?"

Dr. Z와 그녀의 환자 로라 사이에서 주고받은 이 짧은 대화는 의사소통으로서의 투사적 동일시 이론을 이해하고 적용하는 과정에서 그리고 투사적 동일시를 바람직하게 해소하는 과정에서 자주 발생하는 문제를 부각시켜준다. 이 이론은 인식에서 분열되어 환상 안에서 분석가에게 투사된 것이, 감당할 수 없거나 견딜 수 없는 자기와 타자 경험의 측면들이라는 사실을 말해준다. 환자는 그러한 경험을 처리할 수 있고 수정할 수 있는 담는 대상을, 그리고 그 처리된 경험을 환자에게 소화될 수 있는 형태로 되돌려줄 수 있는 대상을 찾고 있다. 이 이론의 임상적 적용에서의 실수(이 예시의 첫 부분에서 설명되었듯이, 그리고 Dr. D가 두 번째 부분에서 그녀의 이해를 수정하면서, 결국 알아차린 것으로 보이는)는, 로라가 투사적 동일시를 사용한 것—환자의 알 수 없는 부재에 의해서 그녀 안에서 자극된 느낌들로부터 추론된—을 마치 그녀 자신에 의해 실제로 경험된 느낌인 것처럼 분석가가 해석한 것이었다.

분석가들이 환자가 느끼고 있는 것에 대해 해석하고 나서, 그 해석에 대한 저항으로 보이는 것을 만나는 것은 흔히 있는 일이다. 그런 경우들에서, 환자의 저항에 대해 또 다시 해석하는 것은

실수를 영속화할 뿐이다. 하지만 우리가 다시 그 이론에 대해 생
각해본다면, 우리는 투사적 동일시의 동기와 효과에 대한 고려가
우리를 전혀 다른 방향으로 인도할 수 있다는 사실을 발견한다.

이 사례에서, 분석가가 흔히 역전이로서 언급되는 것을 느꼈
던 것과 조금이라도 관련된 것을 환자가 느꼈다는 증거는 없다.
다른 말로, 만일 경험과 그것에 수반되는 감정들이 진정으로 환
상 안에서 분석가에게 투사되었다면, 그리고 환자의 행동이 분
석가 안에 이러한 느낌들을 불러일으키는 분위기를 제공하고 있
다면, 환자는 그와 같은 것을 느끼지 않고 있는 것이고, 전적으로
분석가가 자신의 느낌을 환자에게 전가하는 바람에 자신이 오해
를 받고 있다고 느낄 것이다. 이러한 오해는 종종 거절의 경험
그리고/또는 특히 유아기 전이 안에서 어머니가 사라져버렸다는
느낌의 형태를 취한다. 그러한 전이 안에서 아직 덜 발달한 내면
의 담는 대상은 그것이 전해 받은 정서적 경험을 어떻게 처리해
야 할지 알지 못한다. 이 사례에서, 아기-로라는 "추하고 더러운"
원치 않는 존재라는 느낌과 함께 남겨졌다.

Dr. Z가 해석에 대한 환자의 반응에 대해 방어적이지 않은 자
세로 주의를 기울이고 사려 깊게 인식한 것—꿈과 같은 연상의
형태 안에서—은 그들을 좀 더 진지한 접촉으로 인도했고, 이것
은 분석적 작업을 더욱 촉진시켰으며, 로라로 하여금 스스로의
행동에 대해 책임을 질 수 있는 외적 대상을 경험할 수 있게 해
주었다. 그리고 환자의 상실과 불확실성뿐만 아니라, 분석가 자
신의 상실과 불확실성을 견딜 수 있는 외부 대상에 대한 경험을
제공해주었다.

결론

이 장에서, 나는 비온의 저서인 「숙고」(1992)에서 암시된 정신분석적 기법에 관한 보편적 진실이라고 생각되는 몇 가지를 강조했다. 처음에는 출판할 의도가 없었던 단상들을 포함하고 있는 그 책은 거의 모든 학파의 분석가들이 관심을 갖고 있는 지혜를 담고 있다. 예컨대, 비온은 환자의 자료를 경청하고 있는 동안, 자료의 의미와 해석을 구별하는 것에는 부인할 수 없는 가치가 존재한다고 말하는데, 이러한 권고는 모든 분석에서 변형과정의 일부를 구성하고 있는 사려 깊은 구별, 요령, 적절한 시기 그리고 말을 듣고 있는 사람에 대한 고려가 필요하다는 요청이기도 하다.

더욱이, 유아기 측면들이 (다른 무한히 많은 보통의 인간됨의 측면들과 마찬가지로) 우리 각자 안에 묻혀 있거나 캡슐화 되어 있음에도 불구하고, 우리 모두 안에 존재하고 있고 살아있다는 생각은 비록 불편하지만 반론의 여지가 없는 사실이다. 비온이 취한 입장, 즉 이러한 측면들이, 그것들의 표출/표현을 분석가가 격려하든 격려하지 않든 혹은 그 표현의 결과를 분석가가 다루기 원하든 원하지 않든 상관없이, 분석의 안과 밖에서 이런 저런 방식으로 표현된다는 생각은 옳은 것으로 보인다.

나는 분석가가 환자의 인격의 유아기 측면들이 전이 안에서 출현하는 것을 관찰하고 경험하는 데 실패할 때, 또는 분석가의 관심을 끌기 위한 방식으로 과장법이 시작되기 전에 이러한 측면들을 해석을 통해서 인식할 수 없을 때, 발생할 수 있는 결과들의 일부를 보여주려고 시도했다. 환자의 자료에 대한 의미와 그것에 대한 해석을 구별할 필요성을 강조하는 것을 통해서, 나는 비온이 제안하는 변형적 연쇄를 분명하게 설명했다고 믿는다.

나는 환자들이 이해받는지 아니면 오해받는지의 경험에 따라, 분석가의 개입들을 마음의 성장을 위해서 사용할 수도 있고, 아니면 (만일 모든 것이 실패한다면) 퇴화하는 방어조직을 강화하는 데 사용할 수도 있다는 사실을 스스로 표현할 수 있다는 나의 관찰을 제공했다. 후자의 경우, 환자들은 살아남을 수는 있겠지만, 그러한 강화는 궁극적으로 정신적 및 정서적 성장으로 인도할 수 있는, 건강한 관계를 위한 가능성을 감소시킨다. 내가 도착에의 적응이라고 부르는 이러한 현상은 끝나지 않는 분석을 설명해주는 하나의 요인일 수 있다. 이것은 방어조직이 계속적으로 강화되는 동안 그러한 구조에 대한 근저의 필요가 완화되지 않은 채로 남아있는, 반-치료적이고 빈번히 기생적인 과정이다.

이 장 전체에서, 나는 사례예시를 통해 비온의 담는 것-담기는 것 모델이 지닌 측량할 수 없는 가치와, 정신적 성장을 촉진하는 데 그것이 갖는 핵심적인 역할을 강조하려고 시도했다. 그리고 나는 이 모델에서 필수적인 요소인, 클라인의 투사적 동일시 이론을 비온이 확장한 것을 잘못 적용하는 경우를 우리가 빈번히 발견한다는 사실을 지적했다. 나는 또한 제대로 적용되었더라면 건전했을 이론이 잘못 적용될 때, 어떻게 그것이 분석 작업의 침체로 인도할 수 있는지를, 그리고 그 잘못이 분석가에 의해 확인되고 분석적 쌍에 의해 작업될 때에만 그 침체에서 나올 수 있다는 것을 보여주었다.

주

1. 이 논문들은 "생각하기 이론"(1962a), "기억과 욕망에 대한

소고"(1967), 그리고 그의 마지막 논문들 중 하나인 "증거"(1976) 이다.

2. 비록 이 글의 핵심적인 요지와 초점은 「숙고」(Cogitations)이 지만, 비온의 좀 더 초기의/동시대의 출판물에 실린 내용들에 덜 친숙한 독자들을 위해 비온의 다른 작업들도 인용되었다.

3. 덧씌어진 기록(palimpsest)은 하나 이상의 문서가 겹쳐져 있 어서, 완전히 지워지지 않은 이전의 글이 여전히 눈에 보이는 필 사본(보통 파피루스 또는 양피지로 만들어진)을 가리킨다. 시간 이 지남에 따라, 양피지 또는 피지에서 씻겨 나간 이전 글의 희 미한 흔적은 우유와 귀리 시리얼을 사용할 경우, 해독이 가능할 정도로 충분히 다시 나타날 수 있다고 한다.

4. 이 사례에 대한 비온의 논평들은—비록 환자의 방어 구조 뿐만 아니라, 전이, 분석가에 대한 무의식적 소망, 그리고 분석가 의 경험에 대한 의사소통에 대해서도 말하고 있지만—분명히 그 자신의 개인적 인격, 논평 스타일, 그리고 그의 태도들을 보여준 다. 비록 사례에 대한 나의 논의의 성질이 비온의 것과는 다르지 만, 그것은 이 사례에 대한 그의 언급들을 보완하기 위한 것이다.

5. 비온은 주어진 회기에 대해서 보고된 것은 이론일 뿐이거 나, 그가 실현의 변형이라고 부른 것에 지나지 않는다고 간주했 다. 다시 말해서, 그것은 자료를 검토하는 개인이 바라보는 측면 에 따라 다양한 방식으로 평가될 수 있는, 환자와 분석가 사이에 서 일어난 것에 대한 하나의 버전일 뿐이다. 비온은 이러한 가정 들에 대한 가정들이 단지 모델일 뿐이며, 실제로 일어난 사건들 과 혼동되어서는 안 된다고 경고한다. 비온이 우리에게 이용할 수 있는 자료로부터 가능한 한 많은 모델들을 만들 것을 격려했 지만, 그는 그것들이 직접적인 임상적 관찰 또는 분석 그 자체를 대신할 수 없다고 반복해서 말했다. 이러한 모델-만들기 연습들

은 분석가의 정신적 근육을 발달시키기 위한 "게임"과 같은 것
으로서, 관찰과 분석을 위한 서곡에 지나지 않는다.

6. 환자가 자료의 다중적인 의미의 층들에 분석가의 주의를
끄는 데 있어서 매우 직접적이라는 사실을 주목할 필요가 있다.
이것은 환자가, 적어도 무의식적으로, 자신의 의사소통이 덧씌어
진 성질을 갖고 있다는 것을 인식하고 있음을 말해준다.

7. 나는 우리의 환자들이, 무의식적으로나 의식적으로, 회기 안
에서 우리에게 말하기로 선택하는 것에 대해 생각하는 이러한
방식이 전이에 대한 길(Gill, 1979)의 창조적인 개념과도 일치한
다고 본다.

8. 위니캇(1949b)은 만일 분석가가 자신에게 전가된 정제되지
않은 느낌들을 갖는다면, 미리 마음의 준비를 하고 무장하는 것
이 최선이라고 제안한다. 왜냐하면 그는 그러한 위치에 처하는
것을 견딜 수 있어야 하기 때문이다. 무엇보다도 그는 자신 안에
실제로 존재하는 증오를 부인해서는 안 된다. 현재의 분석 상황
안에서 정당화되는 증오는 궁극적인 해석에 사용될 수 있기 위
해서 분류되고 저장되어야 한다.

9. 비온의 용어로, -K는 알파 기능의 부재, 즉 유아의 갓 생겨
난 경험에 대한 의사소통을 소화시켜서 의미를 만들어낼 수 있
는 모성적 능력의 결핍을 나타낸다. 분석에서, 이것은 분석가가
환자의 반응에 열린 마음으로 경청하는 것을 통해서 분석가 자
신의 이해 안에 존재하는 오류를 감지할 수 있을 때 수정될 수
있고, 따라서 그는 이러한 바람직한 발달에서 환자의 역할이 갖
는 중요성을 인정하면서 자신의 해석의 방향을 조정할 수 있다.

10. 로젠펠드(1959)는 이 점과 관련해서 다음의 사실을 주목하
였다: "아브라함은 … 심각한 자기애적 상처 또는 우울증에서의
자기애적 실망에 대해 논의한다 … 그는 멜랑콜리 환자에게 열

등감뿐만 아니라 우월감이 있다는 것과, 그런 환자는 그의 사고 방식에 대해 분석가 쪽에서의 어떤 비판에도 접근하지 못한다는 것을 강조한다. 그는 이러한 태도를 '환자의 사고의 흐름이 갖고 있는 순수하게 자기애적인 특질'과 연결시킨다. 그는 이러한 관찰들을 그가 '긍정적 자기애와 부정적 자기애'라고 부르는, 멜랑콜리 환자의 자아에 대한 과대평가 및 과소평가와 관련시킨다 (Rosenfeld, 1959, p. 120).

11. 우리가 껍질(Tustin), 거짓 자기(Winnicott), 또는 페르소나 (Jung)를 분석할 때, 우리는 환자와 "접촉"하는 기회를 놓칠 수 있다. 다시 말해서, 우리가 껍질을 억지로 열어 문제의 핵심에 도달하기 위해 방어 분석에 의지할 때, 우리가 성공했다고 속을 수 있을 정도로 이 방어 구조를 강화시킬 수 있지만, 실제로는 우리의 이상들 또는 이미 형성된 개념들과 이론들에 동조하는 것을 통해 환자의 보호 껍질을 강화시키는 것을 도울 수 있을 뿐이다.

12. 만일 어머니에 대한 이 서술이 이상화된 것으로 보인다면, 나는 독자들에게 위니캇(1949a)이 그의 정신 건강 모델에서 말하는 보통의 헌신적인 어머니를 참조하라고 권하고 싶다.

13. 영국에서 새 구경(Bird watching)이라는 말은 여자를 관찰한다는 뜻을 가진 속어로서, 종종 추파를 던지는 것 또는 심지어 유혹하는 것을 암시한다.

14. 일차세계대전에서 군인이 행한 과정으로서, 비온은 종종 이 과정을 총기구 조절을 위한 실험적 총탄사격(sighting shots)이라고 불렀다.

15. 이 경우, 도착이라는 단어는 가장 광범위한 의미로 사용되고 있으며, 어떤 것의 본래의 목적 또는 기능을 그 반대 것으로 바꾸는 행위를 가리킨다. 예를 들어, 정신분석은 환자의 정신적 진실을 드러내고 그것을 좀 더 견딜만한 것으로 만드는 수단으

로서 추구될 수 있다. 하지만 그것의 반대는 이러한 진실을 가로 막는 방어를 강화하고, 그 진실을 전능 환상을 사용함으로써 모호한 것으로 만들 수 있다. 환경에 대한 이러한 적응은 "레몬 없이 레모네이드를 만들기"로 불리기도 한다.

16. 비온(1965)의 용어를 확장하면서, 멜처(1978, p. 73)는 이러한 종류의 변형들은 클라인이 부분-대상, 내적 대상, 분열, 그리고 투사적 동일시에 기반을 둔, 초기 전이라고 불렀던 것에 내재되어 있다고 보았다.

17. 이 개념은 전이의 직접성 안에서 경험된 가장 깊은 불안 상황이 그 상황에 대한 방어들을 분석하기 전에, 그리고/또는 분석하는 것과 동시에 해석될 필요가 있다는 클라인(1961)의 견해와 일치한다.

제 6 장 현재화된 과거:
사춘기와 청소년기에 드러나는
신체 중심적인 보호장치들*

과거, 현재 그리고 미래는 정신분석적 논의에서 종종 사용되고 있는 용어이다. 기껏해야 그것들은 해석되고 있는 질적 요소들을 구별할 필요에 대한 암시들일 수 있다. 유일한 증거는 환자가 말하는 동안 분석가가 그를 위해 관찰할 수 있는 것이다. 이 사실은 그가 관심을 끌고 싶은 사건이나 정서가 '과거' 또는 '미래' 안에서 발생한 것임을 암시하는 경향이 있는, 말에 의해서 모호해진다. 환자의 마음상태와 관련해서 중요한 것은 그 마음이 그 또는 그녀가 분석가를 보고 있는 순간에 존재한다는 것이다.

– 비온, 미래에 대한 비망록: 현재가 된 과거, p. 645

이 장은 사춘기와 청소년기의 환자들에게서 관찰될 수 있는, 유아기 원-정신적 기능의 발생에 초점이 맞추어져 있다. 나는 신체에 집중된 보호들에 의존하는 유아기 경향성이, 엄청난 내적

---

* 이 장의 초기 버전은 2009년도 국제정신분석학회 저널 88(5)에 "청소년기의 신체 중심적인 보호장치들: 프란시스 터스틴의 작업의 확장"이라는 제목으로 실렸다.

및 외적인 신체적 심리적 변화들이 다시 한 번 개인들을 파국의 위협으로 몰아넣는 시기인 사춘기 동안에, 어떻게 다시 활성화되는지를 보여줄 것이다.

그 외에도, 나는 적절한 정신적 및 정서적 발달을 위한 능력이 손상될 때, 어떻게 감각과 행동이 더 초기의 발달 시기에서 온 소화되지 않은 사건들에 더해지고 그것들과 공명하면서, 분리됨에 대한 인식과 관련된 이름 없는 공포들을 감소시키는 방식으로 아직 어린 개인들을 다시 한 번 구출하게 되는지를 보여줄 것이다. 나는 분석에서, 이러한 사건들이 직접적인 순간, 즉 전이 안에서 "현재화된 과거"라고 믿고 있다. 나는 전이-중심적 치료가 분석에서 "현재화된 과거"가 미래에 반복될 가능성을 줄이기 위해 이전에 빗나갔던 정신적 및 정서적 성장을 제 궤도로 되돌려놓는 데 핵심적인 요소라고 제안한다.

빈번하게, 분석을 받으러오는 청소년들에게서 관찰되는 어려움들은 인격의 다양한 측면들 사이의 균형에 있어서의 격변과 상관이 있는 것처럼 보인다. 개인의 점진적인 발달과정은 종종 사춘기가 시작되면서 그리고 청소년기 내내 지속되는 대대적인 신체적 및 정신적 변화가 유아기 때부터 남아있던 그리고 아이가 보통 잠재기 동안에 통제할 수 있었던 상충하는 열정들과 욕망들의 재분출에 의해 더 복잡해질 때, 위협을 받는다.

잠재기 동안에, 생각과 행동은 대개 인격의 "비 정신증적" 측면에 의해서 지배된다. 하지만 사춘기에 다시 한 번 현재화된 과거의 불안들은 비온이 "인격의 정신증적 부분"이라고 부른 것에 대한 좀 더 원시적인 방어들 쪽으로의 균형의 변동을 자극한다. 소위 정신 작용의 보다 기본적인 양태로의 퇴행이라는 문제는 사춘기 이후에 새로 획득된 신체적 및 인지적 역량에 의해 복잡해진다. 이러한 역량들은 유아기의 전능감의 재 분출과 짝을 이루어 압도적인 수준의 박해적 및 우울적 불안을 산출할 수 있다.

예를 들면, 성적 문란의 경우, 성교는 생식과 쾌락을 추구하는 행동이 아니다. 그것은 이 범주의 양호한 쪽 극단에서, 주로 완전한 돌봄을 받기 위해 타자 안으로 들어가는 수단이고, 파괴적인 쪽 극단에서, 무의식적 환상 영역에서 유래하는 초기 유아기 소망들을 충족시키는 데 그리고 새로 획득한 청소년기 역량에 의해 촉진된 가능성의 영역으로 들어가는 데 사용되는, 대상을 압도하고 해체하기 위한 수단이다. 이 구체적인 욕망들이 그것들을 담아낼 수 없는, 그리고 자신들 내부의 대상과 자기 모두의 운명에 대한 깊은 불안을 담아낼 수 없는 젊은이들 안에서 장애를 발생시킨다. 청소년들은 자신들이 지금은 대처하고 있지만 미래에는 그렇게 할 수 없을 것이라는 두려움을 갖고 있다.

그러한 견딜 수 없는 불안들을 다루는 한 가지 방식은 이상화된 나쁜 대상들과 동일시하는 것이다. 그러한 동일시들은 병리적인-사춘기-이후 조직의 중심에 있다. 나는 나의 작업에서 고전적 클라인학파 모델이 상당히 유용하다는 것을 경험했다. 하지만 자체-생성된 감각 대상들과 감각 형태들의 차원에 대한 프란시스 터스틴의 개념들 역시 나의 분석 작업의 중심에 자리 잡고 있다. 나는 그녀가 발견한 것들을 간략하게 제시해보겠다.

"사춘기 소녀의 신경성 식욕부진"에 대한 글에서, 터스틴은 마가렛이라는 소녀를 치료한 내용을 다루면서, 폴 사이먼의 "I am a rock"이라는 노래가사를 인용했다: 그것은 강력하고 뚫고 들어갈 수 없는 성채; 아무것도 필요하지 않은 그리고 경멸로 가득한 삶, 그리고 인간관계의 고통으로부터 해방된 고립된 섬에서 혼자 문학작품을 읽는 것에서 표현된 보호막을 나타내는 것이었다.

사이먼의 노랫말은 많은 청소년 환자들이 갖고 있는 근저의 취약성들에 대한 방어들과 그 취약성들의 인식에 대한 방어들 모두를 신랄하게 표현하고 있다. 터스틴의 생산적인 발견들은 주로 감각이 지배하는 방식 안에서 이름 없는 공포들로부터의 피난처를 발견했던 자폐아동들과의 작업에서 왔다. 그녀는 사춘기에서 청소년기로 들어가면서 많은 아동들이 겪게 되는 거식증과 폭식증 그리고 다른 문제들의 기능과 의미를 이해하는 데 꼭 필요한 모델을 제공해주었다.

터스틴은 어린 자폐아동들 그리고 좀 더 나이가 든 비-자폐아동들이 결코 끝이-없이 고갈되지 않고 항상-존재하는, "하나됨"의 감각을 산출해내는 활동들에 참여한다는 것을 이해했다. 이 감각은 이리저리 움직이는 관계가 커플의 한 구성원 또는 두 구성원 모두를 지치게 할 것이고 심지어는 치명적이 될 것이라는 믿음에서 벗어나게 해줄 것이다. 파국에 대한 그러한 기대들은 아기가 어머니의 우울증, 또는 일차적 환경 안에서의 마음의 부재(absence of mind)를 경험하는 것으로 드러나는, 가정폭력이나 죽음을 때 이르게 인식하는 것과 관련되어 있는 것으로 보인다. 이런 경우들에서, 터스틴은 정신적 담기와 정서적 접촉이 치명적으로 결핍될 때, 아기는 자신을 온전한 상태로 유지하기 위해서 어머니의 피부, 목소리, 냄새, 맛 그리고 모습에 대한 감각에 의존하면서, 어머니의 신체적 현존을 당연한 것으로 요구한다는 것을 발견했다. 하지만 이러한 감각들이 믿을만한 다정하고 사려 깊은 요소들을 동반하지 않을 때, 아기는—이제는 감각적인 접촉과 연속성에 지나치게 의존하는—신체적 부재에 대한 인식을 수용하는 데 커다란 어려움을 경험한다.

나는 또한 사춘기 동안에, 청소년이 처리하기 시작해야 하는, 부모 같은 인물들과의 신체적 거리라는 또 다른 단층이 있다는 것을 강조하고 싶다. 이 새로운 단층은 아동기 초기에 경험했던 분리 경험들 위에 덧씌워지는 것으로 보인다. 청소년기 분리 경험들은 아이가 사춘기로 들어가면서 부모와의 신체적 접촉을 제한하는 타고난 무의식적인 심리적 금기들뿐만 아니라, 다양한 사회적 및 또래 압력들과 연결되어 있다.

터스틴은 자폐적 캡슐에 대한 작업에서, 많은 신경증적 아동들의 경우, 발달이, 정신화되지 않은 사건들의 자폐적 캡슐 바깥에서 정상적으로 지속되는 것으로 보이기 쉽다는 사실을 발견했다. 그녀는 이러한 캡슐화된 주머니가 나중에 종종 사춘기가 시작될 때 어려움을 발생시킨다고 지적했다. 이러한 "말썽"은 수면장애와 섭식장애, 공포증, 심리신체적 장애들 그리고 청소년 비행과 행동화의 형태를 취할 수 있다. 터스틴의 환자였던 마가렛의 경우, 무의식적 갈등들이 체중의 증가와 감소라는 문제를 중심으로 주로 그녀의 신체를 통해서 느껴지고 표현되었다. 전이안에서, 터스틴은 마가렛의 체중의 증가와 감소가 다양한 순간들에서 치료사의 애정을 얻는 것과 잃는 것, 희망을 얻는 것과 잃는 것, 시간을 얻는 것과 잃는 것을 나타낼 뿐만 아니라, 주말휴가나 휴일들과 구체적으로 동등시된다는 것을 발견했다. 전체적으로 말해서, 그녀는 그것들 각각의 상실이 마가렛 자신의 신체적 자기의 일부의 상실과 유사한 것으로 느껴진다는 것을 발견했다. 이에 더해, 마가렛은 그녀의 체중 증가가 분석가의 행복을 희생한 대가로 이루어진 것이라고 확신했다.

자폐아동들과의 작업은 이러한 현상이 단순히 멜라니 클라인의 초심리학에서 중심적인 위치를 차지하고 있는, 편집-분열적자리에서 작용하는 보복의 원리를 따르지 않는다고 강하게 제안한다. 그것보다 훨씬 더 원시적인 어떤 것이 이러한 성장의 경험의 핵심에서 작용하고 있는 것으로 보인다. 정상적인 유아기의가장 초기에 어머니와의 신체적 연속성의 감각들에 대한 지나친 의존—적절한 정신적 피부 또는 정서적 사건들을 정신적으로 담아줄 수 있는 대상을 내사할 수 없었던 유아들 안에서 수정되지 않은 형태로 지속되는—이 지속된다. 이러한 유아들에게서 그리고 나중에 더 나이든 개인들에게서, 성장과 발달은 어머니(타자)의 조각을 획득하는 것에서 발생하는 것으로 오해되고, 따라서 어머니의 "거기 있음을" 감소시킨다.

정신분석적 유아관찰은 이것이 환상이 아니라 모든 유아의 정상적인 시작에 뿌리를 둔 전관념이라는 생각을 지지해주었다. 하지만 만일 마음의 성장과 상징형성 과정이 중단된다면, 이 전관념은 부정적인 쪽으로 돌아설 수 있다. 유아 실험은 계속해서, 처음에는 신생아가, 마치 자궁 안에서 태아와 엄마가 탯줄에 의해 연결되어 있듯이, 어머니의 젖꼭지와 자신의 입이 "하나"—아기의 혀에 의해서 단절되거나 방해받지 않는—라고 경험한다는 인상을 강화시켜준다. 정상적인 유아기에서, 이러한 하나됨의 경험이 "분리됨에 대한 깜박거리는 인식 상태"와 교대로 일어난다는 사실이 관찰되었다.

이 모델을 안내로 삼아, 우리는 초보적인 신체 자아를 구성하는 특징들을 더 잘 이해할 수 있게 되었다. 아기의 관점에서 볼 때, 어머니와 아기는 같은 신체의 두 반쪽을 형성한다. 건강한 경우, 초보적인 연결은 자신의 머리가 자신의 어깨 위에 제대로 연결되어 있다는 아기의 느낌에서 시작되는 발달적 연쇄를 통한 신체의 연결에 의해 점진적으로 이루어진다. 그 다음에, 3개월경에 아기는 스스로 머리를 가눌 수 있게 되고, 2개월에서 3개월 후에는 혼자서 앉아있을 수 있게 된다. 마지막으로, 10개월에서 15개월 사이에, 팔, 손, 다리, 그리고 발이 정서적으로 몸통과 연결되고, 이제 아기는 기고, 서고, 걸을 수 있게 된다. 이러한 신체적 발달은 어머니로부터의 신체적 및 정서적인 분리됨의 인식을 견뎌낼 수 있는 능력의 증가와 일치한다.

적절한 신체적 발달은 아이에게 그 자신의 신체와 조화롭다는 느낌을 가져다준다. 아기와 아기를 돌보는 사람의 정서적인 관계는 아기가 자신의 신체에 대한 심리적 소유권을 주장할 수 있는 능력을 형성하는 데 중요한 역할을 한다. 물론, 여기에는 분리됨의 현실을 견디고, 아기를 위해 적절한 심리적 경계들을 제공해주며, 반응적인 상태로 남아있는 어머니의 역량에 많은 것이 달려있다. 이런 방식으로, 어머니는 아기를 위한 "좋은 본보기"를 제공한다. 하지만 만일 이러한 초기 과제들이 엄마와 아기 중 어느 한편에 의해 만족스럽게 충족되지 않는다면, 아기의 예비적 관념(또는 빗나간 관념)은 아기 자신의 "존재의 연속성"뿐만 아니라 어머니의 "존재의 연속성"을 위협하는 신체적인 분리됨에 대한 인식으로 인도할 것이다. 이러한 마음의 상태에서, 삶은 계속되는 존재를 위한 그리고 존재를 보장하는 "사물"을 찾기 위한 투쟁이 된다. 이 모델은 적어도 출산 전후의 삶에서, 우리는 어머니 없이 아기에 대해서 말할 수 없다는 위니캇의 진술과 공명한다.

어색함 또는 삐거덕거리는 느낌이 보통 다양한 방식으로 청소년기 경험을, 즉 지질학적 판들이 서로 충돌하는 것에 비유될 수 있는 신체적 발달과 정신적 발달 모두의 경험을 채색한다. 이러한 발달적 지진들은 청소년 안에서 아동의 추구와 성인의 추구가 충돌하고 겹칠 때 발생하는데, 그것들은 종종 정신적 파국의 의미를 획득한다. 예컨대, 16세 된 로다는 파티에서 자신이 했던 성적 행동에 대해 이야기하면서, "나는 이성을 잃어버렸던 것 같아요"라고 말한다. 이것은 그녀가 부모들로부터 그리고 그들의 세심한 보살핌에서 "떨어져나왔다"는 구체적인 감각의 표현인 것처럼 보인다.

터스틴은 이 떨어져 나옴을 "아이가 신체적 수준에서 상실되었다고 느끼고, 그들이 알고 있던 정체성이 빠져나가고 있다고 느끼는 위험하고 유동적인 상태라고 서술했다. 이러한 변화는 모든 것이 용광로 안으로 던져진다는 것을 의미한다; [아이]는 변형의 발생을 위해 견뎌내야만 하는 유동상태 안에 있다"(Tustin, 1986b, p. 201). 이러한 유동상태 안에서, 점착성 정체성(adhesive identity)—흉내 내는 소리, 반향어, 그리고 단단한 감각과 부드러운 감각 모두의 사용에 의해서 드러나는—은 사춘기 청소년이 "거기 있음"에 대한 미약한 느낌들을 유지할 수 있게 해주는 수단이다. 사춘기 동안에 사용되는 이러한 보호적 책략은 적절히 기능하는 내적인 담아주는 대상과 나란히 투사적 동일시의 역할의 중요성을 예고하는데, 그 투사적 동일시는 안과 밖의 느낌을 확립하는 데 도움을 받지 못한 개인들 안에서 효과적으로 작용한다고 말할 수 없는 것이다.

여기에서, 나는 아이가 싹트는 독립성을 향해 나아가도록 압력을 받는다고 느낄 때, 그리고 이 분리됨의 인식이 촉발하는 고통과 공포 아래에 있다고 느낄 때, 하나됨의 느낌을 회복하기 위해 사춘기 동안에 다시 사용되는, 자체-감각적 책략의 한 예를 제시하고자 한다. 나는 사춘기 동안에 분리됨에 대한 위험한 인식을 막는 데 감각들이 어떻게 사용되는지를 묘사하기 위하여, 사춘기의 절정에 있는 소년과 함께 했던 사례를 사용할 수 있게 허락해준 나의 동료 Dr. T에게 감사를 표한다.

Dr. T와 테일러

테일러는 2살 5개월 때 자폐증 진단을 받고 나서 치료를 위해 의뢰되었다. 그는 끝없이 울어댔고, 품안에 안겨있을 수 없었으며, 시선접촉을 피했고, 상동행동을 했으며, 대체로 언어적 상호작용을 할 수 없었고, 유치원 생활에 적합한 사회적 발달수준을 획득할 수 없었다. 열심히 작업한 결과, 테일러의 분석가는 아이가 갖는 타자성(otherness)에 대한 인식과 관련된 폭력적이고 걷잡을 수 없는 감정의 범람을 담아낼 수 있었다. 분석을 시작한 지 첫해 안에, 테일러는 언어로 의사소통하기 시작했고, 배변훈련, 또래들과 어울리기, 그리고 선생님과 보모들에게 주의를 기울이기 등을 포함해서, 학교생활이 요구하는 제약들에 점점 더 적응할 수 있게 되었다.

잠재기 내내, 테일러는 점차적으로 정서적 관계 맺기가 가능해졌고, 강렬한 긍정적 및 부정적 감정이 일으키는 불안에 대한 그의 자체 감각적 보호들은 친구들과의 놀이에 그리고 분석시간 동안의 협력적인 놀이에 자리를 양보했다. 하지만 잠재기 후반부에 들어서, 비록 테일러가 경쟁적인 스포츠를 좋아해서 그 스포츠에 참여했지만, 그는 자신이 이길 수 없다고 생각되면 철수하겠다고 위협하곤 했다. 분석 상황에서 이기는 것은 Dr. T와 하나가 되는 것이라는 특별한 의미를 갖는 것인 반면에, 지는 것은 Dr. T와의 분리됨의 인식을 갖게 하는 것이었고, 따라서 10살 반의 나이에 사춘기에 접어드는 징후를 보이기 시작한 테일러에게 진다는 것은 견딜 수 없는 것이 되었다.

분석의 이 시기에 보고된 한 회기에서, 휴일 휴가 후 첫날에, 테일러는 만면에 미소를 띤 채 상담실로 들어왔다. 그는 자랑스럽고 만족스러운 표정으로 아이폰을 갖고 있었다. 이것은 대기실 문에 눈에 띄게 붙여놓은 휴대폰 사용금지에 대한 노골적인 반항이었다. 테일러는 상담실에 들어와 흥분된 목소리로 휴대폰을 켜는 동안, 진행 중인 새로운 NASCAR 경주 애플리케이션에 대해 서술했다. 그가 상담실에 오기 전에 반복적으로 그 애플리케이션을 사용했다는 것이 분명했고, 그는 그 게임에 아주 능숙했다. 그러고 나서 테일러는 Dr. T가 자신이 게임을 계속하는 동안 자세히 지켜볼 것을 주장했다. Dr. T는 테일러가 눈에 띄게 점점 더 흥분하고 있는 모습을 관찰했다.

잠시 후에, Dr. T는 테일러가, 마치 그들이 휴일 동안에 결코 분리된 적이 없었던 것처럼, 분석가가 자신과 함께 경주하기를 원했던 것 같다고 말했다. 그 두 사람의 게임에서, 즉각적으로 그 소년은 Dr. T를 앞지르면서 흥분이 항진되는 것처럼 보였다. 분석가는 그 게임에서—마치 그 둘이 결코 떨어진 적이 없는 것처럼, Dr. T와 테일러를 한 팀으로 연합시키기보다는—그들 중 한 사람이 이기고 한 사람이 진다는 인식을 막기 위해서 테일러가 점점 더 흥분될 필요가 있다고 말해주려고 시도했다.

아이는 흥분된 소리와 함께 게임을 계속하면서, 분석가의 언급 역시 완전히 무시하는 것처럼 보였다. 그의 눈과 손가락이 터치스크린 위에서 더 격렬하게 움직였다. 간헐적으로 그리고 단호하게, 테일러는 Dr. T가 계속해서 자세히 지켜볼 것을 주장했다. 오래지 않아서, Dr. T는 테일러의 말이 변했다는 것을 관찰했다. 그는 그의 언급의 초점을 터치스크린의 색깔에 맞추기 시작했다. 그 소년은 계속해서 스크린을 터치하고 눈으로 자동차들과 색깔들을 추적하는 동안 차츰 말이 없어졌다. 곧 테일러는 뚜렷한 인식 없이 침으로 작은 공기방울들을 만들어내기 시작했다. 분석가는 아이가 분석가의 말을 지워버리기 위한 시각적이고, 촉각적이며, 근육적인 자극의 자체 감각적 상태 안에 숨고 있다고 느꼈다. 테일러는 자신의 공기방울 안에서 자신과 분석가가 "하나인" 상태로 존재한다는 감각을 만들어내고 있는 것일 수 있다고 느꼈다.

분석가의 본질적 과제들 중의 하나는 이러한 환자들을 괴롭히는 구체적인 공포들을 수용하고, 신진대사하고, 변형시킨 다음 그것을 그들에게 말해주는 것이다; 그들로 하여금 가장 초보적인 공포들을 다루는 그들의 감각지배적인 방식에 대해 고려하고, 그렇게 함으로써 느끼고 생각하는 대상과의 동일시 과정의 확립을 촉진하기 위해서. 나는 정서적으로 얼어붙어 있고 신체적으로 위축되어 있는 18살 된 대학 신입생인 캐시와의 작업을 통해서 이 과정을 보여줄 것이다. 그녀의 부모는 그들의 딸이 사춘기가 되기 오래 전부터 그녀에게 마음을 주지 않았고, 그 결과 캐시를 보통 이상으로 어색하고, 일관성 없으며, 청소년기의 도전들을 직면할 준비가 되지 않은 상태로 남겨두었다.

캐시의 사례에서, 치료적 과정의 결과로서, 말썽을 일으키고 때때로 생명을 위협하는 신체적 증상들은 위험한 상태로 방치되지 않고, 그것들의 상황별 윤곽이 파악될 수 있었다. 더 나아가, 캐시와의 작업은 이러한 증상들이 전이-중심적 분석과정을 통해서 완화될 수 있고 심지어 변형될 수 있다는 것을 말해준다.

캐시와의 초기 면담

캐시는 키가 크고, 말랐지만 예뻤고, 다소 이국적으로 보이는 갈색 머리를 갖고 있었다. 그녀의 어머니는 제 3세계 국가에서 이민을 왔고, "그녀의 아이들보다는 자신이 키우는 장미에 더 관심을 갖고 있는" 복종적이고 불안한 여성이었다. 그녀는 자주 캐시에게서 수치스런 감정들을 불러일으키는 주된 자극제였다. 캐시의 아버지는 그녀의 어머니보다 훨씬 나이가 많은, 교육을 받은 영국계-미국인 남자로서 묘사되었고, 그의 아내와 두 딸들에게 잔인한 주인 행세를 해온 것으로 보고되었다.

캐시는 처음에 정서적으로 얼어붙고 신체적으로 위축된 모습을 보였다. 그녀는 첫 면담에 와서 "사회적 불안과 시험-불안"이라고 부른 것에 대해 도움이 필요하다고 나에게 말했다. 캐시는 또한 그녀의 여동생이 초기 사춘기 초기부터 우울증을 앓아왔기 때문에 자신이 몇 년 동안이나 "어린 여동생"과 모든 접촉을 피했다는 것을 한 번 이상 말했다. 이것에 대한 반응으로, 나는 캐시에게 그녀가 접촉을 피했던 그녀의 어린 여동생처럼, 그녀가 자신의 "우울한-아기" 측면에 얼마나 공포에 질려있는지를 내가 알기를 원하는 것 같다고 말했다. 나는 또한 그녀가 일정 수준에서 그녀 자신의 이러한 측면을 멀리하고 있는 것이 관계에 대한 그녀의 불안에 주고 있을 뿐만 아니라, 특히 그녀 자신에 대해 그녀가 알고 있는 것과 모르는 것에 대해 의심을 갖게 되는 원인일 수 있다고 어렴풋이 느끼고 있는 것 같다고 말했다.

그 말에 충격을 받았는지, 캐시는 말이 없어졌다. 그러고 나서 그녀는 면담에서 처음으로 나를 똑바로 쳐다보면서, 내 시간이 허락된다면 나와 분석을 시작하고 싶다고 말했다. 그녀가 금요일은 "주말의 일부"로 느껴진다고 말했기 때문에, 우리는 월요일부터 목요일까지 주 4회 만나기로 약속했다. 당시에 나는 그녀가 내가 그녀의 주말을 빼앗는 것을 두려워했는지, 아니면 그녀가 나의 주말을 빼앗는 것을 두려워했는지 확실히 알지 못했다.

분석 첫해 동안, 캐시가 나에 대한 의존과 나와의 친밀함에 대한 그녀의 갈망을 점점 더 인식하게 되면서, 그 인식은 내가 부재하는 동안에 그녀를 공허함과 외로움 그리고 내면에 아무것도 가진 것이 없다는 그녀의 느낌에 더 가까이 데려다주었다. 처음에 캐시는 이러한 텅 빈 감정들을 싸구려음식을 폭식하거나 그녀의 스케줄을 꽉 채우는 것으로 다루었다. 특히 주말까지 학교과제를 미룬 채 쌓아놓았다가 일요일에 그것을 끝내기 위해 하루 종일 숙제에 매달렸다. 주말 동안의 폭식과 정신없이 바쁜 그녀의 스케줄이 안과 밖으로부터 그녀에게 엄청난 압력을 가했다는 점을 고려할 때, 이러한 "스케줄 채우기"는 또한 산산조각 나는 공포스러운 느낌을, 즉 빅(1968, 1986)이 말하는 이차적 피부로서 기능하는 감각들에 의해 수반되는 불안을 차단하는 효과적인 방식인 것처럼 보였다.[1]

그 당시 그녀의 자료는 분석에서 나와의 창조적인 교류에 참여한 젊은 성인으로서의-그녀에 대해서와 마찬가지로, 나에게 의존할 수 있었던 아기로서의-그녀에 대해서 느끼는 망상적 질투를 나타내고 있는 것 같았다. 게다가, 일관되게 남겨지고 무시된 그녀의 일부는—스스로를 방어해야만 했던—너무 화가 나서 나를 사용할 수 있을 때 나의 도움을 거절했다. 이 거절은 그녀로 하여금 자신이 연약하고, 무력하며, 곤궁하고 그리고 무방비한 존재라기보다는 신체적으로 "못되고 강한" 존재라고 느끼게 해주었다.

분리인가 아니면 버림받음인가?

분석의 두 번째 해를 시작하면서, 캐시가 어머니에게 자신을 출산한 후에 어머니가 학교에서 휴직을 했었는지에 대해 물어보았고, 그 물음에 대해 어머니는 주간수업 대신에 야간수업으로 바꿨다고 대답했다고 말했을 때, 나는 주말과 휴일 동안 남겨지는 것에 대한 캐시의 경험을 훨씬 더 잘 이해할 수 있었다. 그녀

의 어머니는 "나는 아기인 너에게서 벗어나야 했어!"라고 설명
했다. 캐시는 그녀가 탄생 직후 밤 동안에, 방해 받는 것을 참을
수 없어하는 아버지의 돌봄을 받아야 했고, 그래서 그녀의 어머
니는 집을 떠나기 전에 캐시가 잠든 것을 확인하고 그녀의 울음
소리가 들리지 않도록 그녀를 옷장 속에 두었다는 사실을 알게
되었다.

따라서 캐시는 종종 나 역시 그녀로부터 도망가기에 바쁠 것
이라고 예상했다. 그녀는 내가 단순히 주말과 휴일 밤 동안에 그
녀를 남겨둔 것이 아니라, 그녀로부터 도망쳤다고 느꼈고, 그 결
과 그녀는 도움을 요청하는 자신의 비명이 들리지 않은 곳에 혼
자 남겨졌다고 확신했다. 그녀가 자신의 비명이 들리지 않는 곳
에 남겨졌다는 생각은 그녀가 비상시에 나에게 연락할 수 있는
방법에 대해 묻지 않았다는 사실에서, 그리고 내가 휴일 동안에
연락할 수 있는 번호를 아무에게도 알려주지 않았다는 그녀의
확신에서 증거를 찾을 수 있었다.

캐시의 분리 경험 역시 어머니에게 너무 작은 존재인 그녀가
젖가슴에서 뽑혀지고 버림받는 경험이었던 것처럼 보인다. 이것
은 분석 24개월 차 어느 주간의 금요일 회기에서 표현되었는데,
그때 그녀는 화단에 어머니가 심어놓은 꽃들이 잘 자라고 있는
반면에, 잘 자라지 못한 꽃들은 뽑혀지고 다른 것들로 대체되었
던 일에 대해 말했다. 환자는 주말 동안에 자신이 나의 화단/카
우치(우연치 않게 내 카우치는 꽃무늬 융단으로 덮여있었다)에
서 뽑혀지는 것으로 경험한 것처럼 보였고, 내가 그녀를 버린 것
이 그녀가 "패배자"라는 사실에 대한 명백한 증거라고 느꼈다;
나의 남편과 경쟁하기에는 자신이 너무 보잘 것 없는 존재라는
느낌과 연관된 그녀의 곤궁함과 의존성이 주말 동안에 그녀가
나의 화단/카우치에서 살기에 부적합한 존재라고 느끼도록 만들

었다. 그녀에게 즉각적인 성숙을 바라고 요구했던 사람이 바로 나였다고 느끼면서, 그녀는 내가 어째서 그녀가 성장하는 것을 보기를 원치 않는지를 이해할 수 없었다.

한 꿈에서, 나는 마녀 엔도라(T.V. 시리즈에 등장하는 캐릭터 인)로 나타났다. 같은 직장에서 일하는, 자신의 여자 아기를 원하지 않는 스페인 여성에 대한 캐시의 연상은 그녀가 분석 시간이 끝날 때 나를 마녀/어머니/분석가로서 느낀다는 사실을 이해할 수 있게 해주었다. 휴일의 고통이 견딜 수 없게 되었을 때, 아마도 아기인-그녀를 옷장 속에 둔 어머니와 동일시하는 것을 통해서, 그녀는 특히 휴일 전과 후에 자주 대부분의 시간동안 침묵 안에 그녀 자신을 가두는 것으로 보였다. 어느 날, 그런 긴 침묵이 이어지는 동안에, 나는 그녀가 나를, 우리의 관계를 안전하게 지키기 위해서 또는 내가 그녀에게 화를 내지 않게 하기 위해서 어머니-그녀에 의해 아기의 비명으로부터 보호받아야 했던 참을 성 없는 아버지처럼 느낀다는 것을 말할 수 있었다. 즉각적으로 캐시는 처음으로 드러내놓고, 그리고 소리 내어 울기 시작했다. 전에는 그녀가 카우치에서 일어날 때까지 또는 그녀가 어쩌다가 휴지를 뽑을 때까지, 그녀가 울었다는 것을 알 수 없었다. 이번에 그녀는 회기가 끝날 때까지 짐승 소리-같은 울음소리를 냈다. 그녀가 일어나 앉았을 때, 그녀는 "더 가벼워진 것"을 느낀다고 말했고, 처음으로 나에게 고맙다는 말을 했다.

이 작업이 있은 후에, 캐시는 그녀가 여러 해 동안 숨겨놓았던 옛 물건들의 일부를 창고에서 꺼내어 내다버렸다고 보고했다. 그녀는 또한 체중이 줄었고 싸구려음식으로 폭식을 하지 않은지 꽤 되었다고 보고했다. 나는 이것이 분석을 그녀가 힘들 때를 위해서 그녀의 몸 안에 싸구려음식을 쌓아두는 장소로 사용하는 것을 포기하고, 대신에 고통스런 감정들을 안아주는 장소로서 사용함으로써, 그리고 나에게서 오는 신선한 것들을 받아들이고 사용하는 것을 스스로에게 허용함으로써, 그녀가 캐슐 안에 집어넣었던 고통스런 감정의 일부를 풀어내고자 노력하는 모습과 일치한다고 생각했다.

이 일이 있고 나서 곧 바로, 캐시는 뒤범벅으로 뭉쳐져 있는 무더기 안에 경험들을 닥치는 대로 쌓아두기보다는, 이제 그녀가 일종의 초기 분열을 사용할 수 있게 되었음을 보여주는 현상으로서, 모든 것을 "좋거나" "나쁜" 것으로 분류하는 새로운 방식으로 그녀의 일상적인 경험들에 대해 말하기 시작했다.

우리는 또한 마치 그녀가 압도적일 수 있는 감정들로부터 안전한 보호용 투명막 안에 있기라도 하듯이, 이 원시적인 분류와 분별이 발생하고 있는 것을 발견했다. 이것은 우리가 인간의 연결과 단절에 대한 그녀의 불안을 좀 더 수정할 수 있게 되면서 그녀가 성취할 수 있었던, 매우 초기 형태의 사고인 것처럼 보인다.

타자성을 견딜 수 있는 능력의 시작

마침내, 캐시는 다른 사람들—다른 부모들, 나의 남편, 캐시와 같은 주제로 기말 페이퍼를 쓰려고 하는 동료 학생—을 좀 더 인식할 수 있게 되었고, 내가 다른 사람들에 의해서 아기-그녀로부터 찢겨지고 있고, 심지어 더 참혹하게는 그녀를 위해 아무것도 남은 것이 없을 뿐만 아니라, 심지어 그녀 자신이 전혀 남아 있지 않다고 느꼈음이 분명해졌다.

이때, 나는 또한 나의 환자가 내가 없는 동안 또는 심지어 내가 침묵하는 동안 그녀 자신을 지탱해주는 데 사용되는 것으로 보이는, "염려들"의 이차적 피부를 스스로 만들어내는 방식에 주목했다. 우리는 그녀가 한 주간의 분석이 끝날 때마다 그녀 자신을 둘러싸고 팽팽하게 끌어당겼던 강제들과 의무들의 그물망을 짜는 것처럼 보임에 따라, 커져가는 긴장과 압력을 느낄 수 있었고, 그녀가 "자신의 마감일을 지키지 못할 것"이라는 생생한 예상불안으로 이루어진 매듭을 가지고 자신의 위(胃)의 내부를 묶어놓고 있는 것을 알 수 있었다.

분석 35개월 차에, 캐시는 그녀가 정신화할 수 없었던, 그래서 대처할 수도 통합할 수도 없었던 그녀의 경험들의 일부를 보존하는 방식들에 대해 소통하기 시작했다. 어느 한 꿈에서, 그녀는 한 무리의 어린아이들에게 초보 생물학을 가르치고 있었다. 그들은 가장 초기 단계에서 가장 성숙한 단계까지의 다양한 발달 단계의 곤충들이 각각 그것의 생태체계와 함께 병 안에 보관되어 있는 실험실을 방문하고 있었다. 그때 한 어린아이가 가장 덜 성숙한 표본을 성충이 담긴 병 안으로 옮기려 하고 있었다.

캐시는 꿈속에서 그녀 자신이 공포에 질려있었고, "아냐, 안 돼! 그러다가 생태계를 교란시킬 거야!"라고 소리치면서 아이에게 달려갔다고 말했다. 이 꿈은 그녀가 나를 곤경에 빠진-아기-그녀에게 노출시킴으로써 어떻게든 나의 평형상태를 파괴할 것이고, 나를 미치게 만들지도 모른다는 두려움과 관련된 것으로 보였다.

다음에 이어진 회기들에서, 그녀는 이 "봉인"(sealing-off) 행동의 부가적인 동기를 드러냈는데, 그것은 그런 행동이 상실의 경험으로부터 그녀 자신을 보호하는 방식이었기 때문이었다. 우리의 회기 안에서 일어난 일을 상실하거나 잊어버리는 것에 대한 그녀의 공포가 우리를 그 회기에서 있었던 일을 암기하는 정적인 방식 안에 얼어붙도록 강요했다. 그녀는 우리 사이에서 일어

났던 일에 대해 항상 "객관적"이 됨으로써 거리감을 만들어냈
다. 캐시의 두려움은 우리들 사이에 어떤 직접성이나 따스함이
있다면, 우리는 "용해될지도 모르고" 우리 중 한 사람 또는 두
사람 모두가 아득한 과거 속으로 미끄러져 내릴지도 모른다는
것이었다. 그녀는 그녀가 우리를 "마치 수학 공식 안에 있는 함
수들처럼" 경직된 병렬 안에 우리를 두지 않는 한, 미래가 있다
는 것을 확신할 수 없었다.

　나는 13세 소녀시절에 신경성 식욕부진으로 치료를 받았었고
추가적인 심리치료를 위해 21세 때 다시 돌아왔던 터스틴의 환
자 진(1986a)이 생각났다. 진은 그녀 자신과 터스틴이 "서로에게
물을 붓고 있는 두 개의 물 항아리와 같다고" 느꼈고(Tustin,
1986a, p. 198), 치료를 쉬는 동안에는 자신이 텅 빈 존재라고 느
꼈다. 그녀는 자신이 마치 영원히 떨어지고 있는, 밑바닥 없는 나
락으로 통제할 수 없이 쏟아지는 폭포와 같다고 느꼈다. 터스틴
은 진에게 있어서 '쏟아지는 것'(spilling)은 잊는 것과 동등시된
다고" 이해했다(Tustin, 1986a, p. 199).

　터스틴은 자신이 없는 동안 환자의 기억 흔적들이 용해되는
것처럼 느껴진다는 것을 발견했다(이러한 기억들이 상징적 특질
을 획득하지 못하기 때문에): 진은 그녀 자신과 터스틴 그 누구
도 존재하지 않는다고 느꼈고: 그들은 아무 데도 없는 아무도 아
닌 존재였다. 나는 캐시에게 있어서, 터스틴의 환자인 진처럼, "잊
는 것은 죽는 것이라고 느꼈을 거라고" 생각한다(Tustin, 1986a,
p. 199). 캐시는 그녀 자신과 나를 움직이지 못하게 만듦으로써,
그리고 한 때 생생하게 연결되어 있던 것을 정지된 것으로 만들
고 빠져나갈 수 없는 것으로 만들 때까지 그 기억을 경직된 것
으로 바꿈으로써, 분석에서 그녀의 진전이 인도할 수 있는 상실
의 경험으로부터 그녀 자신을 방어할 수 있었다.

역설적으로, 캐시는 또한 우리를 떼어놓는 것만큼이나 우리를 같이 두는 것에 관심을 갖고 있었다. 그녀는 주차장에서 나의 상담실로 오는 길, 계단, 길거리, 엘리베이터 안, 또는 대기실에서 사람들을 만나는 것을 싫어했다. 이 사람들은 우리 사이에 분리가 존재한다는 구체적인 표시들이었다. 캐시는 주차장에서 나의 상담실까지 매끄럽고, 방해받지 않는, 그리고 나와 계속해서 접촉되어 있는 컨베이어 벨트가 존재하기를 원했다.

캐시가 나의 사무실로 오는 4개 층의 계단을 걸어올라오면서, 그것들을 잔인하고 극복할 수 없는 장애물로서가 아니라 우리 사이에 있는 연속적인 작은 연결들이라고 느끼기 시작한 것은 상당한 발달적 진전이었다. 어느 날 그녀는 자신의 계단 경험에 진화가 발생한 것을 알아차린 것에 대해 말하기 시작했다. 그녀는 처음에 계단에서 넘어질 수도 있다는 두려움 때문에 그 계단들이 무서웠지만, 지금은 마치 계단들이 "우리를 함께 연결시켜주는 것"인양, 계단을 오르는 것을 좋아한다고 말했다.

그녀가 이 말에 이어 아마도 자신이 "별 것 아닌 것을 가지고 대단한 것 인양" 말하는 것 같다고 말했을 때, 나는 그녀가 자신의 진전을 평가절하하고 과소평가하고 있다는 점에 주의를 환기시켰다. 우리는 여기에서, 그녀에게 있어서 변화는 어머니-나로부터의 분리와 동등시되고 있기 때문에, 그래서 그녀가 우리를 변하지 않고 위협받지 않는 상태로 유지하려고 애쓰고 있고, 그 결과 의도하지 않게 그녀 자신을 성장과 발달과 관련해서 무기력하고 절망적인 상태에 남겨두었다는 것을 알 수 있었다.

홀로 있음과 거기 있음

조금씩, 캐시는 홀로 있음과 사람들에 대한 그녀의 필요뿐만 아니라, 스스로를 보호하기 위해 그들로부터 철수하는 그녀의 경향성에 대해 실제로 느낄 수 있었고 인식할 수 있었다. 그녀는 그녀의 섭식장애가 자신의 존재에 대한 희미한 느낌을 강화시키기 위해 음식을 사용하는 것임을 보다 직접적으로 인정할 수 있게 되었다. 수면과 함께, 먹는 것은 또한 그녀가 홀로 남겨질 때, 내면의 위험한 공허를 채우는 방식이었다.

나의 환자는 또한 때로는 너무 많이 먹어서 심장이 쿵쾅거리고 위가 아프다는 고통스러운 인식에 도달했다. 우리 두 사람 모두에게 이 고통은 그녀가 혼자 남겨질 때 느끼는 공허함과 죽음의 느낌보다는 더 나은 것처럼 보였다. 그리고 그녀의 심장이 쿵쾅거리는 것은 심장이 망가지고 그녀가 자신의 삶을 지탱할 수 없다는 증거가 아니라, 여전히 뛰고 있는 그래서 그녀가 살아있다는 구체적인 증거로 간주되었다. 이러한 매우 불편하고 수치스러운 쿵쾅거림과 고통스러운 포만감은 그녀의 깨지고 원치 않는 자기의 부재 안에서 캐시가 느꼈던 공허와 텅 빔보다는 더 나은 것으로 받아들여졌다.

청소년기

정신분석적 문헌 안에는 청소년기 동안에 나타나는 신체 및 그것의 기능들의 왜곡된 관계, 즉 이 시기에 "정상적"으로 간주되는 범위를 넘어설 정도로 과장된 여러 장애들에 관한 풍부한 기록들이 존재한다(e.g., Anderson & Dartington, 1998; Hildebrand, 2001; Laufer & Laufer, 1984; Pestalozzi, 2003). 청소년들에게서 볼 수 있는 자신들의 필요들과 한계들에 대한 부인은 다양한 형태의 심각하고 해로운 그리고 심지어 생명을-위협하는 행동들로 표현될 수 있다. 그러한 행동들은 종종 섭식 장애, 자기-상해, 그리고 물질 남용에 국한되지 않는다.

분석에서 만나는 많은 고통 받는 청소년들과 마찬가지로, 캐시는 "여기에도 저기에도 없는" 상태 안에서 자신의 욕구들의 분출과 한계들에 대한 인식을 다룰 수 있는 정신적 기능을 갖지 못했다. 그녀가 가진 것은 오직 유아기 원-정신적 기능뿐이었다. "더 이상 아이가 아닌, 하지만 아직 성인이 아닌" 청소년기 딜레마는 유아기 동안에 초기 경험을 수용해주고, 소화해주고, 변형시켜 줄 수 있는 마음의 현존을 경험할 수 없었던 그래서 자신들의 신체를 "정신화 되지 않은 다양한 사건들"을 담는 그릇으로 사용할 수밖에 없었던 개인들에게서 복잡해진다(Mitrani, 1993, 1995, 2001).

신체에 토대를 둔 보호장치들에 의존하는 경향성(비록 표면적으로는 자기 파괴적이지만, 궁극적으로는 생존을 목표로 갖고 있는)은 사춘기 동안에 불러일으켜지는 엄청난 내적 및 외적인 그리고 신체적 및 심리적인 변화들이 파국적으로 느껴질 때, 종종 대규모로 다시 활성화되는 것으로 보인다. 캐시의 사례에서, 나는 적절한 정신적 및 정서적 발달을 위한 능력이 침체되었을 때, 감각과 행동이 어떻게 다시 한 번 초기 발달시기에 일어났던 사건들에 의해 덧씌워지고 그것들과 공명하는, 청소년기의 이름 없는 불안을 완화시키기 위한 구원투수로서 등장하는지를 보여 주었다.

결론

클라인학파 문헌에서 그토록 자주 언급되는 편집-분열적 자리와 우울적 자리들과 관련된 유아기의 심리적 배열이 그렇듯이, 나는 캐시의 사례에서 강조했듯이, 극도로 원시적인 성질의 갈등들, 불안들, 그리고 방어들로 구성된 심리적 배열이 우리가 분석에서 보통 만나는 청소년들뿐만 아니라 많은 우리의 성인 환자들에게서도 자주 발견된다고 생각한다.

분석가로서, 때때로 우리의 환자들을 괴롭힐 수 있는 희미한 신체적 존재에 대한 느낌 안에 내재된 초보적인 공포에 대한 우리의 인식이, 그리고 이 환자들이, 최소한 간헐적으로, 이러한 공포들을 의식적인 앎 바깥에 두려고 시도하는 방식들에 주의를 기울이는 것이, 아동분석이건 성인분석이건 간에, 거의 모든 분석에서 무엇보다도 중요한 요소이다. 다양한 형태의 자체-감각적 책략들—예를 들면, 다양한 신체적 행동들, 폭식, 금식, 먹은 음식을 토하기, 다양한 강박적 행동, 점착성 대상관계(Mitrani, 1994) 그리고 고립시키는 캡슐화—에 대해 열린-마음으로 깨어 있고 이해하는 것이, 그리고 우리 환자들의 의사소통이 지닌 은유적 성질보다는 그것의 구체적인 차원에 대한 민감성이, 그들에게서 이해받는 경험뿐만 아니라 그들에게 존재감을 주고자 하는 우리의 노력에 도움이 될 수 있을 것이다.

주

1. 빅은 페데른(Federn)의 원시적 신체-자아 안에 있는 자아 경

계의 개념 및 비온의 원정신적 장치 개념과 유사한, "심리적 피부"에 대한 생각을 제안했다. 제대로 작동할 경우, 신체적 피부가 신체의 액체, 근육, 그리고 뼈의 측면들로 이루어진 다양한 내적 기관들을 하나로 묶어주는 것처럼, 빅은 심리적 피부가 초기 자기의 다양한 부분들을 수동적으로 하나로 묶어주는 역할을 한다고 제안했다. 빅은 이 "심리적 피부"를 신체적 피부의 투사물 또는 신체적 피부와 일치하는 것으로 서술했고, 이 내적 대상은 처음에 이러한 기능을 실행할 수 있는 것으로 경험된 외적 대상의 내사에 달려있다고 직관했다. 빅은 최초의 피부 기능에서의 어떤 방해든지 대상에 대한 의존이 유사-독립에 의해 대체되는 "이차적 [또는 대체적] 피부"의 발달로 이끌 수 있다는 것을 보여주었다. 빅은 또한 이차적 피부가 종종 일차적 모성적 환경의 질에 대해 아기가 지각한 내용에 따라 패턴화 된다는 것을 관찰했다.

제 7 장
"긴 검은 가지 안으로 들어가려고 시도하기":
프란시스 터스틴의 작업에 근거한 성인 자폐 상태의 분석을 위한 몇 가지 기법적 확장들*

결코 바다 안으로 들어가 그 바다가 어떻게 나뉘는지
그리고 예의를 갖추어 그대를 들어오게 하는지 보지 마라!
마치 그대가 잔디인 것처럼, 결코 잔디 위에 결코 눕지 말고
그대 가슴의 어두운 부분 위로 그대의 날개를 펼 때
결코 공중으로 뛰어들지 마라!
그대의 슬픔에 찬 목소리 안에서,
그대의 삶에서 무언가가 빠져있다는 불평을 듣는 것은 놀
랄 일이 아니다!

– Oliver, 1997, p. 61[1]

도입

나는 이 장의 제목을 메리 올리버의 시에서 빌려왔고(1997), 그녀의 허락 하에 이 장의 끝부분에 그 시 전체를 포함시켰다.

---

* 이 글의 초기 버전은 2012년도 국제정신분석 저널92에 실렸다

위에 언급된 구절은 분석을 받으러 오는 많은 환자들에게 들려
주기에 적합해 보인다. 이들 환자들은 그들의 삶 속에서 잃어버
린 무언가를 찾고 있다는 인상을 준다: 예의바른 바다 속으로 들
어가는 것, 잔디와 하나 되고, 공중에 뛰어오르며, 심지어 가슴의
흑점을 향해 개방하는 것과 같은 살아있는 경험으로 표현되는
자기의 초보적인 특질과의 정서적 접촉. 살아내지 못한 그리고
지금까지 들려지지 않은 다양한 자기의 측면들, 존재의 고통 및
황홀과의 만남에 대한 "담겨지지 않은"(비온이 말하는)[2] 지각들
과 연결된 경험의 잃어버린 요소들이 종종 많은 일반적인 신경
증 환자들, 경계선 환자들, 또는 정신증 환자들 안에 있는 숨은
캡슐[3] 안에 거주하고 있다(Bion, 1957; S. Klein, 1980; Mitrani,
1992; Rosenfeld, 1985; Steiner, 1993; Tustin, 1986a). 이 캡슐은 신체
적 증상들 속에 숨어있고, 극단적인 행동화에 담겨져 있으며, 치
료적 실연 안에 감추어져 있거나, 대체로 거짓되게 표현된 언어
적 메시지로 포장되어 있다. 그럼에도 불구하고, 이러한 보호용
위장(僞裝)들이 때로는 "다른 사람들의 삶의 긴 검은 가지들 안
으로" 들어가려고 열심히 노력하는 분석가에게는 신경 거슬리
고, 오도하며, 마음을 흩어놓기 때문에(Oliver, 1997, p. 61), 우리는
자주 그것들이 분석가인 우리에게 미치는 효과가 (만일 우리가
그 고통을 견딜 수 있다면) 신비스럽지만 의미 있는 의사소통으
로 채워져 있다는 것을 발견하는데, 그 의미 있는 의사소통은 아
마도 "잃어버린 어떤 것"이 출현하고 발달할 수 있는 기회를 가
질 수도 있는 한 지점에 대한 신호일 것이다.

　프랜시스 터스틴의 발견들이 갖는 함축들과 그러한 발견들을
"일반적인 성인들"의 삶에서 잘 알려져 있지 않은 영역에 대한
분석 작업에 적용하기 위해, 본 저자가 분석기법을 확장한 것이
이 글의 주제이다. 이 논문 전체에서, 나는 터스틴의 혁신들이, 자

폐적 개인들, 즉 자체 감각적 책략을 사용해서 정신화되지 않은 사건들(Mitrani, 1994)을 캡슐화하고 있는 개인들에 대한 이해를 심화시켜주고, 계속해서 그런 이해의 새로운 가능성들을 열어주고 있다는 것(Mitrani, 1992)을 보여줄 것이다. 나는 이러한 캡슐화가 정서적 및 지적인 발달을 힘들게 하는 장애물이 분명하지만, 그리고 그것이 많은 피분석자들의 관계적 영역과 직업적 영역 모두 안에서 필연적으로 일어나는 것이고, 분석가들에게 끝없는 도전을 제시하는 것이지만, 그것을 탐지하고 수정하는 것이 가능하다는 사실을 독자들에게 전달할 수 있기를 희망한다.[4]

앞으로 나아가기

올리버는 묻는다. "문고리를 잡으려고 하지 않는데, 누가 문을 열 수 있겠는가? 계속해서 스스로를 제시하는 것에 집중하면서 한쪽 발을 다른 쪽 발 앞으로 내딛지 않는다면, 누가 수 마일을 갈 수 있겠는가? 외벽의 돌을 감탄과 함께, 그리고 심지어 황홀함과 함께 바라보지 않는데, 누가 내면의 방을 바라볼 수 있겠는가?"(1997, p. 61). 분석가가 자기 자신과 환자 모두와 관련해서, 외벽의 돌의 성질과 기능 모두에 대한 인식을 지닌 채, 감상주의에 빠지지 않고서 "내면의 방"을 바라볼 수 있을 때, 그녀는 치료적 곤경의 일정 범위를 관통해서 항해할 수 있을 것이고, 환자들의 편재적이고, 깊이 뿌리내리고 있는, 돌 같은 자체감각적인 보호들에 직면해서, 끝이 없어 보이는 좌절들을 견뎌낼 수 있을 것이다. 그레이엄 그린(Graham Greene, 1929)이 한 말을 변형시켜 말하자면, 이 글에서 다루고 있는 환자의 범주는 (시인들과 작가들과는 다르지 않게), 그들의 가슴에 얼음 가시가 박혀있는 사람들이다. 아마도 분석가가 인내심을 갖고 힘들게 얻은 사려 깊은 인식을 적절한 순간에 예술적으로 전달하는 것(해석)은 그녀로 하여금 이 얼음 장벽을 뚫고 들어가고, 그것에 도달하며, 그것을 녹일 수 있게 해주는 따뜻한 치료적 목욕을 구성할 수 있을 것이다.

　이 심리-신체의 차원을 탐지하고 탐구하는 것을 통해서, 분석가는 그녀의 통찰들을 정제하고, 성인 환자 안에 있는 유아의 곤경을 명확하게 해독하는 새로운 방식들을 발견하며, 전이 안에서 재생되고 있는 이 곤경 안에서 그녀가 현재 맡고 있는 역할을 더 잘 정의할 수 있을 것이다. 자폐대상과(Tustin, 1980) 자폐형태(Tustin, 1984b)의 개념들을 친숙하게 아는 것은, 둘됨에 대한 조숙한 인식과 하나됨에 대한 황홀경(Tustin, 1981) 안에 내재된 실존적 공포에 대한 우리의 민감성이 그런 것처럼, 이러한 노력에 도움이 될 것이다.5) 감각의 역할—원초적인 공포의 필수적인 측면인 동시에 그러한 공포의 인식을 막아주는 장벽의 구성을 위한 재료로서의—에 대한 터스틴의 강조는 자체감각(autosensuality)의 차원과 원시적인 정신상태에 대한 작업에서 그것이 갖는 중심적인 역할에 주의를 환기시킨다. 이러한 깨달음을 주는 도구들을 사용해서, 분석가는 그림자와 빛이 지각과 정서적 경험으로부터 차단되는 곳인, 이러한 차원 안에서 자신이 절망적으로 상실되는 것을 피할 수 있을 것이다. 그 외에도, 분석가는 마음이 없을 뿐만 아니라 모든 것들이 똑같은 동일함의 섬으로부터, 상반되는 것들이 함께 섞이고, 서로를 완화시키며, 분석적 틀, 과정, 그리고 관계의 "안전한 리듬"(Tustin, 1986a)이 마침내 강박적으로 반복되는 "머리 부딪치기"와 실제적인 "몸 흔들기"—때때로 끝이 없는 분석의 뿌리에 놓여 있는—를 대신하는, 공유된 세상으로 피분석자를 인도하는 데 있어서 더 유능할 수 있을 것이다.

성인 안에 있는 자폐 상태를 탐지하기

이러한 개인들 안에는 경험될 수 없었던 정상적인 발달의 영역들이, 즉 경험되지 못하고 의식적 및 무의식적 인식 모두로부터 차단되어 있는 유아기의 외상적 사건들을 숨기고 있는 영역들이 존재한다(S. Klein, 1980; Tustin, 1986a). 대상들 그리고/또는 자기의 분열되고 투사된 측면들로 인해 고통을 받고 있거나, 사건들에 대한 기억들이 억압된 문제로 고통을 받고 있는 사례와는 달리, 이러한 캡슐화 방책들을 사용하는 사례의 경우, 단순히 환자의 일상생활에서 다른 사람들과의 관계 안에서 드러나는 타자들의 내면세계에 대한 지각들, 또는 그것들이 꿈에서 드러난 것에 대한 언어적 파생물을 듣는 것만으로는 그것의 위치를 파악하기가 어렵다. 그 이유는 그들이 자폐 상태 안에 있는 동안, 투사적 동일시를 의사소통의 수단으로서 사용할 수 없기 때문이고(Bion, 1962), 또한 놀이를 즐길 수 없는 자폐아동들이 그러하듯이(Tustin, 1988a), 그들이 거의 꿈을 꾸지 않기 때문이다—그들의 정신의 영역 안에는 아직 상징 형성 능력이 발달하지 않았기 때문에(M. Klein, 1930).

캡슐화된 "사건들"이—분석가에게서 뿐만 아니라 환자 자신에게서—매우 잘 숨겨져 있기 때문에, 우리는 그것들을 상상하기 위해서 그리고 궁극적으로 환자가 그것들을 분명하게 인식하고 인정할 수 있도록 돕기 위해서, 이 "파묻힌 보물"의 존재를 직관할 수밖에 없다. 이것은 잃어버린 것을 인식하고 그 인식을 감당하는 분석가의 능력을 필요로 한다는 점에서, 그리고 그러한 인식을, 환자와 공유할 수 있는 사고를 위한 음식으로 만들기 위해 소화할 수 있어야한다는 점에서, 속임수가 아니다.

분석가의 개입들이 그 순간에 환자에게 유용하게 작용하는 것을 보장하기 위해서는 우리가 직관하는 것에 대한 고려와 함께, 지속적이고 엄격한 "차별적 진단" 과정—분석시간 내내 수행되고, 직접적인 전이 및 역전이 파생물들의 흐름에서 나타난 신호들에 대한 조심스럽고 일관된 관찰과 검토에서 나온—이 결정적으로 중요하다. 따라서 나는 더 진정한 대상-관계 상태들로부터 자폐 상태들을 구별하는 데 있어서 유념해야 할 몇 가지 기준들을 짧게 요약할 것이다.

자폐 상태들에 대한 차별적 진단

첫째, 대상-관계 상태에 있는 환자는 분석가를 모성적 기능과 관련된 어머니의 신체의 일부이거나, 자신의 의지로 돌아다닐 수 있는 살아있는 전체 인간으로서 경험한다. 대조적으로, 자폐 상태에 안에 있는 환자는 분석가를 자신의 공간 안에 존재하는 실제의, 생명력 있고, 활기찬 실체로서 경험하는 대신에, 존재감, 위안, 안전, 그리고 밀폐 상태를 확보하기 위해 만들어진, 흡수되고, 착취되고, 조작되거나 회피된, 생명 없는 "사물"로서 경험한다.

둘째, 대상-관계 상태에서, 환자는 분석가와의 분리됨에 대한 인식을 다양한 정도로 감당한다. 대조적으로, 자폐 상태 안에서 환자는 "타자성에 대한 인식이라는 정상적인 깜박거림의 상태"

를 감당할 수 없다. 그 결과, 분석가와 환자는 대체로 분화되지 않은 상태에 머무르고(환자의 관점에서), 그로 인해 분석가와의 접촉은 주로 감각 수준에서 이루어진다. 이 상태에서 분석가는 대상 그 자체로서 관계 맺어지는 것이 아니라, 분석가가 환자의 피부 표면, 눈, 귀, 그리고/또는 점막의 표면에 불러일으키는 감각들을 위해서 "이용된다." 이러한 감각들은 불안을 야기할 수도 있는 사건들로부터 환자의 주의를 돌리는 데 사용되거나—안전감, 힘, 그리고 뚫고 들어갈 수 없음에 대한 환상을 제공함으로써—감당할 수 없는 인식을 차단하는 데 사용되는, 마비 또는 진정 효과를 발생시킨다.

셋째, 대상-관계 상태가 우세할 때, 방어된 불안들(무의식적 환상 안의)은 본질상 편집-분열적이거나 우울적이다: 이 불안들과 방어들은 멜라니 클라인(1946)에 의해 잘 정의된 바 있다. 대조적으로, 자체-감각적이거나 점착성 책략들을 통해서 회피된 자폐 상태의 불안들(Bick, 1968)은 통제되지 않고 떨어지는 초보적 감각들, 존재의 불연속성, 무, 용해, 증발의 감각, 그리고 그 어디에도 없는-아무도 아닌 감각 등과 동등시되는, 날 것의 완화되지 않은 공포로서 개념화된다. 이것들은 모두 터스틴의 연구와 위니캇의 연구에서(1949) 윤곽이 그려진 바 있다.

부가적으로, 대상-관계 상태에 있는 개인은 시기심에서 오는 고통, 절망, 격노를 방어하기 위해서 그리고 분석가에게 무기력하게 의존해 있다는 인식을 방어하기 위해서, 복잡한 무의식적 환상들(예를 들어, 분열, 투사적 동일시, 그리고 조적 부인과 관련된)을 사용한다. 그러나 자폐 상태에서, 환자는 둘됨의 고통스럽고 생명을 위협하는 인식과 압도적인 하나됨의 황홀감을 차단하기 위해서 점착성 동등시(adhesive equation)를 사용한다.

넷째, 대상-관계 상태에서, 환자의 자아는 한편으로, 증가하는 통합의 상태와 비-방어적인 통합되지 않은 상태로의 퇴행 사이를 왔다 갔다 하거나, 다른 한편으로, 통합상태와 방어적 해체 상태 사이를 왔다 갔다 한다. 이에 비해, 자폐 상태 안에서, 자아 또는 자기는 지배적으로 수동적인 일차적 비통합이라는 수정되지 않은 상태 안에 존재하고 작동한다(Meltzer, Bremner, Hoxter, Weddell & Wittenberg, 1975).

다섯째, 대상-관계 상태 안에서 "생각하기"의 성질은 추상적이거나 구체적이며, 현실적이거나 전능적인데 반해, 자폐 상태 안에는 현실적 정신작용이 거의 존재하지 않는다(Mitrani, 1994). 관찰자에게 "생각하는" 것처럼 보이는 것은 반사-생리학적 반응 수준에 지나지 않는 것이고, 상징화, 무의식적 환상, 그리고 상상력이 부재한 상태에서 "타고난 형태들"6)(Tustin, 1986a)이 지배한다. 왜냐하면 거기에는 중간 공간(Winnicott, 1951)이 존재하지 않기 때문이다.

여섯째, 진정으로 대상-관계적인 개인은 분리와 상실에 대해 불안, 곤궁 그리고 정서적 고통을 표현함으로써 반응하거나, 그것들을, 폭군적 또는 유혹적으로, 강박적으로 통제함으로써 반응한다. 대조적으로, 자폐 상태의 개인은 분리됨의 인식에 대해 완전한 망각 또는 전적인 붕괴를 통해서 반응한다. 대상-관계적 개인에게 있어서, 의존에 대한 의식은 피분석자로부터 분리된 분석가에 대한 필요성으로서 그리고 그에 대한 신뢰 행위로서 경험되든지, 아니면 조적 부인의 형태를 통해서 방어되는 반면에, 자폐 상태에서, 피분석자의 의존은 아직-분화되지 않은 분석가의 표면에 얄팍하게 그리고 집요하게 매달리는 형태를 취하는데, 이때 분석가는 피분석자의 한 부분인 동시에 피분석자와 접해있는 존재로 느껴진다.

마지막으로, 대상-관계 상태에서 분리됨과 상실의 인식에 대한 방어들이 붕괴될 때, 거기에는 거절의 느낌에서 절정에 도달하는, 환자의 전능감에 대한 위협이 경험되는 반면에, 자폐 상태 안에서 전능성이 실패할 때, 이 실패는 신체적 붕괴로서, 찢겨지고 던져지는 끔찍스런 느낌으로서, 즉 전적이고 되돌릴 수 없는 낙담이라는 신체적인 느낌으로 경험된다. 이것은 대상-관계 상태에서 경험하는 것과는 달리, 분석가의 상실 경험이 아니고, 심지어 부재의 현존에 대한 경험도 아니다(O' Shaughnessy, 1964). 자폐아동인 존은 이것을 "고약하게 찌르는 가시를 가진 블랙홀"이라고 불렀다(Tustin, 1972, p. 30). 이 "블랙홀"은 무력감, 결함, 무 그리고 표현된 "제로-됨(zero-ness)"의 두려운 힘으로, 단순히 정적인 비어있음이 아니라 고통스럽게 내면에서 폭발하는 허공으로의 강력한 끌어당김으로 느껴지는 것이다.[7]

"바다 속 밀실을 떠나지 못하는" 사람들

이 논문에서 언급된 환자들은 그들 삶의 대부분 동안을 "바다 속 밀실을 떠나지 못하는 사람들"이라고 말하는 것이 정확한 표현일 수 있다(T.S. Eliot, 1998, p. 8). 그들은 보통의 인간관계 경험들을 희생시킨 대가로, 감각-지배적인 생존방식에 자신도 모르는 사이에 중독되어 있다. 이러한 환자들의 임상자료에서는 액체 상태가 보고되는 빈도가 눈에 띄게 증가한다(Tustin, 1986). 예를 들어, 성인 환자인 진은 주말 휴일 동안에 자신이 분석가의 관심에서 벗어나있다는 것을 알았을 때, 자신이 "통제 불능으로 허무 속으로 떨어지는 폭포"인 것처럼 느꼈다고 말했다(Tustin, 1986, p. 217).

개인적인 존재감이 여전히 유동적이고, 인격과 신체가 아직 충분히 분화되지 않았거나 공고화되지 않았을 때, 자폐 상태로 얼어붙는 경험은 이러한 통제 불능으로 떨어지는 공포에 대한 반응이다(Tustin, 1986). 사실상, 얼어붙는 것은 액체가 고체가 되는 방식이다. 하지만 우리의 환자들이 고체의 감각을 얻기 위해서 얼어붙을 때, 그들의 얼음 장벽은 종종 다른 사람들을 추운 상태에 남겨둠으로써 그들에게 충격을 가한다. 그 결과, 치유를 가져다주는 정서적 교류의 발생은 방해받는다.

러블리 본즈(The Lovely Bones)라는 소설에서, 작가인 앨리스 시볼드(Alice Sebold)의 서문은 자폐 상태의 얼어붙은 캡슐에 대한 두 가지 다른 견해를 보여준다:

> 나의 아버지의 책상 위에는 스노우 글로브(a snow globe)가 있는데, 그 안에는 빨갛고 하얀 줄무늬 스카프를 매고 있는 펭귄이 있다. 내가 어렸을 때, 아버지는 나를 무릎에 앉히고는 그 스노우 글로브를 집어 들곤 하셨다. 아버지는 그것을 뒤집어서 눈을 전부 꼭대기에 모이게 한 다음에 재빨리 그것을 다시 뒤집었고, 그때 우리 두 사람은 펭귄 주위로 부드럽게 떨어지는 눈을 바라보곤 했다. 나는 펭귄이 그곳에서 혼자 있다고 생각했고, 그래서 펭귄을 염려했다. 내가 아버지에게 이것에 대해 말했을 때, 아버지는 말했다. "걱정하지 마, 수지야; 그 펭귄은 멋진 삶을 살고 있는 거야. 그는 완전한 세계 안에 갇혀 있거든"(Sebold, 2002, p. 3).

수지처럼, 훈련 받지 않았거나 정서적으로 떨어져 있는 관찰자는 이 세계를 목가적인 것으로 볼 수 있었을지 모르지만, 분석

가는 자폐증의 완벽한 얼음 세계 안에서 고립감을 느꼈을 것이
다. 우리는 사람들과의 활기찬 연결이 없이는 특정한 중요한 정
신적 및 신체적 구조를 발달시키는 것이 불가능하다는 것과, 정
서적 접촉이 중단될 때, 기존에 발달했던 구조들이 시들 수 있다
는 것을 알고 있다(Spitz & Wolf, 1946). 이러한 견고한 구조가 없
이는, 환자들은 삶에서 겪는 스트레스에 직면해서 정서적 및 신
체적으로 "용해"될 수 있다. 분석에서, 이러한 지속적인 구조들이
확립되기 위해서 분석가의 든든하고, 신뢰할 수 있으며, 탄력성
있고, 수용적인 현존이 중요한 것처럼, 비슷한 성질을 가진 물리
적인 환경이 제공되는 것 역시 중요하다.

분석 환경

분석에서 유아기 전이의 출현을 촉진시키기 위해서는 비교적
안전하고 안정된 환경이 유지될 필요가 있다. 우리의 상담실은
무의식 안에서 어머니의 신체와 동등시된다(Klein, 1961). 그 외
에도, 어머니의 정서적 및 정신적 상태의 기복에 대한 조절과 신
체적 건강이 건강한 태아의 발달과 자궁에서 아기의 출현이 본
질인 것처럼, 성인 환자들에게 있어서 치료적 환경과 치료 작업
의 리듬 및 일관성은 애착을 형성할 수 있는 능력과 건강하게
분리할 수 있는 능력의 발달에 영향을 끼친다.

분석에서, 우리는 폭발적인 폭력적 감정들, 압도하는 공포, 표
현할 수 없는 황홀감과 폭포 같은 슬픔을 풀어냄으로써, 환자의
보호적 캡슐을 뚫고 들어가는 것을 목표로 갖고 있고, 종종 그렇
게 한다. 따라서 이러한 정서들을 견뎌낼 수 있고 담아낼 수 있

는 분석 환경을 제공하는 것이 필수적이다. 분석가와 피분석자 모두를 위해서, 충분히 빈번한 회기를 갖는 것은 필수적이다. 한 환자는 "당신이 일주일에 한 번만 나를 만난다면, 내가 개방적이 되고 취약해지는 것은 미친 짓일 겁니다!"라고 말했다. 아마도 주어진 시간 안에 환자가 자신이 개방한 모든 것들을 지탱하고 변형시켜야 하는 책임을 지고 있는 분석가에게도 같은 말이 적용될 수 있을 것이다.

분석적 쌍을 구성하고 있는 두 사람 모두에게 있어서, 틀, 주의, 경청, 그리고 해석의 연속성이 분석가의 깨어있는 그리고 제한된 주의를 보완해주는 필수적인 전제조건이다. 이러한 환경 안에서, 환자는 보다 쉽게, 경청하는 대상과 말하는 대상 모두를 경험할 수 있다. 그리고 분석 환경이나 스케줄에의 변화와 변경이 불가피할 경우, 분석가는 그러한 변경의 결과에 깨어있어야 하고 주의를 기울여야 한다. 그리고 아래에 제시되는 사례들에서 볼 수 있듯이, 분석가는 감각의 영역 안에서 경험되고/표현된 것들을 포함하여, 환자의 반응들을 경청하고 다룰 때, 그것들에 민감할 필요가 있다.

루시

서른다섯 살의 여성인 루시는 분석 환경의 작은 변화 또는 나의 개인적인 영역에서의 어떤 변화에 대해서도 취약했다. 긴 휴일을 앞둔 주말동안에, 나는 머리를 살짝 다듬었는데, 월요일에 그녀가 나를 보았을 때, 그녀는 슬픔에 빠지는 것처럼 보였다. 일단 카우치에 눕자, 그녀의 고통은 격노로 변했고, 그녀의 마음은 빠르게 닫혔다. 시간이 지나면서 나의 격려와 함께, 그녀는 불만에 가득 찬 몇 마디를 내뱉었다: "당신의 헤어스타일 말이에요! 어떻게 그럴 수 있죠? 선생님은 나를 위해 머리카락조차 남겨두지 않네요."

이런 퉁명스런 항의와 함께, 모든 것이 급작스레 정지되었다. 뚱한 침묵으로 담을 쌓은 채, 루시는 남은 시간 대부분을 벽 쪽을 향해 누워 있었다. 접촉을 다시 형성하기 위해 내가 해줄 수 있는 말은 아무것도 없었다: 나는 그녀가 벽처럼 느껴졌다. 침묵이 이어지는 동안, 나는 내가 없는 동안 그녀에게 어떤 일이 일어날지에 대한 나 자신의 불안을 잘 알고 있었다. 실제로 그녀가 다시 분석을 받으러 온다고 해도, 그것이 순탄치 않은 재회가 될 것이라는 생각이 들었다. 그때 나는 모든 것이 끝났다고 느끼기 시작했고, 내가 곧 버림받을 것이라는 두려움에 휩싸였다.

그녀의 거절로부터 철수하고 싶은 강한 충동을 가까스로 극복하고 나서, 그녀에게 우리의 이별이 얼마나 견딜 수 없고, 항구적인 것—분리가 아니라 몸에서 찢겨져나가는 것—으로 느껴질지에 대한 표시로서 내가 받아들인, 버림받음과 상실에 대한 나의 환상들에 기초해서, 나는 루시에게 내가 머리를 자른 것(haircut)이 그녀에게는 그녀를 자른 것(her-cut)으로 여겨졌던 것 같다고 말했다. 덧붙여서, 나는 우리의 접촉의 부드러운 부분과 함께, 그녀를 아무렇게나 잘라냈다는 느낌을 그녀가 감당할 수 없다는 것을 나에게 말해주고 있는 것 같다고 말했다.

루시는 그녀의 머리를 살짝 내 쪽으로 돌렸다. 나는 이것이 그녀가 휴일 동안에 우리의 분리됨에 대한 파국적 인식으로부터 그녀를 보호해주었던 장벽에서 벗어날 수 있다는 표시일지도 모른다고 생각했고, 따라서 용기를 내어 말했다. "아마도 당신은 우리가 다시는 함께 성장할 수 없을 것이라는 공포가 얼마나 견딜 수 없는 것인지, 특히 상당기간 동안 우리가 함께 한 작업에서 만들어낸 부드럽고 섬세한 협력의 조각들을 내가 잘라내어 부주의하게 던져버렸다고 느꼈을 때, 그것이 얼마나 견딜 수 없는 것이었는지를 말하고 있는 것 같습니다."

　루시는 아주 조금 마음을 열고 말했다. "예, 사실이에요. 충돌했었더라면 어쩔 뻔 했어요?" 루시의 반응은 그녀의 딜레마의 또 다른 특징을 내게 알려주는 것처럼 보였다. 나는 덧붙여 말했다. "내가 그처럼 당신을 부주의하게 잘라냄으로써 당신에게 상처를 주고 당신을 화나게 하면, 끔찍스런 충돌이, 즉 우리 두 사람 모두가 통제 불능으로 추락하고 폭발해서 산산조각이 나는 충돌이 발생하지요. 그것이 너무 공포스러워서 당신은 나에게서 등을 돌린 채, 보호 받기 위해 벽에 달라붙어 있습니다." 이 마지막 해석은 루시가 든든한 위안을 얻기 위해서 벽 쪽으로 돌아누었던 행동이 갖는 부가적인 의미에 관한 것이었다. 그녀의 깨어지는 정서들(내가 휴일에 그녀를 남겨둔 일 때문에 유발된)이 우리의 접촉이 지닌 건전성을 잠재적으로 위협하는 것으로 느껴졌을 때("충돌했었더라면 어쩔 뻔 했어요?"), 나 또한 내가 없는 순간뿐만 아니라 존재하는 순간에도, 일시적으로 "잘리고," 깨어지고, 믿을 수 없고, 심지어 위험한 존재로서 경험되었다. 아마도 이런 순간에 분석가가 폭발적인 정서들(그녀 자신뿐만 아니라 환자의)에 직면해서 방어적이지 않고 사려 깊게 계속해서 기능할 수 있다면, 산산조각 나는 것에 대한 공포와 통제는 완화될 수 있을 것이고, 관계에 대한 믿음이 회복될 수 있을 것이다.

　루시와 함께 한 이 순간 역시, 환자가 서술한 내용에서 분석가에게 이미지처럼 보이는 것이 어떻게 서로 연결되지 않은 감각들에 대한 목록에 지나지 않는 것인지를 우리에게 보여준다. 그것은 이미지화된 것이라기보다는 감각된 것이다(Tustin, 1986, p. 216). 같은 방식으로, 환상 또는 꿈처럼 보이는 것이 촉각적인 환각에 더 가까운 것일 수 있고, 따라서 분석가는 자신의 이미지를 명시적인 것으로 만들고 그것을 그러한 마음 상태 안에 있는 환자가 접촉할 수 있는 언어로 제시하려고 노력해야만 한다. 또 다른 환자인, 브래드 역시 이러한 촉각적 환각들로 인해 고통을 받았다.

브래드

우리가 함께 한 작업 초기에, 나는 회기가 끝날 때면 브래드가 그 자신이, 마치 그가 사용한 카우치 베개용 페이퍼 타월이 구겨진 채 쓰레기통에 버려지는 것처럼, 신체적으로 구겨지고 내팽개쳐진다는 느낌을 갖는다는 것을 발견했다. 그는 종종 내가 그에게서 나의 몸-카우치 또는 젖가슴-베개를 벗겨내고, 그를 아무렇게나 던져버린다고 느꼈고, 그래서 나에게 때때로 그를 잘 접어서 남겨둘 것을 요청했다(Mitrani, 1992). 그렇지 않으면 브래드는 자신이 항상 "몸을 긁기(scratch) 시작한다고" 말했다.

나는 마침내 나의 환자가 언급한 "긁는 것"이 그가 그의 부드러운 피부에서 경험한 감각과 관련되어 있다는 사실을 깨닫게 되었다. 이러한 사건을 숙달하고 견딜만한 것으로 만드는 그의 방식은 매 회기 후에 그의 팔, 다리 그리고 얼굴 피부를 때로는 피가 날 때까지 긁는 것이었다. 이것은 그가 재생과 "거기-있음"의 새로운 감각을 성취하고, 무기력과 취약성의 경험을 피하며, 내가 그를 부주의하게 치료한다는 느낌에 맞서 자신을 강하게 만들기 위한 것이었다.

오드리

오드리는 마치 나의 책들이 항상 똑같이 가지런히 놓여있어야만 하는 나의 부분들이라도 되는 것처럼, 나의 책장의 작은 변화에도 신체적으로 충격을 느꼈다. 그녀는 책들의 위치를 기억했는데, 그것은 그녀가 나를 통제하고 있다는 느낌을 갖게 했다. 그녀는 내 자리에 나를 둘 수 있었고, 나는 그녀가 둔 자리에 머무를 것이다. 하지만 나의 서재에 책이 더해지거나 빠지는 것은 생애 첫해 후반부에 아기에게서 관찰되는 "낯선 사람에 대한 불안" 같은 반응을 불러일으켰다. 시간이 지나면서 우리는 어머니의 조울증적 무드 변동에 대한 그녀의 지울 수 없는 느낌을 이해할 수 있었다. 그것은 어머니에 대한 조각나있고, 통제할 수 없으며, 뒤죽박죽되어 있는 느낌이었다: 그녀 자신이나 아기-오드리를 안아줄 수 없는 괴물 같은-어머니. 이 감정이 위안을 주는 친밀감의 형성을 가로막았고, 타자에 대한 신뢰, 변화에 대한 내성, 그리고 오드리의 자기 확신을 위한 일관된 토대의 발달을 방해했다.

카니

카니에게는 주로 주 중에 내가 그녀를 만나는 다양한 시간대와 관련된, 내 상담실의 밝기에 대한 그녀의 반응이 고통의 원천이었다. 그녀는 종종 상담실에 들어오기 전에 양손으로 문틀을 잡는 것을 통해서 자신을 신체적으로 준비시키곤 했다. 나는 빛의 강도에서의 이런 변화가 나의 환자에게 감각 수준에서 "뺨을 맞거나" "지진"처럼 느껴지는 "현기증"과 "방향감각을 잃게 하는 충격"으로 경험된다는 것을 알았고, 그것이 그녀에 대한 내 "무드의 변화" 또는 그녀에 대한 내 감정의 변화의 전조라는 것을 깨달았다. 카니는 이러한 변화들이 그녀를 쓸어버릴 것 같은 "쓰나미"처럼 느껴진다고 말했다.

치료 환경에서의 그러한 변화들은 분석을 위한 재료가 될 수 있고, 해석을 통해 의미 있는 것이 될 수 있다. 그러나 "안전의 리듬"(Tustin, 1986, p. 26)의 발달은, 부분적으로, 투사를 받아주는 그릇으로서의 분석가의 기능과, 피분석자가 치료적 관계 안으로 가지고 들어온 재료를 언어적으로 이해할 수 있는 것으로 해석해주는 분석가의 일관된 기능뿐만 아니라, 상담실 환경의 항상성을 경험하는 것을 통해서 확립된다. 이 점이 나를 제공된 믿을만한 분석 환경을 사용하는 환자의 특이한 방식의 문제로 데려다준다.

대상을 사용하는 특이한 방식

분석가들이 그들이 돌보는 환자들이 안전하게 느낄 수 있는 환경을 제공하려고 노력함에도 불구하고, 환자들은 종종 분석가와 분석적 환경을 이런 저런 방식으로 엎어버린다. 터스틴(1980, 1984b)은 자폐아동들이 대상들을 의사소통의 양태로서의 놀이를 위해 사용하는 대신에, 그 대상들이 그들의 피부 표면에서 만들어내는 감각들을 위해 사용한다는 사실을 발견했다. 이 자체 감각적 책략들은 또한 특정한 성인 피분석자가 상담실과 그 안에 있는 대상들을—카우치를 포함해서—그리고 분석가의 속성들을 사용하는 방식에서 드러날 수 있다. 분석이 이러한 특이한 방식으로 사용될 때, 분석에서 통찰을 얻고 경험을 통해 배울 수 있는 기회들이 상실될 수 있다. 나는 이것을 보여주기 위해 삼십대 중반의 성공적인 전문가인 카렌과 함께 했던 작업에서 가져온 몇 가지 예를 제시할 것이다.

카렌

분석의 첫해 내내, 카렌은 상담실이 따뜻하든지 춥든지 간에, 눕기 전에 카우치의 끝부분에 놓인 담요를 집어 들었다. 한 손으로 담요의 모서리를 잡고서, 같은 손의 엄지를 입에 넣어 빨면서, 율동감 있게 집어넣었다 뺐다를 반복했다. 담요의 나머지 부분은 카렌의 발가락을 제외한 온 몸을 덮고 있었는데, 그녀의 발가락은 내가 그녀에게 말할 때마다 계속해서 꼼지락거렸다.

담요 아래에서의 카렌의 움직임들은 매우 은밀하고 부드러운 것이었기 때문에, 내가 그녀의 담요 사용방식—수없이 많은 감각산출 활동들을 감추는—을 분명히 알 수 있게 되기까지는 나 자신의 상상력에 대한 많은 주의와 함께 수개월 동안의 주의 깊은 관찰과 경청이 필요했다. 담요 아래서, 카렌은 계속해서 그녀의 자유로운 손으로 젖가슴을 애무했고 바지 주머니에 있는 손으로 자위를 했는데, 이러한 활동들은 카우치 뒤의 의자에 앉아 있는 나로서는 거의 탐지할 수 없는 것이었다.

동시에, 나는 나에 대한 카렌의 부정적인 감정들이 거의 말로 표현된 적이 없다는 것을 알아차렸다. 하지만 내가 그녀에 대한 나의 이해에서 무언가가 빗나갔다는 것을 알았을 때, 그녀가 자신의 젖꼭지를 꼬집고, 팔을 긁고, 또는 피부에서 각질 부분을 뜯어내거나 손톱을 물어뜯기 시작한다는 사실이 분명해졌다. 시간이 지남에 따라, 조금씩 나는 카렌에게 이러한 숨겨진 스스로 입힌 상처들뿐만 아니라, 그녀가 그녀 자신을 위해 만들어내는 달래주는 감각들에 대해 말할 수 있었다. 우리는 또한 어떻게 이것들이 각각 무력감, 의존성, 그리고 상처를 주는 타자성의 존재뿐만 아니라, 함께 있음에 대한 실제 경험의 인식을 지우는 데 사용될 수 있는지를 생각했다.

하나됨의 황홀[8](Tustin, 1981)은 분리됨과 버림받음에 의해 야기되는 절망만큼이나 두려운 것일 수 있다. 카렌의 무의식적 협력을 통해서, 나는 담요의 부드러움이 나의 목소리의 부드러운 음악성과 동등시되고 있고, 더 나아가 카렌 자신의 피부의 부드러움과 그녀가 분석시간 동안에 만들어내는 조용한 쾌락적인 감각들과 동등시되고 있다는 것을 깨달았다. 내가 하는 말들은 대부분 의미로서 받아들여지는 대신에, 카렌의 피부 위로 흘러내리고 그녀의 귀의 안과 밖으로 미끄러져 내리는 조화로운 감각들로서 받아들여졌다. 그것은 그녀의 입의 안과 밖으로 미끄러져 내리는 엄지손가락의 감각과 같은 것이었다.

카렌이 회기들 사이에 그리고 주말 동안 분석가가 부재한 시간동안에 이러한 몸짓들을 반복할 때마다, 그녀는 분리됨과 함께 있음 사이의 뚜렷한 차이들을 지워버릴 수 있었다는 것이 명백해졌다. 우리가 분리될 수 없다고 느껴졌기 때문에, 나는 그녀 자신과 분리된 진정한 사람으로서 경험되지도 않았고, 내가 그녀에게 불러일으키고, 만들어내고, 자극해낸 감각들 바깥에서 존재하지도 않았다.

나의 목소리 역시 카렌의 손과 동등시되었고, 그녀가 내 담요의 정확한 복제물을 발견해 낼 수 있었을 때 그리고 내가 보통 사용하는 향수를 추적해서 발견해낼 수 있었을 때, 시간과 장소에 구애받지 않고, 그녀가 나의 신체적 현존 안에 있는 동안 경험했던 위안을 주는 시각적, 촉각적, 그리고 후각적 감각들을 다시 만들어낼 수 있었다. 부가적으로, 카렌의 엄지손가락은—대부분의 분석 시간 동안에 그리고 아무도 보지 않을 때 그녀가 빨았던—분리됨이 느껴지는 동안에 우리들 사이의 갭을 연결하는 데 사용된 중간 대상이 아니었다. 대신에, 회기들, 나의 목소리, 그리고 그녀가 얼굴을 가리기 위해서 손에 들고 있는 담요는 "그녀의 엄지손가락을 재충전시키는" 기능을 갖고 있었다. 따라서 그것의 사용은—우리의 분리불가능성의 구체적 증거인—분리됨의 들쭉날쭉하고 잠재적으로 끔찍한 고통의 감각들과, 마찬가지로 견딜 수 없는 우리의 재연합이 주는 황홀한 감각들을 매끄럽게 만드는 힘을 보유할 수 있었다.

마침내, 카렌은 그녀의 영리한 책략들이 "짧은 수명"을 갖는다는 것을 알아차리기 시작했다. 그것들은 분명히 주말 동안의 긴 시간 내내 그녀를 지탱할 수가 없었다. 우리가 길게는 2-3주 동안 만날 수 없었을 때, 그리고 시간이 지나면서, 이러한 책략들은 사흘짜리 주말 휴일 동안에만 효력을 가질 수 있었다. 이러한 책략들의 기능과 그것들의 제한된 효과를 우리가 인식하게 되면서, 카렌은 중요한 음성을 들었다: "내가 나의 머릿속에서 너를 만들었다!" 그녀는 이렇게 말했다: "당신은 진짜가 아니었습니다. 그러나 지금 나는, 만약 당신이 진짜가 아니고, 내가 당신을 잃는다면, 나는 당신을 다시 찾고, 기억할 거라는 아무런 희망도 없다는 것을 압니다. 그리고 만일 내가 상실되고, 당신이 살아있지 않고 실제가 아니라면, 당신은 나를 찾을 수 없을 거예요."

카렌이 나에게서 얻고 있는 작은 이해의 조각들을 안과 밖이 있다는 신호로서, 그리고 견딜만한 정서적 만남들에 의해서 그리고 "타자"—여전히 분리된 개인으로 남아있으면서도 그녀의 욕구를 기꺼이 견딜 수 있고 그것에 적응할 수 있는—에 대한

점증하는 경험에 의해서 함께 연결되어 있는, Dr. M과 카렌이 있
다는 신호로서 받아들였다는 것이 우리에게 분명해졌다. 이 사
건들은 카렌이 우리가 두 명의 진정한 사람들이고, "그녀의 뇌가
만들어낸 허구적 상상물이 아니라, 때로는 힘든 수준에서도 접
촉할 수 있고 서로에게 영향을 끼칠 수 있는 두 사람이라는 인
식을 감당할 수 있게 되면서 의미 있는 것이 되었다.

동기(motivation)에 대한 질문

　나는 아주 종종, 비록 카렌 같은 환자들이 치료적 경계들을
파괴적으로 거부하는 것처럼 보일지라도, 그들의 동기가 적어도
부분적으로는 살아남기 위한 시도를 포함하고 있다는 점을 명료
화하고자 한다. 터스틴은 이런 고집 센9) 환자들을 "동기의 유산
(流産)"으로 인해 고통 받는 사람들이라고 언급했다. 그들의 관
심은 그들 자신들과 외부세계 모두에서 사용할 수 있는 삶을 고
양시켜주는 가능성들에 참여하기보다는, 가장 초보적인 수준에
서의 생존을 보장해주는 스스로 만들어낸 감각 대상과 감각 형
태에 고정되어 있다. 터스틴은 환자들의 자료에서 자체 감각적
행동들과 관련된 내용이 출현할 때면, 그들에게 그런 활동들을
자제하라고 요청하는 동시에, 그것들의 부작용들 및 그것들이
갖고 있는 의도에 대해 해석하곤 했다.
　확실히, 환자들이 분석적 틀을 엎어버림으로써 우리가 전복되
는 상황에서도 우리가 사려 깊은 태도를 유지할 수 있다면, 항구
적인 손상을 피할 수 있다. 예를 들면, 특히 전자소통 시대(즉, 음
성메일, 문자, 트위팅, 그리고 이 메일 등을 사용하는)에 환자들은

약속된 시간 바깥에서 우리와의 접촉을 추구하고 종종 그것을 유발해내는 데 성공함으로써, 분석적 경계에 도전한다. 아마도 그것은 그들이 그들 자신의 유연성 있는 경계들을 갖고 있지 않기 때문일 것이다. 이러한 환자들은 종종 알려진 영역 바깥으로 떨어지는데, 그때 우리는 힘들게 획득한 그리고 사려 깊은 해석적 이해를 통해서 우리 자신들과 그들을 바로잡을 수 있는 능력을 유지한 채, 얼마동안 그들과 함께 기꺼이 떨어질 수 있어야 할 수도 있다.

공유된 의미를 가진 이야기를 발달시키는 과정 내내, 온갖 종류의 실연들이 좋은 용도로 사용될 수 있다. 우리가 환자들과 자유롭게 떨어지는 것을 통해서 얻는 경험은 우리의 상상력을 최대로 확장하도록 우리를 자극할 수 있다. 경험에서 배우기는 우리가 알지 못하는 것을 아는 것을 견디도록, 분석과정, 무의식, 인간관계에서 우리의 신앙에 접근하는 것(Bion, 1970)을 견디도록 도울 수 있다. 아마도 어떤 대가를 치르더라도 그러한 경험들을 회피하려고 애쓰는 것보다는, 그것들을 경험하는 것이 우리로 하여금 해석적 기여를 통한 우리의 이해에 도달하고, 그 이해를 포착하고, 견디고, 더 잘 이해하고, 알릴 수 있을 것이다.

자폐아동인 딕의 치료에 대한 글에서, 멜라니 클라인은 다음과 같이 말했다:

> 일반적으로 나는 자료가 다양한 표상들로 표현될 수 있음을 발견하기 전까지는 해석하지 않는다 ... 하지만 표상 능력이 ... 거의 완전히 부재한 곳에서, 나는 일반적인 지식에 근거해서 해석을 해야만 했다(Klein, 1930, p. 246).

우리의 "일반적인 지식"은 단순히 우리의 이론들뿐만 아니라,

신체적으로 무기력하고, 의존되어 있고 그리고 아직 통합되지 않은 것이 어떤 느낌인지에 대한 직접적인 경험을 포함해야 하며, 이러한 경험은 피분석자로서 전이 안에 있어본 우리 자신의 경험과, 분석가로서 역전이 경험에 대한 우리의 친숙함에 뿌리를 두고 있다는 것이 나 자신의 믿음이다(Mitrani, 1992, 1993, 1998a, 1999, 2001, 2007a, 2007b). 이 영역에서 분석가에게 가장 도전이 되는 사건들 중의 하나는 자폐적 대상의 특정한 특징과 관련된 것으로서, 이것은 자세한 설명을 요한다.

주변적인 대상

터스틴은 특별한 부류의 자체 생성된 감각 형태를 자폐아동들이 자주 사람들의 눈을 똑바로 보지 않고 옆으로 본다는 잘 알려진 관찰과 연결시켰다. 이 주제에 대해, 그녀는 다음과 같이 말했다:

자폐아동들의 이러한 과잉 발달된 주변 인식능력은 결코 명료하게 초점을 맞출 수 없고, 항상 모호하게 남아 있는 주변-형태(fringe-shapes)가 형성되었음을 의미한다. 자폐아동들은 그들이 그러한 포착하기 어려운, 스스로 만들어낸 형태들에 의해서 항상 괴롭힘을 받고 있다는 것을 보여준다. 결국 그러한 형태들은 안정감을 주는 대신에 감질나게 만들고, 또한 어머니의 얼굴, 특히 눈을 바라보는 것에 의해서 촉진되는 어머니와의 애착을 방해한다. 어머니가 그들이 당연한 것으로 여길 수 있는 그들의 신체의 일부가

아니라는 사실에 대한 공황과 격노발작의 결과, 그런 아이
들은 어머니로부터 등을 돌리고, 어머니의 시선을 두려워
하게 된다. 이 분리됨은 그들이 그 사실을 받아들일 준비
를 갖추기도 전에 그들의 관심사가 될 것을 강요한다. 위
니캇의 용어로 그것은 아이들을 "침범한다"; 그들은 준비
된 상태에서 그들 자신의 시간표에 따라 그것을 발견하지
못한다. 이것은 그들에게 견딜 수 없는 고통을 가져다준
다. 그들은 고통으로부터 그리고 그 고통의 원천인 어머니
로부터 피한다. 그들은 어머니와 다른 사람들을 바라보는
것을 중지하고, 대신에 그들의 눈의 주변부를 통해서 바라
볼 수 있는, 주변적인 형태에 주목한다. 이것은 그들의 당
혹스런 세상 안에 일종의 질서를 가져다주기는 하지만, 마
치 환영(幻影)처럼, 이러한 주변이 길게 늘어난 형태는 결
국 그들을 움직일 수 없는 수렁 안에 고립시키고, 다른 사
람들과의 접촉을 끊는다(Tustin, 1986, p. 154).

이러한 종류의 부드럽고, 모호하며, 뚜렷하지 않은 자폐형태
(Tustin, 1984b)는 처음에 일차적 환경과 하나됨의 감각을 만들어
낸다. 나는 성인 환자들과의 분석작업에서 흔히 만나게 되는 유
사현상이 존재한다는 것을 주목하는 것이 유용하다고 믿는다.
　예를 들면, 많은 분석가들은, 마치 분석가가 아무 말도 하지
않은 것처럼 반응하는, 환자에게 말하는 경험을 갖고 있다. 즉, 환
자는 분석가의 의사소통에 상관하지 않고 자신의 말을 계속한
다. 우리가 받는 느낌은 환자가 분석가가 말한 것을 뒤집고, 뭉개
고, 이리저리 돌린다는 것이다. 때로 분석가는 환자의 주의 주변
부에 머물러있는 동안에도, 환자가 다른 사람들과의 관계 안에
있는 자신에 대해 말하면서 아무 관련성이 없는 것처럼 보이는

이야기를 할 때면, 자신의 의사소통이 슬며시 굴절되는 것을 탐지할 수 있다. 대안적으로, 분석가는 자신이 말한 것을 환자가 살짝 바꾸어 마치 그것이 환자 자신의 통찰의 산물인양 제시하는 것을 탐지할 수 있다. 이러한 상황은 아주 흔히 발생하는 것으로서, 신경증적 조직을 가진 환자와 분리됨이 자기애적 이슈가 되는 환자의 저항으로 인한 전치의 결과일 수 있다. 고전적 클라인 학파 모델에서, 이러한 상황은 종종 시기심의 표현으로, 그리고 환자가 분석적 젖가슴의 기능을 몰수하는 것에 대한 신호로서 취급되었다.

하지만 분석가는 이러한 현상과 관련된 의미의 또 다른 차원을 생각해볼 수 있다: 분석가의 개입이 의도와는 상관없이 환자가 그것을 다룰 수 있는 준비를 갖추기 전에 분리됨의 인식을 강요할 수 있다는 것. 그럴 경우, 해석은 환자가 견딜 수 없는 고통스러운 침범이 될 수 있다. 이런 침범에 대한 반응으로, 환자는 고통으로부터 그리고 그가 직면할 수 없다는 현실의 원천으로 느껴지는 어머니-분석가로부터 회피할 수 있다. 그런 상태가 종종 분석가 안에서 자신이 존재하지 않는다는 느낌을 발생시키기 때문에, 역전이 안에서 분석가는 이런 상태를 탐지할 수 있다. 그것은 마치 분석가가, 그 자신의 고립된 마음 안에서 울려 퍼지는 분석가가 한 말의 희미한 메아리를 제외하고는, 아예 보이지 않거나 들리지 않는 상태에 있는 것과도 같다. 다른 때, 환자들의 반응은 자폐아동의 반향어를 닮은 것일 수 있다. 이러한 현상을 만날 때, 동기에 대한 질문은 분석가에게 본질적인 것이 된다.

분리됨의 인식이 본질적인 문제가 되는 극단적인 사례들에서, 환자는 처음에 편안해 보이고, 분석가가 말한 것에 의해 동요되지 않은 채, 마치 접촉되지 않은 것처럼 단순히 분석을 진행할 수 있다. 때로 거기에는 분석가가 환자의 보호 캡슐에 구멍을 냈음을 가리키는, 그리고 용해 과정(잠시 후에 설명할)이 시작되었음을 알려주는, 다양한 정도의 피곤함이나 다른 신체증상들(예를 들면, 기침, 속이 부글거림, 안절부절함)이 나타날 수도 있다. 하지만 그때 거기에는 상처로부터 무언가가 새어나오지 못하도록 밀봉하고, 다시 한 번 빠르게 그 보호막을 봉인하기 위한 강력한 노력들이 작동한다. 그처럼 보호받지 못하고 접촉되어졌음을 나타내는 태아적 징표들은 빈번히 환자가 분석가를 살아 있거나 현존하는 사람으로 느끼지 못한다는 것을 직접적으로 또는 암시적으로 표현하는, 환자의 호소에서 드러나는 "막다른 골목"으로 인도할 수 있다.

이상적으로, 분석가는 환자가 경험한 것에 대한 자신의 느낌을 부드러우면서도 단호하게 전달할 수 있을 것이다. 분석가의 이해는 세 가지 뚜렷한 영역들에 대해 말할 필요가 있다. 첫 번째 영역은 분석가의 개입에 의해서 유발되는, "견딜 수 없는" 정도의 분리됨의 고통과 두려움을 인식하는 것과 관련되어 있다. 두 번째 영역은 환자가 견딜 수 없는 고통을 마비시키고 이름 없는 두려움을 완화시키는 방식과 관련되어 있다. 마지막으로, 세 번째 영역은 "아무도 아닌," 또는 감질나게 하는, 접촉되지 않는, 그리고 단순히 환자의 존재의 주변부 안에 있어서(즉, 이러한 보호적 책략에 대한 부작용으로서) 도달할 수 없는, 분석가와 함께 여기에도 저기에도 존재하지 않는 느낌 안에서 절정을 이루는 이런 자기 보호적 책략들의 방식을 인식하는 것과 관련되어 있다. 시간이 지나면서 그리고 인내심과 함께, 극복 과정이 분리됨을 견디는 능력의 증가로 인도할 수 있게 되는데, 그때 분석적 커플은 치료적 곤경의 막다른 골목에 도달하는 대신에, 정서적 및 정신적 발달을 향해 앞으로 나갈 수 있을 것이다.

용해되는 것에 대한 두려움

어떤 개인들의 경우, 감당할 수 없는 분리됨의 인식과 진정한 정서적 친밀함의 소용돌이에 대한 자체-감각적 보호들은 마치 오로라 공주를 죽음으로부터 보호하기 위해 그녀가 누워있는 성의 주변을 둘러싸고 있는 가시덤불, 또는 바그너의 "반지"에 나오는 브룬힐데를 둘러싼 불의 장벽과도 같다. 분석가는 독침에 직면한 그리고 강렬한 정서의 화염에 직면한 이들 "잠자는 미녀들"과 함께 작업하기 위해서 "매력적이고" 상상력이 풍부해야 할 뿐만 아니라, 용기 있는 사람이어야 할 필요가 있다. 터스틴은 이렇게 말했다:

> 이런 환자들은 그들이 한 때 가슴이 찢어졌던 것처럼, 당신의 가슴을 찢을 것이다. 치료자는 가슴이 찢어지는 삶의 고통을 겪어내면서, 인간관계의 도움과 함께 용기와 탄력성에 대한 좋은 본보기를 제공할 수 있다(Tustin, 1989, 개인적인 대화).

아마도 개인분석, 슈퍼비전, 그리고 동료들에 의한 자문은 분석가로 하여금 환자가 원시적 공포뿐만 아니라 가슴의 상처들을 스스로 다룰 수 있을 것으로 기대하기에 앞서, 먼저 분석가에 의해서 견뎌져야만 하는 그러한 공포와 상처들을 다루는 데 유용할 것이다. 이러한 두려움들 중에 가장 두드러진 것이 "용해되는 것에 대한 두려움"이다.

용해(dissolution)라는 용어는 초기 유아의 타자성에 대한 인식, 심리적 및 신체적 변화의 사건들, 그리고 그러한 변화들에 의해서 발생한 정서적 재앙과 관련된 엄청난 위험에 대해 서술한다 (Tustin, 1986). 이런 변화들은 종종 근원적(primordial) 수준에서, 고체 상태에서 액체 상태로의 변형으로 느껴진다. 통제 불능으로 바닥없는 나락으로 쏟아지는 것에 대한 공포, 심지어 무로 증발하는 공포(Mitrani, 1993)는 그것이 담겨지지 않은 상태로 남겨질 때 지배적인 위협이 된다.

분석가가 자체감각적인 보호에 의해 부과된 차단막을 뚫고 들어가려고 시도할 때, 분석가는 또한 특히 "전이를 담고 있는 동안"(Mitrani, 2001), 이러한 동일한 위험에 노출된다. 우리 작업의 가장 어려운 측면인 이것은 상당한 정도로 분석가가 실제로 경험하고 고통 받은 정서적 사건들에 대한 반응으로 나타나는, 무의식적 요인들에 의해서 지배되는 무의식적 행동이다. 이것은 비온이 어머니의 "몽상" 기능이라고 부른 것의 본질적인 부분이다: 담는 대상의 주의를 기울이고, 적극적으로 수용해주는, 내사적인, 그리고 경험하는 측면. 아마도 전이를 담는 우리의 역량은 한 환자가 깊은 후회와 함께 말했듯이, 자신들의 삶의 대부분을 "단단하게 포장된" 상태에서 살아가는 개인들의 경우, 그 무엇보다도 중요할 것이다.

우리가 경험에서 배울 수 있는 기회를 갖는 곳인, 전이-역전이 연속체 안에서 가장 확실하게 드러나는 환자의 역사는, 병리적인 자체 감각성의 근저에 놓여 있는 기본적인 윤곽에 근접한다. 분만 직전과 이후 시기 동안에 종종 그렇듯이, 특히 어머니가 자기애적으로 취약한 상태에 있을 때, 그녀의 정서적 접근성이 손상되는 경우가 빈번하다. 자폐환자를 둔 어머니들은 종종 충분히 지지받지 못하고, 자주 낙담하고, 타고난 본성으로 인해 또는 아기를 낳는 당시의 환경으로 인해 우울하거나 다른 어떤 것에 몰두해 있는 상태에 있었던 것으로 드러난다(Tustin, 1981a). 따라

서 그들은 정서적 수준에서, 특히 아기가 그들의 잠재적인 자기
애적 상처의 원천으로 느껴질 때, 그들의 아기로부터 일시적으
로 철수하고, 반동하고, 거절하고, 돌아섰던 사람들이다.[10]

아기가 예외적으로 민감하고 자신을 표현하는 데 적극적인
경우, 아기의 울음은 어머니로서 실패했다는 느낌을 강화시킬
수 있다. 만일 어머니 편에서의 그러한 회피 행동이 아기가 견딜
수 있는 타고난 한계를 넘어선다면, 정상적인 투사적 동일시
(Bion, 1965—처음에 수용과 변형을 추구하는 흥분, 고통, 또는 공
포의 견딜 수 없는 상태들을 의사소통하는 것을 목표로 했던—
는 엄청난 정도로 과장된다. 그 결과, 유아의 갓 태어난 자기의
핵심적인 측면들은 마침내 정서적 상태를 지각할 수 있는 역량
과 함께 봉인된다. 이 책의 3장에서 상세하게 인용된, 모성적 담
기의 실패에 따른 연쇄과정에 대한 비온의 서술은 자폐적 캡슐
화의 공통된 전조를 설명해준다.

우리가 분석에서 성인 환자 안에 있는 유아의 특정한 곤경을
진정으로 이해하게 될 때, 캡슐을 구성하고 있는 보호적 껍질들
은 좀 더 느슨해질 수 있고, 이따금씩 떨어져나가 점진적으로 보
통의 인간 경험이 스며드는 것을 허용할 수 있다(Mitrani, 2006).
하지만 무(無) 안으로 미끄러져 내려가는 것에 대한 공포, 또는
흥분—특별히 부재와 재연합에 의해 유발되는—과 함께 터져버
리는 것에 대한 공포가 충성스럽고 친숙한 옛 보호 장치들을 다
시 사용하는 현상이 뒤따른다는 사실을 명심하는 것이 중요하
다. 이것이 순환되는 불가피한 현상이 "극복과정"(Freud, 1914)을
고통스럽고 지루하게 만드는 요소이다.

나의 환자인 줄리아는 그녀의 유아-자기를 싸고 있는 보호용
천이 지닌 매끄러운 성질에 대한 느낌을 이해하도록 나를 도울
수 있었다. 그녀는 외계인이라는 영화에 매료되었고, 괴물—괴물

같은 유아—이 어떻게 숙주의 배를 뚫고 나와 그 숙주를 파괴하고 도우려고 하는 사람들을 위협하는지에 대해 서술했다. 그녀는 이 장면을 그녀가 "최초의 자기"라고 부르는 것과 접촉하려는 나의 노력에 비유했다. 그녀는 우리 두 사람 모두가 그 과정에서 파괴될 것이라고 확신하고 있었다. 사실 터스틴(1988b, 개인적 대화)은 자폐 장벽에 대해 말하면서, 이러한 깨지기 쉬운 자기-충족 상태가 더 이상 유지될 수 없을 때, 상황은 환자에게 치명적이 되는데, 그 이유는 기본적인 존재의 연속성에 대한 느낌이 그와 같은 장벽을 유지하는 데 달려있기 때문이라고 지적했다.

나는 환자가 빈번히 분석가의 취약성에 대한 증거를 발견하는 것과 관련된, 타고난(in-built) 가정이 이 문제와 연결되어 있을 수 있다고 본다(Mitrani, 2007b). 그러한 증거는 때때로 공포스럽고 나쁜 것으로 경험되는, 그리고 어머니-분석가가 압도되는 것을 막기 위해 침묵하고 폐쇄해야만 하는, 외계인으로 경험된 유아적 자기와 접촉하는 분석가에 대한 과장된 두려움으로 인도한다. 나는 이 책의 5장에서 나의 환자인 레오나르드와의 작업을 제시함으로써, 이러한 종류의 상황을 예시했다.

저항과 공모: 분석가와 피분석자의 취약성이 일치할 경우

결론적으로, 나는 특별히 역전이와 관련해서 마지막 고려사항을 제시하겠다. 내가 말하고 있는 환자들이 아마도 다른 어떤 환자들보다도 유아기 전이에 대해 직접적으로 말하는 해석에 대해 저항하기 때문에, 그들은 또한 분석가가 이러한 거절을 통해서 발생하는 최대의 의존과 취약성의 상태와 접촉하고 싶어 하지 않도록 분석가 자신의 저항을 자극한다. 때때로, 이러한 자극은 매우 강렬한 것일 수 있기 때문에, 분석가는 자신의 마음을 단단하게 만듦으로써 자신도 모르는 사이에 환자와 기꺼이 공모할 수 있고, 정서에 대한 그녀 자신의 장벽을 만들어낼 수 있다. 환자 안의 유아가 소통하는 것이 분석가 안의 유아가 겪은 것과 너무 강렬한 반향을 불러일으킬 경우, 분석가의 과제는 그것들이 만나는 핵심적인 지점을 알아차리는 것이다. 이러한 반향은 이것들이 무의식적으로 그리고 때로는 비언어적으로 소통될 때, 환자의 초기의 삶에서 발생한 일들에 의해 더욱 복잡해진, 분석가 자신의 초기의 삶에서 발생한 사건들에 뿌리내리고 있는 일정 범위의 반응들을 불러일으킬 수 있다.

예를 들어, 환자의 자료는 분석가가 유아기와 걸음마 시절에 겪었던 신체적 손상들이나 장애들, 정신적 외상과 신체적 및 정신적 제한들에 대한 억압된 기억들을 휘저어낼 수 있다. 나는 내가 줄리아라고 부른 피분석자의 행동화 패턴에 직면해서, 여러 달 동안의 인내를 요구했던 시기를 기억한다. 이 시기 동안에, 나는 "어디로 방향을 틀어야 할지 모르겠다"는 느낌으로 인해 심하게 동요되었고, 그것은 종종 묻혀 있던 옛 기억들을 불러일으키는 방식으로 꿈에서 표현되었다: 나는 한 살에서 세 살 사이에 굽은 다리를 곧게 펴기 위해 밤 동안에 그리고 낮 동안에도 잠을 자는 동안에는 다리에 보조기를 달고 지내야만 했다. 이 보조기는 쇠막대기에 의해서 분리된—요람 안에서 뒤집는 능력을 제한하는—옥스포드 유형의 구두 형태를 취했다. 나는 이러한 꿈들(그리고 그러한 꿈들과 일치하는 나의 다른 반응들과 연상들)이 줄리아의 딜레마가 지닌 의미와 중요성에 대한 열쇠를 간직하고 있고, 그것들이 우리로 하여금 분석적 통로로 나아갈 수 있

도록 해석적 개입을 끌어낼 수 있는 본질적인 자료를 구성하고
있다고 확신했다.

제한, 결함, 절망, 그리고 무력감의 느낌들을 견디려는 투쟁은,
그것이 궁극적으로 환자의 인격 구조 안에 있는 주된 역동들 중
의 하나에 대한 세대 간의 뿌리를 발견하도록 이끌었을 때, 가치
있는 것으로 드러났다. 우리는 추적을 통해 그 뿌리가 환자의 어
머니의 외상적 초기 시절과 그러한 외상에 대한 그녀의 적응 외
에도 외조모의 성격적 특징들에까지도 뻗어 있다는 것을 알 수
있었다. 분석가는 역전이 안에서 만나는 이런 종류의 어색한 사
건들을 우회하기 위해서 성인의 경험들, 전문가적인 능력, 훈련,
그리고 특히 이론들에 의지하기보다는, 굳은 의지와 과정에 대
한 신앙을 갖고서 그러한 풀려난 정서적 반응들과 신체적 감각
들을 이해를 위해 유용한 도구로 연마하고 정제할 수 있는 용기
를 발견할 수 있다.

마지막으로, 비록 일부 환자들은 상담실 밖에서 일어나는 것
들에만 관심을 갖도록 우리를 유도할 수 있지만, 그리고 빈번히
궤도 바깥으로 우리를 끌어내려고 시도하지만(예를 들면, 그들이
"이것은 선생님에 관한 것이 아니에요!"라고 말할 때), 분석가는
살아있으면서 유아기 전이에 주의를 기울이는 방식을 그리고 그
안에서 자신의 역할을 발견할 필요가 있다. 현재의 외부 사건에
끌려 다니거나 분석적 커플 모두가 이미 친숙한 역사적 과거로
빗나가는 것은 환자의 자폐적 장벽을 완화시키기보다는 오히려
강화시키는 쪽으로 이끌 수 있다. 분석가의 가슴 한복판에서 나
오는 이러한 의사소통들이 순간적으로 떠오를 때 분석가가 그것
들에 마음을 여는 것은, 자기의 온전한 출현을 촉진시키는 데 기
여할 수 있다.

긴 검은 나뭇가지들 속으로 들어가려고 시도해보았는가?

– 메리 올리버[11]

다른 생명체들의 긴 검은 나뭇가지들 속으로 들어가려고
시도해보았는가—
이른 아침에, 어린 아카시아 나뭇가지에 매달려 있는, 꿀이
가득한, 신선한 나뭇결이 어떤 느낌일지 상상해본 적이 있
는가?
당신은 이 세상이 단지 당신을 위한 여흥일 뿐이라고 생
각하세요?
바다 속으로 들어가 어떻게 바닷물이 당신이 들어올 수
있도록 모든 예의를 다해 갈라지는지 바라보지 않으면서!
마치 당신이 잔디인 것처럼, 잔디에 결코 눕지 않으면서!
당신의 가슴 속 검은 응어리 위로 당신의 날개를 펼 때
결코 공중을 향해 뛰어들지 않으면서!
우리가 당신의 슬픔에 찬 목소리에서
당신의 삶에서 뭔가가 빠져 있다는 불평을 듣는 것은 놀
랄 일이 아니군요!
누가 빗장에 손을 뻗지 않고서 문을 열 수 있을까요?
누가 한쪽 발을 다른 발 앞에 내딛지 않고서, 그리고 길
위에서 끊임없이 펼쳐지는 것들에 집중하지 않고서, 수 마
일을 갈 수 있을까요?
건물 외벽에 장식된 돌을 감탄과 함께, 심지어 황홀감과
함께 관찰해보지 않고서,
누가 내면의 방을 바라볼 수 있을까요?
자, 아직은 시간이 있어요—

사방에 있는 들판들이 당신을 초대하네요.
만약 당신이 지금 있는 그곳에서 떠나 당신의 영혼을 찾기 위해 헤맨다면,
누가 신경을 쓰고, 누가 당신을 꾸짖을는지요?
그렇다면 빨리 일어나 코트를 걸치고, 당신의 책상에서 떠나세요!
그것 자체로 신비인, 그리고 생명인 동시에 죽음인, 잔디밭의 문 안으로 발을 내딛으세요. 그리고 두려워하지 마세요!
죽음의 문 안으로 발을 내딛고, 놀라움에 사로잡히세요!
잡초 앞에 앉아서, 자신의 지푸라기 집에서 나와 항해하면서, 막 피어난 꽃들에게
흉내지빠귀의 핑크빛 부리에서 나오는 노래에게
밤새 핀 인동덩굴이 숄에게
이리저리 고개 숙여 인사하는, 열손가락을 가진 신을 상상해보세요.
잡초들과 함께 어울리는 잡초처럼, 바닥에 앉아서 바람 속에 바스락거려보세요!
들어보세요, 당신은 겨우 숨을 쉬고 있으면서 그것을 삶이라고 부르나요?
결국, 영혼은 창문일 뿐,
그 창문을 여는 것은 짧은 잠에서 깨는 것보다 더 어려운 건 아니에요.
지난주에야 나는 가시덤불 속으로 들어가 야생 장미에게 말했어요:
나를 거절하지 말고,
나의 헌신을 감당해달라고.
그러고 나서 오후 내내, 나는 그들 가운에 앉아있었어요.

아마도

나는 심지어 그들의 통통한 꽃봉오리들에서, 그들의 섬세하고 물오른 줄기들에서 서둘러 나오고 있는, 촉촉하고 붉은, 음악의 곡선 또는 끌어당김을 들었어요.

당신은 얼마나 오랫동안 그 검은 소리침에,

신중하라고 경고하는 소리에 귀를 기울일 건가요?

빠지세요! 빠지세요!

잡초들 사이에 한 여자가 서 있어요.

작은 배가 깊은 파도에 흔들리고 있고, 그 뒤를 이어 또 다른 파도가 그 자체의 신음소리와 우아함을 지닌 채 오고 있어요.

그러는 동안, 이따금씩, 나는 살아있는 것들 사이에서 불변의 것을 만나기도 해요.

무엇을 더 바랄 수 있을까요?

나는 데이지의 꽃잎들을 만질 것이고

그것에 대해 생각하기 위해 절을 할 거에요.

그때 거기에는 아직 끝나지 않은 것이 있어요.

이제 해는 지기 시작해요. 복숭아 빛 아래에서,

나는 들판과 모래 언덕을 가로 질러요; 나는 바닷가를 따라가요.

나는 기어오르고, 되돌아가요.

나는 떠있어요.

나는 집을 향해 거닐어요.

주

1. "긴 검은 나뭇가지 안으로 들어가려고 시도한 적이 있나요," 메리 올리버의 West Wind: Poems and prose poems. Copyright 1997 by Mary Oliver. Reprinted by permission of Houghton Mifflin Harcourt Publishing Company. All rights reserved.

2. 대상이 아기 자신의 내적 상태를 수용하고, 이해하고, 반영하는 것을 할 수 없거나 하고 싶지 않을 때, 또는 대상이 아기에게 자신의 내적 상태를 투사할 때, 의도된 상태들은 상징화되지 않을 것이고, 자기-구조의 발달적 기초는 부재하게 될 것이다(Fonagy & Target, 1996). 그러한 자기-이미지의 약함은 아동을 이름 없는, 혼동되고, 공포스런 상태에 남겨두는, 정동적 및 지각적 사건들의 희생자로 만든다. 비온은 이러한 사건들을 소화되지 않은 것 또는 담겨지지 않은 것으로 불렀고(Bion, 1962) 나는 "정신화되지 않은 것"이라고 불렀다(Mitrani, 1994).

3. 시드니 클라인은 우선 분석에서 발전하는 겉모습에도 불구하고, 분석가로부터 그리고 나머지 인격으로부터 자신들을 차단하는 캡슐화 세력으로 인해 근본적으로 접촉되지 않은 채 남아있는 환자를 서술했다. 클라인은 이 캡슐화 영역들(cystic areas) 안에 차단되어 있는 것들은 정신화 되지 않은 초기 유아기의 분리 경험들과 관련된 "고통, 죽음, 해체 또는 붕괴"에 대한 강렬하고 견딜 수 없는 공포들이라고 가정했다(S. Klein, 1980, p. 400). 그는 이러한 현상들이 "소위 자폐아동들에게서 관찰되는 것들과 놀라울 만치 비슷하다"고 제안했다(Ibid). 흥미롭게도, 소설가 패트릭 쥐스킨트(Patrick Suskind, 1986)는 극단적인 캡슐화 현상에 대한 소설을 쓴다. 그는 다른 어떤 것에 몰두해 있는, 궁핍한, 그리고 지원해주지 않는 어머니에게서 태어난, 그의 주인공 그레

누이를 묘사한다. 그의 생존 도구는 진드기의 그것과 비교된다: "삶은 그에게 끊임없이 계속되는 겨울잠 밖에 줄 것이 없는 ··· 자신의 푸르스름한 몸을 공처럼 둥글게 만듦으로써 최소한의 표면만을 세상에 제공한다; 그의 피부를 매끄럽고 밀도 있게 만듦으로써, 아무것도 내뿜지 않고 ··· 자신을 더 작고 눈에 띄지 않게 만든다. 아무도 그를 보지 못한 채 그를 밟고 지나가도록 말이다. 스스로 안에 둘러싸인 채, 나무에 매달려 있는, 보지 못하고 듣지 못하는, 외로운 진드기는 자신의 힘으로는 결코 도달할 수 없는, 지나가는 동물의 피 냄새를 맡으면서 ··· 고집스럽고, 음침하며 혐오스럽게 웅크리고 있으면서 ··· 가능하지 않을 것 같은 기회를 기다리며 ··· 그리고 오직 그 순간에 과감하게 다른 동물 위로 떨어져 그 동물의 살을 할퀴고, 꿰뚫고, 깨문다 ··· 어린 그르누이는 그런 진드기였다 ··· 그는 자신의 캡슐 안에서 더 나은 시절이 오기를 기다렸다((Patrick Suskind, 1986, p. 25).

4. 모든 임상자료는 의자에 앉은 채 행하는 초기 면담 이후에, 분석용 카우치에 누운 상태로 주 4회 또는 5회의 분석에 참여하는 환자들에 관한 내용이다.

5. 터스틴은 자폐적 대상을 보통의 대상들(무생물 또는 생물)과 구별했다. 전자는 관계를 맺기 위한 대상이 아니라, 그것이 주체의 피부 표면에 불러일으키는 촉감을 위해서 사용되는 대상이다. 그것은 대상이 신체적으로 부재하는 동안에 "나"와 "나 아닌 것"을 연결하는 다리를 구성하는, 그 둘의 결합을 나타내는 "중간대상"(Winnicott, 1958)과 다른 것이다, 반면에 자폐적 대상은 "나 아닌 것"에 대한 인식을 막는 장벽이고, 그럼으로써 성장과 발달을 가로막는 장애물이다. 자폐적 형태는 피부 표면에서 산출되는, 또는 신체의 산물이나 대상들의 도움을 받아 내부로부터 발생하는 고유한 감각의 소용돌이라는 점에서, 객관적인 형

태(정사각형이나 원과 같은)와 구별된다. 우선 자폐아동들의 관찰에 기초한 이러한 차이들은 감각-지배적인 망상이라고 생각될 수 있는, 자폐 동굴들을 가진 성인과 아이들에게서 관찰될 수 있는 여러 가지 다른 행동들을 포함하도록 광범위하게 확장되었다. 여기에서 핵심 단어는 "감각"이다. 그러한 감각들은 안전, 힘, 그리고 밀봉 상태에 대한 환상을 제공함으로써, 견딜 수 없는 사건으로부터 우리의 주의를 분산시키는 데 사용되거나, 공포스런 인식을 차단함으로써, 마비시키거나 진정시키는 효과를 발생시키는 데 사용된다.

6. 터스틴은 이것들을 "정신 발달의 초보적인 수준에서 경험의 틀을 만드는, 그리고 그렇게 틀지어진 것에 의해 경험이 수정되는, 유연한 감각적인 주형(moulds)이라고 정의한다. 타고난 형태가 외부 세계 안에 있는 그것에 상응하는 것과 일치하는 것으로 보일 때, 아동은 모든 것이 그 자신의 "신체 물질"(body stuff)과 동의어이고 그것의 연장선상에 있다는 환상을 갖는다"(Tustin, 1986a, p. 85).

7. 이 글의 범위가 가진 한계 때문에, 나는 해리 상태와 자폐적 상태 사이의 차별적 진단을 깊이 있게 다루지 못했다. 이것은 별도의 논문에서 다룰 만한 주제이다. 비록 두 상태 모두가 외상과 관련되어 있지만, 해리 상태는 대상-관계적 범주에 포함될 수 있다고 말하는 것으로 충분하다. 그것은 기억상실(망각) 또는 둔주(fugue) 그리고 해리적/다중 인격장애(그 안에서 자기의 분열되거나 억압된 측면들이 최소한 일시적으로 생명/표현을 부여받을 수 있는)로 표현될 수 있다. 대조적으로, 자폐 상태에서 공통된 캡슐화는 정신화되지 않은 외상적 지각(멜처와 비온이 해체된 지각 장치와 관련된 측면으로 서술한)이 앞으로 있을 발달, 표현, 또는 기억으로부터 봉인되어 있는 가상적인 고립된 밀실을 구성

하고 있다. 분열과 투사, 억압, 부인, 그리고 전치와 같은 비교적 진보된 방어들은 자폐 상태와 관련이 없다. 따라서 외상적 사건들은 기억될 수도 없고 잊혀질 수도 없다. 게다가, 인격의 외상 입은 측면은 (단어의 통상적 의미에서) 잠정적으로 또는 대안적으로 살아낼 수 없다.

8. Theodore Mitrani 박사는 그리스어에서 황홀이라는 단어가 ek(밖) stasis(힘의 자리)에서 유래했다는 점을 지적했다. 고대 그리스인들은 기쁨, 아름다움, 그리고 사랑의 경험이 안정된 상태를 흔들어놓는 효과에 대해 알고 있었던 것으로 보인다. 만약 이러한 효과가 어머니에 의해 만나지지 않고 담아지지 않은 채 남겨진다면, 그것은 아기에게 압도적인 것이 될 수 있을 것이다(J. Mitrani, 1998b).

9. 몇몇 학파들의 임상가들의 작업에서 이끌어낸 학술 논문에서, 미국인 분석가 Ruth Stein(2005)은 자신들의 분석가들과 비-성적인 빗나간 관계에 참여했던 것으로 보이는 환자들에 대해 논의했는데, 그들은 증오와 편집증으로 위장한 신체적 감각들을 만들어내기 위해 분석가들에게 마치 그들이 무생물인 것처럼 접근했다. 스타인은 겉으로는 다정하게 보이지만 실제로는 정동을 피하고 있는 관계의 성질을 특징짓기 위해 "거짓된 사랑"이라는 단어를 만들어낸다.

10. 명료화를 위해서, 비록 터스틴이 자폐적 보호를 묘사하는 적절한 방법인 Bettelheim(1967)의 "텅 빈 요새" 개념을 종종 언급하긴 했지만, 그녀가 "나는 자폐아동들의 어머니들에게 깊은 연민을 느끼고 있다"라고 썼을 때, 그녀는 자폐아동들의 어머니들에 대한 그의 묘사에 동의하지 않는다는 것을 명백히 했다. 내 견해에서, Kanner는 자폐아동의 어머니들을 '차갑고 지적인 사람들'로 보는 유감스러운 유행을 시작한 것으로 보인다. "그가

그 말을 한 후에, '냉장고 어머니'와 같은 구절들이 유행하기 시
작했다. 나는 이 견해에 동의하지 않는다"(Tustin, 1986a, p. 61). 터
스틴의 태도와 일치하게, 아마도 환경의 실패, 체질적인 결함, 그
리고/또는 그 둘의 조합의 가능성을 고려해보는 것이 중요할 것
이다: 내가 유아-어머니 쌍 안에 있는 "취약성의 우연의 일치"라
고 부른 것(Mitrani, 2003).

11. "긴 검은 나뭇가지들에 들어가려 시도한 적이 있는가,"
Mary Oliver의 West Wind: Poems and prose poems. Copyright 1997,
Mary Oliver. Reprinted by permission of Houghton Mifflin Harcourt
Publishing Company. All rights reserved.

제8장
자폐증에 대한 신경과학적 이해와
정신분석적 이해 사이의 간격*

언젠가는 자폐 상태에 대한 임상적인 정신분석적 관찰들
과 신경과학적 발견들 사이에 교량이 발견될 수 있을 것
이다. 나는 이 교량을 건설하는 데 조금이나마 기여할 수
있다고 믿고 싶다.

- 터스틴, 1994a, 개인적 대화

이 장은 수 십 년간의 배움을 통한 나 자신의 개인적 순례의
길을 따라가고 있다. 때때로 내가 배운 것은 분석가가 되고자 하
는 나의 욕망과 관련해서 내가 가고 싶어 하는 곳과 명백한 연
결을 갖고 있지 않다. 이 과정은 분석가로서 우리가 알게 된 것
과 유사한 것이다: 즉, 때로 가장 하찮게 보이는 스쳐지나가는 발
견이 우리의 환자들뿐만 아니라 우리 자신들을 위해서 더 큰 이
해를 향한 열쇠가 될 수 있다는 것. 이 장에서, 나는 이탈리아 파
르마에 있는 신경과학자들 집단이 "거울 신경"이라는 특별한 부

* 이 논문은 2010년 아동 심리치료저널 36에 "자폐증에 대한 신경과학적 이
해와 정신분석적 이해 사이의 간격"이라는 제목으로 실렸다.

류의 뇌세포를 발견한 것이, 그리고 샌디에고 지역의 캘리포니아 대학교 연구자들의 작업이 자폐 문제에 어떻게 적용되어 왔는지 그리고 어떻게 그것들이 아동들의 심인성 자폐증의 성질과 기능, 그리고 의미와 만날 수 있고, 더 나아가 그것들이 신경증 성인들의 자폐 상태들에 대해 프랜시스 터스틴이 발견한 것들과 만날 수 있는지를 보여줄 것이다.

내 연구에는 1960년대 캘리포니아 대학교에 있는 일단의 생물학자들에 의해 수행된 풍요로운 환경 대 박탈된 환경이 두뇌 발달에 미치는 영향에 대한 연구와, 1980년대에 로마대학교의 소아신경-정신연구소에서 정신분석적으로 치료한, 뇌손상을 입은 자폐아동들에 대한 유명한 연구결과들이 포함되어 있다. 이 장은 자폐 현상의 다양한 차원들에 대한 보다 일관성 있는 그림을 제시하고, 그것에 대한 토론과 연구를 위한 새로운 영역들을 지시하는 것으로 끝을 맺을 것이다.

도입

프랜시스 터스틴은 그녀의 인생 끝자락에서, 아동들과 어른들에게서 나타나는 자폐적 상태의 발달에 대한 정신분석적 이해에 결정적인 기여를 했다. 그녀는 그러한 이해의 바탕 위에서 정신분석적 치료를 위한 지침을 형성했다. 자폐아동들과 그들의 부모들을 위한 지칠 줄 모르는 지원자로서, 그녀의 사고들은 신경과학에서의 발견들이 그녀 자신이 걸어온 길과 교차하는 미래의 시간에 명백하게 도달하였고, 이것은 보고에 의하면 150명 중 1명의 아이와 그 가족들에게 영향을 끼치는 이 비극적 장애를 좀 더 효과적으로 다루는 길로 인도하였다.

　터스틴의 헌신에 영감을 받은 나는 여러 해 동안 그녀의 아이디어에 힘입어 자폐증의 복잡한 퍼즐을 면밀하게 고려해왔다. 그동안 실험심리학과 정신분석 그리고 좀 더 최근에는 뇌과학을 통한 개인적인 공헌들이 자폐증에 대한 이해를 확장시켰다. 여기서 나는 이러한 몇몇 이해를 상세하게 설명하고자 시도한다. 즉 자폐증을 다차원적으로 그려볼 것이고, 앞으로의 더 많은 논의와 연구를 위해 몇몇 영역들로 가는 길을 제시하고, 정신분석과 뇌과학 사이의 간격을 좁혀볼 것이다.

신경생물학적 연구들

　로스앤젤레스에 있는 캘리포니아 대학에서 심리생물학을 전공하면서, 나는 버클리 생물연구실에서 수행된 실험을 알게 되었다(Rosenzweig, Krech, Bennett & Diamond, 1962). 아마도 동물권리 운동가들이 실험동물들의 좀 더 인간적인 취급을 위해 로비를 하고 있던 사회정치적 분위기의 영향 하에, 이 연구자들은 그들의 실험 결과가 유전적 차이에 의한 것이 아니라는 것을 확인하기 위해서 유전적 단일성을 지닌 쥐들을 실험에 사용하였다. 일단 그들의 어미에게서 젖을 뗀 후에, 동물들은 3가지 환경 조건들 중 하나에서 사육되었다.

　한 무리의 쥐들은 어둡고 조용한 방에 고립된, 박탈된 환경에 배치되었지만 먹이와 물은 다른 쥐들과 똑같이 제공되었다. 두 번째 무리의 쥐들은 최소한의 사회적 조건만이 허용되었고, 사람들이 있는 연구실 환경에서 한 우리에 3마리씩 살게 했다. 세 번째 무리는 여름 캠프와 비슷한 환경이 제공되었다: 한 우리에 12마리씩 있었으며, 장난감들과 미로에서 매일 놀 수 있는 풍요로운 환경 안에서 자주 과학자들에 의해 다루어졌다.

버클리 팀은 장난감들 및 사회적 교류와 함께, "풍요로운" 환경 안에서 길러진 쥐들이 사회적으로 고립되고 감각이 박탈된 황폐한 환경에서 길러진 쥐들보다 더 영리할 뿐만 아니라, 수행 능력에서 진전을 보였으며, 이것이 또한 상당한 정도로 더 큰 대뇌 피질과 관련되어 있다(Bennett, Diamond, Krech & Rosenzweig, 1964)는 것을 발견했다. 이 대뇌 피질이 지능, 성격, 그리고 운동 기능을 결정짓는 뇌의 영역이며, 감각 충동들에 대한 해석과, 그러므로 계획하고 조직하는 능력과 관련되어 있다.

경쟁 이론들을 제거한 후에, 연구자들은 지적 및 사회적 자극의 결합이 그들의 쥐에서 관찰된 피질의 증가에 필수적인 요소였다고 결론지었다. 부가적으로, 추후 연구는 피질의 성장이 또한 풍요로운 환경에서 지낸 어른 쥐들에게서도 일어난다는 것을 보여주었다. 일리노이 대학에서의 추후연구들(Volkmar & Greenough, 1972)은 풍요로운 환경들이 뇌의 정보 처리능력을 높여준다고 제안했다. 그들은 피질의 무게의 증가는 수상돌기 가지들의 수의 증가를 동반한다는 것을 발견했다. 이것들은 뇌의 중계국(brain's relay station), 시상(thalamus), 그리고 피질 사이에 있는 의사소통에 중요한 영역인, 특히 피질의 4번째 층 안에 있는 다른 신경들로부터 의사소통을 받아들이는 덩굴손들(tendrils)이다.

이것에 더해서, 그리너프(Greenough, 1988)는 본래 박탈된 환경에서 길러진 쥐들이 풍요로운 환경으로 옮겨질 경우, 그들 역시 더 많은 신경 연결들과 함께 더 커다란 뇌를 발달시키고, 그들의 수행능력이 개선된다는 것을 발견했다. 이러한 발견들은 과거에 위축되게 발달한 뇌가 환경의 개선을 통해서 제 궤도로 돌아올 수 있다는 것을 보여주었다.

더 나아가, 그리너프, 블랙과 월러스(Greenough, Black & Wallace, 1987)는 인간의 경우, 풍요로운 환경의 하나의 핵심적인 구성요소는 그것이 배움을 가져다주는 것임을 보여주었다. 다른 말로, 연구자들은 단순히 외워서 하는 활동이 아니라, 진정한 "경험에서 배우는 것"(Bion, 1962)이 뇌의 물리적 구조에 극적인 영향을 미친다는 것을 발견했다. 비록 물리적 구조와 지적 능력에서의 변화들 사이의 정확한 관계는 명료하지 않은 상태로 남아 있었지만, 그들의 실험들은 지능과 창조성의 물리적 구성과 추상적인 특질들 사이에 실질적인 연결들이 있다는 증거를 제공했다. 이러한 연구들은 또한 마음의 모든 측면들이—기억에서 꿈들과 정서들에 이르는—물리적 상관물을 갖고 있으며, 감각의 박탈과 제한된 "경험"이 뇌의 신체적 구조뿐만 아니라 기능의 위축을 가져올 수 있다는 것을 제안하고 강화했다.

내가 처음으로 이러한 연구 계획서들을 읽었을 때, 나는 혹시 그것들이 또한, 특정한 종류의 심리치료가 사람들의 심리적 및 정서적 발달뿐만 아니라 생리적 발달까지도 다시 궤도 위로 되돌려 놓을 수 있는 함축들을 담고 있는지 궁금해졌다. 그러나 어떤 종류의 심리치료가 그리고 어떤 제한된 발달의 다양성들이 이 모델에 적용될 수 있을까?

프랜시스 터스틴의 작업

1980대 초에 나는 프랜시스 터스틴의 작업에 대해 알게 되었다. 그녀는 그녀가 정신분석적 방법으로 자폐와 정신증 아동들을 치료했던 런던 타비스톡 센터(Tavistock Centre)와 그레이트 올몬드 스트리트 병원(Great Ormond Street Hospital)에서 훈련받았다. 터스틴의 예리한 관찰 능력, 아이들의 무의식적 과정을 경청하는 그녀의 제 3의 귀, 그리고 시력뿐만 아니라 섬세하게 연마된 통찰력은 그녀로 하여금 이러한 아동들이 그들이 하지 않았거나 하지 않으려고 했던 것들을 하도록 밀어붙이는 힘들이 어떤 것인지를 확인할 수 있게 해주었다.

터스틴(1981)은 본래 프로이트에 의해 언급된 "인상적인 탄생의 분기점"이 유아에 의해 경험된 신체적 분리됨에 대한 조숙한 인식이라는 충격을 포함할 수 있다는 것을 이해하게 되었다. 여기서 "조숙하다"는 말의 의미는 그 분리가 유아가 신체적 감각에서 오는 자신의 감정들과 정서들, 그리고 불안들을 충분하게 분별할 수 있는 능력을 발달시키기 전에 일어났다는 것과, 동시에 그가 아직 그의 어머니로부터 완전하게 분리되지 않았다는 것을 뜻한다. 이 충격은 무언가가 "사라졌다"는, 또는 신체의 본질적인 일부를 상실했다는 실존적인 두려움을 발생시키는 것으로 보인다. 예를 들어, 처음에 아기의 입의 일부로 경험되었던 젖꼭지들; 또는 본래 엄마의 팔로 경험되었던 그의 신체 부분들을 연결해주는 연결들; 또는 일부 사례에서는, 본래 어머니로 경험되었던 아기의 몸의 반쪽(Haag, 1985)이 상실되었다는 두려움이다. 터스틴(1981b)은, 건강한 경우, 인상적인 탄생의 분기점에도 불구하고, 자궁 안에 존재하는 것과 연관된 감각으로부터 그 외부에 있는 것으로의 점진적인 이동이 발생한다고 생각했다. "양수" 안에서 느끼는 촉감들은 아동의 출생-이후 환경에 대한 최초 경험으로 이어진다.

그녀는 "충분히-좋은" 환경에서, 만일 분리됨에 대한 인식이 유아를 압도할 것 같이 위협한다면, 유아는 보통의 헌신적인 어머니에게 자신의 원초적 공포를 소통하려고 시도할 수 있다는 것을 관찰했다. 아마도 그녀의 특별한 아기의 곤경에 공감하는 어머니의 능력 덕택에, 그녀는 그녀 자신의 존재와 삶의 우여곡절에 대한 이전에 소화된 경험을 통해 공포를 걸러줌으로써 아기의 시련을 변경시켜줄 것이다. 그녀는 아기를 보살피는 여러 방식을 통해서 아기와 의사소통하고, 아기에게 그녀 자신의 확신을 돌려줌으로써, 아기의 두려움을 줄여줄 수 있다.

터스틴은 이러한 사건들이 충분히-잘 진행된다면, 출산-이후의 자궁으로서의 어머니의 마음이 지닌 상식적이면서도 공감적인 개인적인 특질들이 신생아의 심리적인 통합을 촉진시킨다고 생각했다. 이것은 어머니의 건강한 신체적 자궁이 태아의 신체적 통합을 촉진하는 것과도 같다. 그러나 어떤 아기들은 다른 아기들에 비해 더 취약하고 보살피기가 더 어렵다. 때때로 이러한 좀 더 민감한 유아들은 뜻하지 않게 유아기에 자기 자신의 분리됨의 감정들을 잘 처리하는 데 도움을 받지 못한 어머니들과 짝을 이룬다. 이러한 감정들이 어머니의 출산 전후에 다시 불러일으켜지면, 그 감정들은 스트레스와 몰두의 원천을 구성할 수 있으며, 어머니가 상황이나 성격에 몰두하게 될 때, 또는 부적절한 감정과 외로움, 그리고 우울이 지배할 때, 어머니의 역할은 특별히 민감한 유아를 보살피는 극도로 어려운 과제로 인해 더욱 복잡해질 수 있다.

만일 어머니가 그녀 자신을 위해 이러한 감정들을 느끼고, 생각하고, 처리할 수 없다면, 그녀는 유아를 안아주고, 잡아주고, 달래주고, 유대관계를 맺고, 분리되며, 유아의 전체성을 보호해줄 수 있다는 느낌을 전달해주지 못할 뿐만 아니라, 그렇게 할 수 없을 것이다. 그렇다면 여기에서 질문이 제기된다. 어머니는 무엇을 해야 하는가? 터스틴(1994b)은 좋은 의도를 가진 어머니들이 종종 이러한 부족함을 본능적으로 보상하기 위해서, 물리적으로 지나치게-보호적이 되는 것을 관찰했다. 그러나 역설적으로, 어머니 역할의 물리적 차원에 집중하는 그들의 사랑은 행복감보다도 존재의 감각을 강조하는, 터스틴이 "이중적 일치(dual unity)" 또는 "점착성 일치(adhesive unity)"라고 부르는 상태를 발생시키는 데 기여할 수 있다. 이러한 촉각적 접촉에 대한 지나친 강조는 어머니가 신체적으로 부재하는 동안 아기를 극도로 취약하게 만든다. 따라서 터스틴은 그녀의 마지막 논문에서 심인성 자폐증은 다음과 같다고 명료화하였다:

> 심인성 자폐증은 어머니와의 점착성 일치라는 비정상적이고 항구화된 상태가 외상적으로 붕괴되는 것과 관련된 스트레스를 다루기 위해 발달한 보호적 반응이다. 즉, 그것은 외상에 대한 반응이다. 그것은 두 단계로 이루어진 질병이다. 첫째, 이중적 일치의 항구화 단계이고, 둘째, 이것의 외상적 붕괴와 그것이 야기하는 스트레스의 단계이다 (Tustin, 1994b, p. 14).

각각의 아기가 타고난 성향과 민감성의 역할뿐만 아니라, 그 아기의 신경학적 비정상성의 가능성을 터스틴(1972)이 충분히 인식했다는 점에 주목하는 것이 결정적으로 중요하다. 그녀는 자신이 치료했던 자폐아동들에게 신경학적 문제들이 없었다는 것은, 단지 그러한 문제들이 그 당시에 사용되었던 진단적 방법에 의해 탐지될 수 없었다는 것을 의미한다고 반복해서 강조했다. 칸너(Kanner, 1943)의 "냉장고 어머니들"과는 대조적으로, 터스틴은 이러한 과민한 아이들의 어머니들이 대부분 반응하지 않는 아이들과 관계를 맺기 위해 최선을 다하는 애정 어린, 그러면서도 스스로 살아남기 위해 고군분투하는 어머니들이라는 사실을 관찰했다. 이러한 어머니들은 터스틴의 마음속에서 사랑의 감정과 치료적 야망을 고취시켰다. 그러나 그녀는 어머니의 생존에 대한 몰두가 위니캇(1956, 1960a)이 "정상적인 일차적 모성 몰두"라고 부른 것의 확립을 방해할 수 있으며, 정상보다 더 취약한 아기로 하여금 그것을 통과하는 것과 어머니 자신의 것으로부터 분리되고 구별된 그의 욕구와 욕망들을 세워나가는 것을 힘들게 할 수 있다고 제안했다.

그러한 불완전함에 대한 느낌들이 우리가 생각하는 것보다 더 자주 초보 어머니들에게서 발견된다는 것이, 내가 관찰한 사실이다. 그 이유는 점점 더 많은 사람들이 가족들의 친밀하고 애정 어린 지원으로부터 지리적으로나 정서적으로 단절되어 살아가고 있기 때문이다. 부가적으로, 그들의 남편들은 때때로 아버지가 된다는 가능성에 대한 그들 자신의 불안정성에, 또는 늘어나는 가족을 부양해야 한다는 압박감에 사로잡혀 있다. 따라서 아버지들은 신생아와 엄마 커플에게 정서적 지원을, 즉 유아와 어머니 사이의 건강한 유대와 시기적절한 분리를 위해 필수적인 지원을 주지 못할 수도 있다. 나는 우리 현대 문화에서 점점 더 일반적이 되어가고 있는 이러한 피할 수 없는 환경적 조건들이 지난 30년 동안 자폐증의 발생 빈도가 두려울 정도로 증가하는 데 기여한 하나의 요인일 수 있다고 생각한다.

터스틴(1990a)은 최상의 조건에서 어머니와 아기는 서로의 리듬, 몸짓, 소리, 또는 행동에 맞춘다고 제안했다. 그들 모두는 출생 시부터 완전하며, 분리되어 있으면서도 서로 비슷하다. 이러한 상황에서, 정상적인 발달적 모방이 점차적으로 내사적 동일시의 과정으로 진화된다. 이것은 경쟁적이거나 기생적인 관계보다는 보완적이며 상호적인 관계가 존재한다는 것을 의미한다.

그러나 지나치게 예민하고 불충분하게 준비된 유아가(그가 경험하기에) 자기 자신과 갑자기 분리된 어머니 사이의 엄청난 간격을 경험한다면, 그는 자신을 보호하기 위해 반사적으로 자신의 단절된 감각적 경험 안으로 철수 할 것이다. 이런 경우, 모방은 융합적 성질을 갖게 되고, 내사적 동일시보다는 점착성 동일시가 우세해질 것이다. 그 이유는 한 때 어머니와 유아를 연결시켜 주었던 감각적 경험이 자체 감각적이 되고, 따라서 점점 더 인간과의 접촉과 관계로부터 단절되기 때문이다.

그녀의 환자인 존에 대한 경험을 보고하는 중에, 터스틴(1972)은 존이 자폐 껍질에서 나왔을 때, 본래 자신의 일부라고 느껴졌던 젖꼭지가 입에서 갑작스럽게 찢겨져 나가는 것에 대해 그녀에게 말할 수 있었다. 이 사건은 존에 의해 "끔찍한 가시를 지닌 블랙홀"에 대한 감각으로 지각되었다(Tustin, 1990a, p. 78). 터스틴은 이러한 종류의 "사건"을 조숙한 둘됨(twoness)에 대한 "이름 없는 공포"(Bion, 1962a)의 한 형태라고 보았다: 조숙하다는 것은 유아가 이러한 상황들을 견뎌낼 수 있도록 충분한 도움을 받아야만 한다는 의미이다.

진은 분석에서의 휴식기간 동안 그녀가 견뎌야 했던 이러한 공포의 성질에 대하여 서술했다. 그녀는 자신과 분석가가 "서로에게 물을 붓는 2개의 물병인데, 진의 물병에만 구멍이 나있고, 물이 자신에게서 새어나가는" 것처럼 느꼈다(Tustin, 1986, p. 198). 진은 또한 자신이 "깊은 데서 마치 바닥없는 나락으로 영원히 무(無) 속으로 떨어지는 폭포"와도 같다고 느꼈다(Tustin, 1986, p. 198). 진은 그녀 자신을 잃어버린다고 느꼈기 때문에, 감당할 수 없는 것은 "떨어지는 것만큼이나 통제할 수 없다는 느낌"이었다고 강조했다(ibid).

터스틴은 진의 폭포와 같은 느낌이 그녀의 신체가 단순히 액체일 뿐만 아니라, 쏟아지고 상실될 수 있는 액체로 구성된 것으로 여겨지는, 생애 아주 초기 경험에서 온 것이라는 점에서, 깊이 있는 것이라고 말해줄 수 있었다. 따라서 아기-진은 신체를 가지고 있다는, 그리고 존재한다는 모든 감각을 상실할 수 있는 위험에 처해 있었다. 그것은 죽음의 공포보다 더 나쁜 것이었다. 왜냐하면 죽음은 최소한 그녀의 신체를 남기기 때문이다. 진의 공포는 완전한 멸절에 대한 것이었다: "그녀는 아무도 아닌 것, 실체가 없는 것이 될 것이다"(Tustin, 1986, p. 198). 사라지는 것에 대한 이러한 공포는 터스틴이 환자들의 의사소통에서 그리고 그녀가 지도한 아동 사례들에서 반복해서 들을 수 있는 것이었다. 정상적인 시기에 이루어진 구별과 통합 대신에, 폭발적인 해체 또는 마비된 비통합이 지배하는 이 파국의 느낌은 매우 중요해 보인다. 아동은 심리적 생존을 위해 이러한 상태에 대한 인식을 피해야만 한다는 사실을 주목하는 것이 중요하다. 그러면 아기는 무엇을 해야 하는가?

터스틴은 존과 진 같은 유아들이 자기와 타자 사이에 존재하는 틈새에 대한 인식을 차단하기 위해 스스로 만들어낸 특별한 보호 장치들을 사용한다는 것을 발견했다. 자폐대상(Tustin, 1980)과 자폐형태(Tustin, 1984b)에 대한 그녀의 이론은 이러한 자체-감각적 책략들을 설명해주고 있고, 자폐아동이 참여하는 수없이 많은 고유하고 종종 드러나지 않은 활동들을 좀 더 이해할 수 있는 것으로 만들어준다: 우리들이 살고 있는 세계와는 동떨어진, 뚫고 들어갈 수 없는 세계 안에 자신들을 가두는 기능을 하는 활동들.

터스틴(1990a)은 자체 감각적 책략들—예를 들어, 반복적인 움직임들, 반향어, 그리고 대변이나 소변의 보유(배설하지 않고 몸 안에 간직하고 있는)—이 견딜 수 없는 둘됨에 대한 인식과 압도하는 하나됨의 황홀감을 모두 차단하는, 감각-지배적인 망상으로 이루어진 보호적 껍질을 창조하는 데 사용되는 방식에 주목했다. 그것은 그러한 인식이 아기의 발달하는 개인의 연속성과 통합의 느낌을 위협할 때 발생한다. 여기에서 터스틴은 이러한 망상들이 "사물 그 자체"이고, 그것들은 은유와 같은 보다 세련된 정신적 표상들과 혼동되어서는 안 된다는 사실을 관찰했다.

자폐대상들(1980)과 자폐형태들(1984) 모델에 대한 설명과 함께, 터스틴은 행동 및 신경생물학적 분야의 최근 관찰들을 보완하는, 자폐증에 대한 일관성 있는 그림을 그려냈다. 그녀는 자폐대상들은 일반적인 의미에서의 대상들과 다르다는 의미로, 그것들을 보통의 살아있거나 살아있지 않은 대상들과 구별했다. 대신에, 그것들은 그것들이 만들어내는 촉감을 위해서 사용된다.

예를 들어, 터스틴은 자폐아동들이 그들의 장난감을 놀이에서의 표현 양태로서도 아니고, 치료에서의 그들의 경험을 소통하기 위한 수단으로서가 아니라, 그들의 피부 표면에 발생시키는 감각들을 위해 사용한다는 것을 관찰하였다. 장난감 자동차는 아이를 위해 끊임없이 돌아가는 바퀴와 융합된 느낌을 만들어내면서, 뒤집힐 수도 있고 바퀴가 여러 시간 동안 돌아갈 수도 있는데, 그때 아이는 시작과 끝이 주는 충격 없이 영원히 돌아가고 있다는 감각을 얻을 수 있다: 즉 시간 없음과 영원성에 대한 감각. 또는 손바닥에 단단히 움켜쥐어진 자동차는 위안의 원천이 된다. 그 아동은 자신이 실제로 그 단단하고 견고한 "사물"이 된 것처럼 느낄 수 있기 때문이다.

더욱이, 아동의 손바닥 안에서 산출된 고유한 형태(shape)가 그에게 부가적인 위로의 감각을 제공해줄 수 있다. 이러한 형태가 고유한 것이기 때문에, 그것은 그에게만 속한 것이고, 따라서 그 누구도 빼앗아갈 수 없는 것이다. 명료성을 위해서, 터스틴은 자폐적 형태들을 객관적인 형태들—사각형이나 원과 같은—로 부터 구별했다. 왜냐하면 그것들이 대변, 소변, 침 같은 신체의 산물이나, 점토와 같이 말랑말랑한 물질, 또는 장난감 자동차처럼 꽉 쥘 수 있는 물건들의 도움으로 피부 표면이나 신체의 내적 표면에서 산출되는 기이한 심리내적인 인상들이나 감각의 소용돌이라고 보았기 때문이다.

물론 이 생존전략의 결함은, 비록 아이가 생명 없는 대상들과 융합하는 것을 통해서 일시적으로 취약하지 않음이나 안전함에 대한 감각을 얻을 수는 있겠지만, 그리고 종종 이런 식으로 사람들을 이용할 수는 있겠지만, 그는 성장에 대한 그 자신의 느낌 또는 살과 피를 가진 진정으로 살아있는 피조물이라는 자라나는 감각을 발달시키는 것을 멈춘다. 대신에 그는, 내 환자 한 명이 표현했듯이, "죽은 사람들의 세상 안에 있는 생명 없는 사물처럼" 느끼게 된다.

터스틴의 심리학에서 핵심 단어는 "감각"이라는 것을 주목하는 것이 필수적이다. 대상의 자폐적 사용과 자폐형태의 창조를 통해 제공된 감각들은 촉각적인 것일 뿐만 아니라, 시각적, 청각적, 후각적, 또는 미각적인 것일 수 있다, 이 모든 것은 아마도 스턴(Stern, 1985)이 형태없는(amodal) 지각[1]이라고 부른 것이 비정상적으로 지속되는 데 따른 결과로서, 본질적으로 촉각적인 것으로 지각된다. 우리는 다양한 지각 양태들에서 유래한 모든 것을-포괄하는 촉감이 어떤 것인지를 파악하는 데 다음과 같은 몇 마디 표현들을 회상하는 것만으로 충분하다: "그의 눈이 나에게 달라붙어 있어," 또는 "그가 음악에 빠져있어," 또는 그가 "향수 냄새에 사로잡혀있어." 이러한 감각들은 그것들이 가진 신체적 거리를 부정할 수 있는 권리에 의해서, 방어할 수 없는 불안의 느낌으로부터 그들의 관심을 다른 데로 돌리는 기능을 하거나—

안전함, 힘, 그리고 스며들 수 없음에 대한 환각을 제공함으로써—개인을 마비시키거나 진정시키는 효과를 가질 수 있다. 이 것은 영원히 떨어지거나, 액화되거나, 쏟아지거나, 증발하거나, 타 들어가거나, 얼어붙는 등의 신체적 재앙에 대한 공포스런 감각 으로부터 그 자신을 보호하기 위한 것이다. 불행하게도, 그것들 의 극단적인 형태 안에서 그리고 그러한 보호 책략이 과도하게 사용될 때, 아동은 이러한 지각된 신체적 및 심리적 생존양태에 중독된다.

터스틴(1990a)은 자폐증의 보호적 껍질이, 인간관계가 가진 잠 재적인 치유효과에 맞서 그리고 비온이 "경험에서 배우기"라고 부른 것에 맞서 장벽을 형성한다는 사실을 강조했다. 다행스럽 게도, 아동이 집중적인 분석적 심리치료 과정에서 터스틴의 또 다른 환자가 "안전의 리듬"이라고 부른 것을 발달시키기 시작하 면서, 자기-보호적인 캡슐은 차츰 아이에게 덜 필요한 것이 된다 (Tustin, 1986, p. 268). 이것은 감각적 경험들과 개인의 신체적 리 듬들이 자기와 타자를 포함하는 관계적이고 협동적인 발걸음과 다시 관련을 맺게 되는 마음-신체 상태이다. 이러한 종류의 치료 에서, 치료자의 굳건하고 너그러운 태도와 공감적인 이해와 나 란히, 시간과 장소의 일관성은 아동을 안전하게 관계 안에 담아 주는 신체적 및 정신적이고 정서적으로 안락한 분위기를 제공할 수 있다. 그러고 나서 이 분위기는 차츰 이전에 아동이 "자신을 지탱하기 위해서" 사용했던 자체-생성된 감각들에 대한 의존을 대체한다.

신경생리학적 수준에서 보자면, 자폐아동의 자체 감각적 책략 들은 뇌의 다양한 영역들의 작용들을 실제로 억제하는 기능을 수행하는 것일 수 있다. 경험에서 배우는 것—특별히 다른 사람 들에 대한 그리고 그들과 함께 하는 경험에서 배우는 것—이 점점 더 차단되고, 정서적 및 정신적 발달뿐만 아니라 신경계통의 마비를 초래하는 악순환이 발생하는 것이 가능한가? 만일 그렇다면, 그러한 마비는 다시금 배우는 것을 더 많이 방해하고, 궁극적으로 뇌의 다양한 영역의 퇴화로 이끌 것이다. 달리 말해서, 유아가 지각한 것이 감당할 수 없는 것으로 드러난다면, 그러한 상황은, 멜처(1975)[2]가 무의식적 환상 안에서 발생할 뿐만 아니라, 물리적 현실에서도 상대역을 갖고 있는 지각장치의 해체라고 말한 것과 같은 것이 아닐까? 이 상황은 신경학자들이 말하는, 자폐아동이 갖고 있는 뇌손상 또는 정신지체(retardation)라고 부르는 것과 연결되어 있는 것일 수 있다.

우리는 자폐적 유아들이 종종 소리를 듣지 못한다는 오해를 받는 것을 알고 있다. 따라서 만일 자체 감각적 책략들이 견딜 수 없는 인식을 차단하는 데 효과적이라면, 그 유아는 박탈된 환경 안에서 창조하고 살고 있는 것이라고 말할 수 있을 것이다. 이것은 버클리 실험에서 보았듯이, 물질적인 공급은 생존하기에 충분하지만, 마음의 성장을 위해 필요한 정신적이고 정서적인 공급이 결여되어 있는, 어둡고 고립된 우리(cage)처럼 기능하는 상황을 생각나게 한다. 나는 여기서 자폐환자인 딕과의 치료에서 클라인(1930)이 관찰했던 것을 생각하게 된다. 그는 어머니와의 조숙한 공감과 동일시에 의해서 발생한 느낌들을 감당할 수 없을 때, 캄캄하고 텅 빈 어머니의 몸 안으로 철수하곤 했다. 아마도 나의 수수께끼의 그 다음 조각을 고려한다면, 우리는 이러한 질문들에 대해 어느 정도 빛을 얻을 수 있을 것이다.

로마 연구

터스틴과의 개인적인 교제를 통해서, 나는 로마대학 소아신경 정신 연구소에서 자폐아동에 대한 치료와 연구를 수행한 지아노티와 데-아스티스(Gianotti & de Astis, 1978, 1989)의 작업을 알게 되었다. 그들의 연구는 빈번히 자폐증에서 흔히 인과관계가 있 다고 추정되는 요소인, 심각한 신경병리를 가지고 있는 39명의 정신증적 및 자폐증적인 아이들과 수행한 정신분석적 심리치료를 포함하고 있다.

지금도 종종 그렇듯이, 의학 전문가에 의한 진단 결과는 이런 아이들의 정상적인 정신적 또는 지적 발달의 가능성을 모두 배제할 수 있었고, 따라서 정신분석은 이러한 환자들에게 적합하지 않다고 간주될 수 있었다. 그러나 데-아스티스와 지아노티는 터스틴의 작업과 도날드 멜처와 그의 그룹(1975)의 연구결과를 따름으로써, 심리치료를 통한 자폐증 치료에서 주목할 만한 성공을 거두었고, 따라서 그들은 분석적 원칙들을 따라 치료를 진행하기로 마음을 굳히게 되었다.

생물학적으로 지향된 로마대학의 의사들에게, 이러한 아이들이 집중적인 정신분석적으로 5년 가까이 치료한 후에, 후속 뇌 연구에서 그들의 신경병리가 사라진 것으로 판명된 것은 놀라운 일이었다. 실험결과에서의 이러한 발견들은 그들의 인지적 및 정서적 기능에서 이룩한 놀랄만한 진전과 일치했다. 심리치료사들을 위해 이러한 사례들에 대해 슈퍼비전을 하고 로마에서 세미나를 진행했던 터스틴은 "피상적으로 바라보는 관찰자에게는, 주로 심리학적 장애에서 유래한 자폐증이 심한 유기체적 뇌손상에서 유래한 자폐증과 사실상 거의 동일한 것으로 보일 수 있다"(Tustin, 1990a, p. 10)는 자신의 견해를 밝혔다.

로마대학의 결과에 비추어볼 때, 나는 심각한 발달적 장애를 겪었던 특정 아이들의 경우, 정신분석이 그들의 생리학적 발달과 마찬가지로 심리적 발달 또한 다시 제 궤도에 돌려놓을 수 있는 치료라는 것을 확신하게 되었다.

거 울 신 경 세 포

이탈리아의 파르마대학에서, 일단의 신경과학자들(Rizzolatii, Fadiga, Gallese et al., 1996)이 우연히 특정한 분야의 연구에 참여하게 되었다. 그들은 원숭이를 대상으로 실험하였는데, 원숭이가 땅콩을 집을 때마다 신경들에 불이 들어오는 현상을 실험했다. 그들은 불이 들어오는 신경들이 운동 신경이라고 가정했다. 그러나 어느 날 한 과학자가 땅콩을 집었을 때, 원숭이의 세포에도 불이 들어왔다. 원숭이는 움직이지 않았고, 인간이 움직였다. 이것은 이 실험의 대상인 세포가 "무엇을 보는 것을 무엇을 하는 것과 동등시한다는 것을 암시했다." 실험 팀의 책임자인, 리졸라티 박사는 원숭이의 운동 계획에 참여한 세포들이 또한 다른 사람의 움직임에, 심지어는 다른 종족의 움직임에도 반응한다는 사실이 중요하다고 보았다.

이러한 신경세포들은 결국 "거울 신경 세포"라고 알려지게 되었는데, 그것은 뇌가 시각적으로 지각하는 움직임들을 반영할 수 있는 것으로 나타났기 때문이다. 이 뜻밖의 발견은 이들 연구자들과 다른 과학자들로 하여금 더 많은 실험들을 하도록 자극했다. 얼마 지나지 않아, 거울 신경 세포가 인간뿐만 아니라 원숭이들에게도 존재한다는 것이 분명해졌다(Iacoboni et al., 1999). 더 많은 자료들은 거울 신경 세포체계들이 인간 유아들 안에 완전한 형태로 발달되어 있고(Falck-Ytter, Gredeback & von Hofsten, 2006) 이 체계들이 인간으로 하여금 다른 사람들의 행동들을 이해할 수 있도록 돕는다고 제시했다. 주목할 만한 것은, 이 결과가 출생 순간 직후부터 그리고 심지어 자궁 안에서도, 아기가 자신이 지각한 것으로부터 초보적인 의미를 만들어낼 수 있는 능력을 갖고 있음을 보여주는 정신분석적 유아 관찰의 결과들과도 일치한다는 사실이다(Brazelton & Cramer, 1990; Levin & Trevarthen, 2000; Mancia, 1981; Piontelli, 1987).

우리는 인간이 관찰과 모방을 통해 배운다는 것을 알고 있다. 우리 인간들은 우리의 상상 안에서 다른 타자들에 의해 그리고 타자들과 함께 움직인다. 우리가 이러한 방식으로 획득하는 풍부한 지식체계가 또한 세상을 이해하는 과제에 적용될 수 있는 것으로 보인다. 파르마 그룹은 이러한 거울 신경 세포들이 우리가 세상과 연결하고 공유할 수 있도록 우리가 관찰하는 것을 번역해주는 신경학적 수단일 수 있다고 보았다.

그 후로 거울 신경 체계가 많은 다양한 기능들을 가지고 있다고 제안되었다. 몇몇 연구들은 거울 신경 세포를 목표들과 의도들을 이해하는 것과 연결시켰다. 예를 들어, 거울 신경 세포들이 하부 두엽/열성 두정엽(감각정보를 통합해내고 같은 행동을 최종 목표나 행동의 맥락에 따라 다양한 방식으로 코드화하는 연상 피질로서 알려진 뇌의 영역)에서 발견된다는 점에서, 이것들이 또 다른 사람의 미래의 행동들을 예측하고 의도성을 추론하는 능력의 신경학적 기초라고 간주되었다.

거울 신경 세포들은 또한 공감과 연결되는데, 그 이유는 개인이 정서를 경험할 때와 그가 다른 사람이 정서를 드러내는 것을 바라볼 때, 특정 뇌의 영역들(특히 전전두엽 피질 anterior insula 과 하부 전두엽 피질 inferior frontal cortex)이 활성화되기 때문이다. 보다 최근에, 파르마대학의 연구자들은 거울체계가 공감과 연결되어 있다는 생각을 직접적으로 지지하면서, 공감적인 사람들이 행동을 위한 거울체계 안에서와 정서를 위한 거울체계 안에서 보다 강하게 활성화된다는 사실을 입증했다(Ramachandran & Oberman, 2006).

거울 신경 세포들은 또한 언어를 담당하는 영역인 브로카(broca) 가까이에 있는, 하부 전두엽 피질에서도 발견되었다. 이러한 발견은 또한 인간의 언어가, 몸짓이 거울 신경에 의해 실현되는 수행과 이해와 연결되어 있는 어떤 체계와의 연관 속에서 발달했을 수 있음을 암시한다. 거울 신경들은 또한 행동-이해, 모방-학습, 그리고 다른 사람들의 행동을 시뮬레이션하는 기제를 제공해주는 잠재력을 갖고 있는 것으로 간주되었다. 우리가 발견해왔듯이, 아기들은 말을 할 수 있기 오래 전에 언어를 이해한다.

거울체계는 또한 우리가 우리의 능력들과 접촉하고 조절하는 방식과 세상 안에서 그 능력들을 사용하는 방식과 관련되어 있는 것으로 보인다. 사람들은 특히 바라보는 일과 그들이 보는 것을 번역하는 일에 능숙하다. 아마도 스포츠팬들이 게임에서의 행동에 긴장하고, 얼굴을 찡그리고 열광하는 것은 그런 이유에서일 것이다; 한 사람이 게임을 관전할 때, 그의 신경들은 마치 그 자신이 게임을 하고 있기라도 하듯이 활성화된다. 로스앤젤레스 캘리포니아대학교(UCLA)의 이야코보니(Iacoboni, 1999)는 거울 신경들이 우리를 다른 사람들의 감정뿐만 아니라 그들의 행동과도 연결시켜준다고 제안한다. 그는 누군가가 "얼굴을 찡푸릴 때" 활성화되는 뇌의 부분이 사람들이 얼굴을 바라볼 때 활성화되는 부분과 동일하다는 사실을 발견했다. 그는 우리가 얼굴을 바라볼 때, 얼굴에 나타나는 표정이 긍정적인 것인지 부정적인 것인지, 행복한 것인지 슬픈 것인지, 다정한 것인지 화가 난 것인지에 따라 더 편하게 또는 덜 편하게 느낀다는 점을 지적했다. 그는 또한, 정상적으로, 우리가 얼굴을 흉내 낼 때, 훨씬 더 큰 신경반응이 뒤따르는 것을 발견했다. 따라서 거울 신경들은 우리의 뇌 안에 있는 대뇌 변연계 또는 정서체계에 메시지를 보냄으로써, 서로의 감정에 조율하도록 돕는 것으로 보인다. 이야코보니(1999)는 이것이 공감의 본질이라고 제안한다.

이야보코니는 기본적 수준에서 사람들이 실제로 연결하는 것을 허용하는 연합기제(unifying mechanism)가 존재한다고 확신한다. 그는 우리의 뇌 안에는 다른 사람들의 마음을 실험적으로 살아낼 수 있게 해주는, 심지어 다른 사람들의 신체 안에서 살 수 있게 해주는 신경들이 존재한다고 주장하는 것처럼 보인다. 다른 말로, 우리는 다른 사람들과 동일시할 수 있는 역량을 갖고 있다. 정신분석가로서, 이것은 놀랄 일이 아니다. 결국, 동일시는 환자에게서 오는 미묘하고, 비언어적인 또는 하부 언어적인 의사소통에 대해 우리에게 유용하게 알려주는, 우리가 역전이라고 부르는 것의 핵심에 있다. 분석가로서, 우리가 할 일은 다른 사람의 마음을 "읽는" 것이다. 여기서 나는 우리가 우리의 작업에서 텔레파시를 사용한다고 주장하는 것이 아니다. 그와는 달리, 우리는 무의식적으로 다른 사람들의 관점을 차용하는데, 우리는 이것을 내사적 동일시라고 부른다. 건강한 경우, 모든 인간 존재들은 이것을 사용하는 것으로 보인다. 따라서 다음과 같은 질문이 제기된다: 만일 거울 신경이 우리의 정서적 연결을 돕는다면, 그러한 연결에 어려움을 겪는 사람들은 어째서인가? 예를 들어, 자폐아동들은 정상적인 발달적 모방, 공감, 소통적 언어와 은유를 사용하고 이해하는 데 어려움을 겪는다.

자폐증의 원인과 다른 특징들

자폐 스펙트럼 장애로 진단되는 빈도가 증가하면서, 그것의 원인에 대한 관심 또한 높아졌고 이는 신경과학자들의 연구를 이끌어냈다. UCSD의 라마찬드란과 오버맨(Ramachandran & Oberman, 2006)은 특별한 시험을 고안해냈다. 그들은 뇌전도 (EEG) 검사를 이용하여 실험 아동들이 손을 쥐었다 폈다 하는 동안에 그들의 뇌의 뮤(m)파장을 기록한 다음, 그들이 누군가가 손을 쥐었다 폈다 하는 영화를 보는 동안에 그들 뇌의 뮤파장을 기록했다. 대부분의 아동들의 경우, 이러한 뇌파들은, 그들이 이러한 행동을 수행하는지 관찰하는지와 관계없이, 억제되었다. 그러나 자폐증을 가진 아이들의 경우, 뮤파장의 억압은 그들이 행동을 "할 때에는" 발생하지만, 다른 사람의 행동을 바라볼 때에는, 심지어 다른 사람의 행동을 모방할 때조차도 발생하지 않는 것으로 드러났다. 이 발견은 자폐증이 라마찬드란과 오버맨 (2006)이 "깨진 거울 신경"이라고 부른 것과 관련이 있음을 암시한다. 그것은 또한 자폐아가 표면적으로 다른 사람에 대한 정상적인 발달적 모방을 성취한 것으로 보이는 것이 실제로는 타자성에 대한 인식을 차단하는 데 사용되는 모방적 융합상태 (Gaddini, 1969)라는 터스틴의 관찰과도 조화를 이룬다.

라마찬드란과 오버맨(2006)에 의하면, 건강한 인간 존재는 게임, 악수, 춤, 언어 그리고 스토리텔링처럼 서로를 연결시켜주는 공유된 방식들을 만들어내는 사회적 피조물이다. 그는 우리의 세포 깊은 데서, 우리는 함께 있도록 만들어졌다고 결론지었다. 그러나 우리의 신체의 다른 체계와는 달리, 즉 소화체계, 운동체계, 시각체계 등과는 달리, 만일 우리가 고립된 채로 산다면, 거울

체계를 갖는 것은 거의 의미가 없을 것이다; 우리가 다른 사람들과 상호작용하고 관계 맺는 것을 원치 않거나 감당할 수 없다면, 신경체계를 갖는 것은 의미가 없다.

나는, 만일 자폐 위험에 처한 아동들이 다른 사람들과의 진정한 상호작용을 견디지 못하는 이유가 그들이 타자성의 인식을 감당할 수 없어서라는 터스틴의 생각이 맞다면, 그리고 만일 그들의 특이한 자체 감각적 행동들이 타자성의 인식을 차단하는 기능을 수행하는 것이라면, 그들의 깨지고 결핍된 또는 역기능적인 거울체계들은 타자성에 대한 지각으로부터 주의를 분산시키는 것을 목표로 갖는다고 생각한다. 만일 그렇다면, 그들이 그 후로 오랜 시간 동안 자체감각적 행동에 참여하는 것은 실제로 뇌 안에 있는 거울체계를 폐쇄하기 때문이 아닐까? 또한 이러한 행동들과 뒤이어 발생하는 거울체계의 폐쇄가, 버클리의 쥐 실험에서 묘사된 박탈된 환경과도 유사하게, 자폐아동을 고립되고 밀폐된 상태 안에 가두기 때문이 아닐까? 심지어 이 거울체계들이 한 때 작동했었지만, 우울하거나 다른 어떤 일에 몰두해 있는 엄마와 관계하는 것이, 어떤 아동들에게는, 그것이 비교적 짧은 시간이라고 해도 감당할 수 없었기 때문에 그것들의 작동을 폐쇄했다고 볼 수 있지 않을까?

이런 주장이 가능하다: 건강한 경우, 인간 존재는 서로의 행동들과 의도들을 힘들이지 않고도 이해할 수 있다. 왜냐하면 한 사람에 의해 수행된 행동이 다른 사람의 뇌 안에서 동일한 행동을 수행할 수 있게 하는, 신경 통로를 활성화시키기 때문이다. 관찰자는 행위자가 행하고 있는 것을 창자적 수준에서 "이해하는" 것처럼 보인다. 왜냐하면 거울기제가 그의 마음속에서 행위자가 경험하는 것과 근접한 것을 경험하게 해주기 때문이다. 비록 과학자들은 어떤 유전적 및 환경적 위험 요인들이 거울 신경의 발

달을 저해할 수 있는지, 또는 그것들의 기능을 변경시킬 수 있는
지 알지 못한다고 말하지만, 많은 연구 집단들은 지금 이 가정에
대해 적극적으로 탐구하고 있다. 왜냐하면 거울 신경의 문제는
자폐 스펙트럼 장애들에 고유한 증상들을 예고해기 때문이다.

예컨대, 거울 신경 이론은 다른 사람의 정신 상태와 믿음과
욕망을 그의 경험들과 행동들에 근거해서 추론할 수 있는 우리
의 능력에 대해 말하는, "마음 이론"(Baron-Cohen, Leslie & Frith,
1985)을 연구하는 시뮬레이션 이론가들(simulation theorists)에 의
해 기꺼이 수용되었다. 시뮬레이션 이론에 따르면, 우리가 우리
자신을 잠재의식적으로 다른 사람의 입장에 위치시킬 때, 하나
의 마음의 이론을 갖게 된다. 우리는 관련된 차이들을 관찰하고
설명한다; 우리는 같은 시나리오 안에서 욕망하고 믿게 될 것을
상상한다. 간략히 말해서, 우리는 동일시한다. 따라서 어떤 이론
가들은 거울 신경을 우리가 다른 사람들을 좀 더 잘 이해하기
위해 그들을 "시뮬레이트" 하는 데 사용하는 기제라고 본다. 그
러므로 거울 신경의 발견은 일부 이론가들에 따르면 시뮬레이션
이론을 확인해주는 것으로 간주된다.

공감 현상과 관련된 이 연구에서 수확한 또 하나의 발견은,
거울 신경 체계와 관련된 뇌전도 반응 검사에서 남성들보다 여
성들이 더 강한 반응을 보인다는 사실이다. 내 생각에 따르면, 이
가설은 여성들이 좀 더 공감적인 성향을 갖고 있고, 거울 신경
체계가 공감과 관련되어 있으며, 거울 신경 체계에서의 약한 반
응이 소위 남성적인 마음에 그리고 자폐증에 연결될 수 있다는
아이디어와 일치한다. 이것은 또한 여자아이들보다 남자아이들
에게서 자폐증이 훨씬 더 많이 진단되는 현상과도 관련되어 있
을 수 있다(Baron-Cohen, 2003).

이러한 결과들은 "생물학적으로 어머니가 될 운명을 갖고 있

는 여성들이 본성적으로 더 큰 공감 능력을 가지고 태어나는 것인가?"라는 질문을 야기한다. 이 능력은 물론 종족을 유지하는데 필요한 것일 것이다. 왜냐하면 분석가로서 우리가 알고 있듯이, 공감은 어머니와 유아 사이의 기본적인 의사소통적 연결이기 때문이다(Bion, 1962a). 아마도 우리는 분만 유도용 촉진제나마취 약물의 사용이 위니캇(1956b)이 "일차적 모성 몰두"라고부른 것, 즉 유아의 생존이 달려있는, 유아에 대한 어머니의 고조된 공감상태와 배타적인 민감성에 미치는 영향에 대해 숙고해볼 수 있을 것이다.

그것에 더해, 어머니의 공감 능력의 결여가(특별히 민감한 신생아의 욕구에 대한) 어머니와 관계 맺으려는 아기의 시도를 방해하고 아기를 충분한 자극을 받지 못하고 좌절된 상태로 남겨둘 수 있지 않을까? 어떤 유아들은 처음에 개인적인 욕구에 비해 어머니로부터 오는 적극적인 반응이 부족할 경우, 반사적으로 그들의 거울체계를 폐쇄하는 것이 아닐까? 아마도 그러한 신경체계의 작용이 고통스럽게 불필요한 것으로 경험되는 것, 그리고 인간의 사회적 연결이 왜곡되고, 불만족스럽고, 심지어 외상적인 것으로 느껴지는 것이 바로 이런 경우에 속할 것이다. 이러한 상태는 6개월까지의 모든 아기들이, 그들이 어디에서 태어나든 관계없이, 어느 정도 세계의 언어들의 모든 음성적 대조들(allophonic contrasts)을 지각할 수 있다는 사실을 보여준, 언어학분야에서의 발견(Fauconnier, 1985)과도 유사하다. 그러나 만일 아기가 특정한 결정적 시기 동안에 그의 환경 안에서 이러한 소리들을 듣지 못한다면, 대부분의 언어에서 꼭 필요로 하는 음소들(phonemes)이 아기의 옹알이 목록에서 "제외될" 것이다." 아마도 이러한 두 상황들이 인간 유기체 안에 존재하는 "사용하지않으면 잃어버리는" 경향성에 대한 예가 될 것이다.

더욱이 공감과 언어라는 주제에 대해서, 샌디에고 소재 캘리포니아대학(UCSD) 그룹은 자폐증을 가진 사람들이 뇌의 전-운동 피질 부분에서 거울 신경 활동의 감소현상을 보인다는 사실을 발견했다. 아마도 이것은 다른 사람들의 의도를 평가하지 못하는 그들의 무능력에 대한 설명이 될 수 있을 것이다. 그들은 또한 후부 띠 모양의 피질(anterior cingulate cortex) 안에서 작용하는 거울 신경의 역기능이 공감능력의 부재와 같은 증상들과 연결되어 있다는 증거를 발견했다. 더욱이, 각회(角回)(angular gyrus)에서의 결함이 언어 결함을 야기할 수 있는 것으로 밝혀졌는데, 이 두 결함 모두는 자폐증과 관련되어 있는 것으로 알려져 있다. 이것은 나를 다음과 같은 추론으로 이끌었다: 만일 거울 체계가 닫히거나 깨진다면, 그리고 일반적으로 아이에게 의도성을 이해할 수 있게 해주는 신경활동이 부재하다면, 그 아이는 자폐아동일 것이고, 자폐아동의 자체감각적 활동이 방해 받는다면, 그는 자신이 갑작스럽게 이해할 수 없고 그래서 보통의 사건들을 특별한 사건들로 경험할 수밖에 없는 공포스러운 세계 안에 있는 것을 발견할 것이다. 자폐아동에게서 볼 수 있는 짜증 발작들은 그러한 방해가 발생했다는 신호가 아닐까? 새롭거나 특별한 사건들은 그것들과 경쟁해본 경험이 거의 없는 아동의 경우, 본능적으로 그것들을 생존을 위협하는 것으로 예상하는 것이 가능하고, 그런 이유로 그러한 사건들이 자폐아동에 의해 인식되지 않고 따라서 주목받지 않는 것으로 관찰자에게 보이는 것이 아닐까?

자폐증의 일차적 증후들을 설명하는 것 외에도, 라마찬드란과 오버맨(Ramachandran and Oberman, 2006)은 거울 신경 이론이 또한 덜 알려진 자폐 증상들의 일부를 설명해줄 수 있다고 본다. 예를 들어, 연구자들은 자폐아들이 속담과 은유를 해석하는 데 어려움을 겪는다는 것을 알고 있다. 예컨대, 연구자들이 실험 대상인 한 자폐아동에게, "정신을 차리라"는 의미로 "get a grip on himself"라고 지시했을 때, 그 아이는 이 메시지를 구체적으로 받아들여서 그 자신의 신체를 움켜잡기 시작했다.

우리는 은유를 이해하기 위해서는 서로 다른 것들로 보이는 실체들로부터 공통분모를 추출하는 능력이 요구된다는 것을 알고 있다. 예를 들어, 독일계-미국인 심리학자인 볼프강 쾰러(Wolfgang Kohler, 1929)가 발견한 부바/키키 효과를 살펴보자. 라마찬드란과 허바드가 행한 동일한 실험에서(Ramachandran and Hubbard, 2001) 연구자들은 두 개의 대충 그려진 형태들(하나는 삐쭉삐쭉하게 그리고 다른 하나는 곡선으로)을 실험 대상들에게 보여준 다음에, 이렇게 질문했다: "이 모양들 중에 어떤 것이 부바이고 어떤 것이 키키인가요?" 실험 대상자들은 그들이 어떤 언어를 사용하든지 상관없이, 98퍼센트가 곡선 형태의 그림을 "부바"라고 지명했고, 삐죽삐죽한 그림을 "키키"라고 지명했다. 이것은 인간의 두뇌가 고유한 것이 아니라 공유된 형태와 소리들로부터 추상적 속성들을 뽑아낼 수 있다는 것을 보여준다. 이들 연구자들은 은유와 유사한 이런 유형의 "영역을 교차하는 지도(cross-domain mapping)"가 거울 신경 체계 안에 있는 것과 비슷한 신경회로들을 포함하고 있다고 생각한다. 이 가설과 일치하게, 자폐아들은 부바/키키 실험에서 뇌의 각회(angular gyrus) 부위—뇌의 시각적, 청각적, 그리고 촉각적 중심들의 정점에 위치해 있고 거울 신경이 발견되는 또 다른 장소인—에 손상을 입은 비-자폐 실험 대상들처럼, 낮은 수행능력을 보여주었다.

나는 이러한 현상을 이해하는 하나의 방식을, 자폐아동에게 있어서 말은 보통 의사소통을 위해 사용되지 않는다는 터스틴의 관찰에서 찾을 수 있다고 제안한다. 그들에게 있어서 말은 "형태를 만들어내는 대상"(Tustin,1984b), 또는 "단단한 자폐적 대상"
으로서 고유한 방식으로 사용된다. 터스틴은 한 아이가 특정한
단어를 말할 때, 입안의 혀가 느끼는 촉각적 감각이 아이를 진정
시키거나 달래주는 감각을 제공한다는 것을 발견했다. 말은 블
랙 홀로 지각된 입을 채워주는 감각을 만들어냄으로써, "못된 찌
르는 것"으로 느껴지는 타자성과 상실에 대한 견딜 수 없는 인
식을 차단한다.

  그 외에도, 터스틴은 때로는 삐죽삐죽한 모서리들이 자폐아에
게 안도감을 주는 장면일 수 있음을 관찰했다. 그는 실제로 자신
이 그가 보고 있는 단단한 모서리라고 느낄 수 있고, 그럼으로
해서 자신이 "거기에 있다"는 느낌과 견고한 존재라는 사실을
확인 받을 수 있다. 대조적으로, 둥근 형태들은 달래주는 부드러
움, 무시간성과 연속성의 촉감적 감각을 제공하는 것으로 여겨
질 수 있다. 터스틴은 자폐아의 세계가 지닌 고유하고 구체적인
성질에 대해서 고려할 필요가 있다고 강조한다. 예를 들어, 그녀
의 환자인 데이빗(1972)이 자폐 껍질에서 나왔을 때, 그는 자신
이 "터스틴"이라는 단어와 "어스틴"이라는 단어가 같은 것으로
느껴졌다고 말할 수 있었다(어스틴은 그가 손에 쥐고 다니던
작은 장난감 자동차에 붙여준 이름의 일부로서, 그것의 정식 이
름은 "어스틴 마틴"이었다). 이 단어들은 그의 혀와 입술의 감각
에서 같은 것으로 느껴졌고, 그들(터스틴과 어스틴)의 모습이 보
였을 때, 또는 그들의 소리가 들렸을 때 그가 느꼈던 감각은 동
일한 것이었다. 말을 이런 식으로 사용하는 것은 공유된 의미의
발생을 허용하지 않고, 의미 있는 구별을 허용하지도 않는다. 자
폐아에게 있어서, 말은 빈번히 살아있는 두 실체들 사이에 존재
하는 차이와 유사성에 대한 인식을 가로막기 위해 기능하는 촉
각적 형태들과 대상들의 무더기 또는 덩어리이다. 이것은 다른

인간 존재들을 인정하고 그들과 의사소통을 시도하는 것과는 대조를 이룬다. 왜냐하면 연결이 만들어지기 위해서는 먼저 분리됨을 감당할 수 있어야 하기 때문이다.

진단과 치료

위에서 제시된 모든 사항들을 고려할 때, 핵심적인 질문이 제기된다: 만일 자폐아동들이 "깨진 거울"로 인해 고통 받는다면, 그 거울은 복구될 수 있는가? 연구자들은 자폐증이 거울 신경 결핍의 문제를 갖고 있다는 사실을 발견한 것이, 그 장애를 진단하고 치료하기 위한 새로운 접근법에 길을 열어준다고 믿는다. 예컨대, 라마찬드란과 오버맨(2006)은 소아과의사들이 가능한 한 빨리 치료를 시작할 수 있게 하기 위해서 유아기 초기에 자폐증 아동을 진단하는 도구로서 "뮤-파동 억제의 결핍"(또는 혀를 내미는 어머니를 흉내 내지 못하는 실패) 테스트를 사용할 것을 제안했다. 또한 산모들에 대한 유사한 테스트를 통해 자신의 곤경에 몰두해 있고 사로잡혀 있는 동안 자신도 모르게 자신들의 거울체계를 닫아버리는 결과를 야기할 수 있는 강박적인 활동들에 빠질 수 있는 사람들을 찾아내는 방법을 탐구하는 것은 대단히 흥미로운 일일 수 있다. 이것은 다시금 그들을 일시적으로 공감 결핍 상태에 머물게 할 수 있고, 그들의 유아들의 정서적 경험과의 조율을 더욱 빗나가게 만들 수 있다. 그런 경우, 이 결정적인 시기에 양육하는 커플에게 공감적 이해를 제공해주는 유아 관찰자(그리고 유대감과 애착 형성에 어려움을 겪고 있는 어머니와 유아를 발견하고 개입하는 데 참여하는 다른 사람)에 의해 제공된 지원은 어머니와 아기 모두의 거울-신경 체계들을 중재하는 데 도움을 줄 수 있을 것이다. 그러한 작업이 호주(Salo, 2007)와 유럽의 여러 나라들(e.g., Haag, 1985; Houzel, 1996), 즉 프랑스(Lechevalier-Haim, 2003), 이탈리아(Maiello, 1995, 1997), 그리고 영국(Rhode, 2007) 등에서 행해지고 있다. 이러한 "이른 개입들이" 자폐 스펙트럼 장애를 발생시키는 요인일 수 있는 상호적인 실망의 하향 곡선(downward spiral)을 감소시키는 데 도움을 줄 수 있을 것이다.

라마찬드란과 오버맨(2006)은 "두드러진 풍경(salience landscape) 이론"을 사용해서 다른 자폐 증상들, 예를 들면, 몸을 앞뒤로 흔드는 상동행동, 시선 접촉의 회피, 과도한 민감성, 그리고 특정한 소리에 대한 혐오 등을 설명할 수 있다고 제안한다. 이것들은 모두 거울 신경 가설에 의해 설명될 수 없는 증상들이다. 그들은 지각들—예를 들어, 장면, 소리, 냄새—이 뇌의 감각 영역들에 의해 처리될 때, 정보가 정서를 조절하는 변연계의 입구로서 작용하는 편도체(amygdala)로 전달된다는 사실을 지적한다. 개인의 저장된 지식을 투입함으로써, 편도체는 개인이 정서적으로 어떻게 반응해야 할지를, 예컨대, 미친개를 보고서 두려워할지, 또는 사소한 것을 만날 때 무관심으로 반응할지를 결정한다. 그때 메시지들은 편도체로부터 변연계의 나머지 부분으로 옮겨가고, 마침내 행동을 위해 몸을 준비시키는 자율신경 체계에 도달한다. 그래서 만일 한 사람이 미친개를 만난다면, 그의 심장박동은 빨라질 것이고, 그의 몸은 근육에서 발생하는 열을 낮추기 위해 땀을 흘릴 것이다. 자율신경의 각성은, 다시금, 정서적 반응을 확장하면서 뇌의 활동을 강화할 것이다. 시간이 지나면서, 편도체는 라마찬드란과 오버맨이 "두드러진 풍경"이라고 부르는 것을 만들어낸다.

자폐아동은 왜곡된 "두드러진 풍경"을 갖고 있는 것으로 생각되는데, 아마도 그 이유는 유입되는 감각 자극을 처리하는 피질 영역과 편도체 사이, 또는 변연계 구조와 이후의 행동을 조절하는 전두엽 사이에 존재하는 연결들이 변경되었기 때문일 것이다. 이러한 비정상적인 연결들로 인해, 아이는 어떤 사소한 사건이나 대상도 극단적인 정서적 폭풍을 불러일으키는 것으로 경험하게 된다. 이 가설은 왜 자폐아동들이 시선 접촉을 피하는지, 그리고 견딜 수 없는 정서적 분출을 촉발시킬 수 있는 다른 새로운 감각들을 피하는지에 대한 설명을 제공한다.

두드러진 풍경 이론가들은 정서적 의미에 대한 그러한 왜곡된 지각들로 인해 많은 자폐아동들이 대부분의 아이들이 중요하다고 생각하는 것들에는 아무런 관심을 보이지 않으면서 기차시간표와 같은 사소한 것들에 몰두하게 된다고 설명한다(Ramachandran & Oberman, 2006). 샌디에고 캘리포니아대학교의 연구자들은 땀을 흘리는 것과 관련된 피부 전도율의 증가를 측정하는 것을 통해서 자폐아동들의 자율적 반응들을 모니터한 결과, 이러한 가설을 확인할 수 있었다. 그들은 자폐아동들의 자율적인 각성 수준이 비교집단의 그것보다 더 높다는 것과, 자폐아동들이 사소한 대상들과 사건들에 노출되었을 때에는 흥분하면서도, 비교집단에서 기대되는 반응들을 촉발하는 자극들에 대해서는 자주 무시한다는 사실을 발견했다(Ramachandran & Oberman, 2006).

여기에서 또 하나의 질문이 제기된다: 어떻게 한 아동의 두드러진 풍경이 그토록 왜곡될 수 있는가? 샌디에고 캘리포니아대학교의 연구자들은 변연계 체계를 관통하는 신경 충동들이 반복해서 무작위적으로 공격하는 것과 관련해서, 자폐아동들의 삼분의 일 가량이 유아기 동안에 측두엽 간질을 앓았다는 사실을 발견했다. 그들은 이러한 발작들이 궁극적으로 시각적 피질과 편도체 사이의 연결들을 뒤죽박죽으로 만들고, 어떤 연결들은 무차별적으로 증가시키는 반면에 다른 어떤 연결들은 감소시킨다고 추측한다. 그들은 또한 환경적 요인과 유전적 요인 모두가 여기에 적용될 수 있다고 본다. 자율 반응들에 대한 이러한 발견들은 고열이 때로는 자폐 증상들을 일시적으로 완화시킨다는 임상적 관찰을 설명해주는 것으로 보인다(Ramachandran & Oberman, 2006). 이들 연구자들은 자율신경체계가 신체 온도를 조절하는 데 관련되어 있다는 사실과, 열과 자폐증의 정서적 분출이 동일한 신경경로에 의해 조절되는 것으로 보인다는 사실에 근거해서, 열이 정서를 완화시킨다고 추측한다.

그들의 가설을 처음 읽었을 때, 나는 "자폐아동들이 일반적인 아동기 질병에 대한 면역력을 가지고 있는 것 같으며, 그들이 자폐적 껍질에서 나오기 시작할 때, 그들이 정서적으로 용해되는 현상을 겪을 뿐만 아니라, 아동기의 일반적인 질병인 고열, 감기, 유행성 감기, 볼거리, 홍역, 수두 등에 대한 면역력이 느슨해진다"는 터스틴의 관찰(Tustin, 1990a, p. 140)이 생각났다. 그녀는 자폐증의 보호 껍질이 제거될 때, 정신신체적 장애들이 나타나는 것을 관찰했다. 그렇다면 이 관찰은 샌디에고 캘리포니아대학교 연구자들의 발견에 의해 지지받는 또 하나의 측면이 아닐까?

두드러진 풍경 이론은 또한 자폐아동들이 보이는 상동행동과 머리 흔들어대기에 대한 설명을 제공하는 것으로 보인다. 이들 연구자들은 자기-자극이 어떤 식으로든 아이의 자율신경의 폭풍을 가라앉힌다는 것을 알아냈다. 더 나아가, 그들은 자기-자극이 달래주는 효과를 발생시킬 뿐만 아니라, 자폐아동의 피부 전도력을 상당히 감소시킨다는 발견에 근거해서, 자폐증 증상의 치료에 대한 연구를 계속했다. 이 연구는 자폐아동의 피부 전도력

을 관찰하고 자율신경의 흥분을 탐지하는 것을 가능하게 하고,
아동의 몸을 부드럽게 조여서 편안한 압력을 제공해주는—압박
조끼라고 불리는—휴대용 장치를 고안해내기도 했다
(Ramachandran & Oberman, 2006).

만약 터스틴의 자폐증 이론을 고려한다면, 우리는 앞서 제안
된 압박 조끼가 자폐아동의 자체 감각적 책략의 실패를 보완해
주는, "2차적 피부"로서 기능하는 것으로 이해할 수 있을 것이다
(Bick, 1968, 1986). 따라서 다른 사람의 공감적 이해 안에 안겨져
있다는 감각이 충분하지 않을 경우, 그 조끼가 안겨져 있다는 감
각을 회복시켜주는 것은 아닐까? 비록 압박-조끼처럼 단순하거
나 비용-효율적이지는 않지만, 공감적인 인간의 이해야말로 증상
을 완화시킬 뿐만 아니라, 스트레스를 받을 때 몸과 마음을 하나
로 묶어줄 수 있는, 내재화된 정신구조로 점진적으로 발달하는
유일한 요소가 아닐까?

샌디에고 캘리포니아대학교 연구자들이 제시한 자폐 증상에
대한 두 가지 이론, 즉 거울 신경 역기능 이론과 왜곡된 두드러
진 풍경 이론은 상호 보완적인 것으로 보이며, 이들 연구자들은
아동의 "두드러진 풍경"을 왜곡하는 동일한 사건이 거울 신경
체계를 차단한다고 본다. 달리 말해서, 변경된 변연계 연결들은,
유전적이건 환경적이건 간에, 거울 신경 체계의 역기능을 촉발
하는 동일한 "사건"에 의한 부작용으로 간주된다. 그러나 모두가
동의하듯이, 자폐증의 궁극적 원인은 아직 발견되지 않았다.

종합: 논의와 잠정적인 결론들

논의를 마치면서, 나는 퍼즐 조각들을 끌어 모아 요약할 것이

고, 연구와 조사를 위한 몇 가지 추가적 질문들을 제시할 것이다. 독자들은 이 글을 쓰는 나의 일관된 목표가, 한편으로 자폐증의 주관적 경험에 대한 터스틴의 정신분석적 탐구와, 다른 한편으로 신경-과학적 연구들에 의해 발전된 몇몇 가설들 사이에 존재하는 얼마의 협력적인 연결들을 제시하는 것이었음을 명심해야 할 것이다. 불가피하게, 이 연결들은 사변적인 수준에 머무를 수밖에 없다. 이 단계에서 그것들은 터스틴(1972), 알바레즈와 라이드(Alvarez and Reid, 1999), 그리고 윙(Wing, 1996)과 같은 정신과 의사들에 의해 윤곽이 제시된, 자폐 스펙트럼 안에 존재하는 다양한 하위-그룹에 대한 더 상세한 세부사항들에 대해서는 언급할 수 없다.

우리는 거울 신경 체계에 대한 리졸라티(Rizzolatti, 1996)의 발견이 자폐증과 관련된 신경학적 분야에 그리고 구체적으로 공감과 관련된 이슈에 빛을 던져주었다고 주장할 수 있다. 그들의 발견에 기반을 둔 후속 연구에서, 샌디에고 캘리포니아대학교의 라마찬드란과 오버맨(2006) 등은 자폐증에서 관찰될 수 있는 이러한 체계의 역기능과 몇몇 증상들 사이에 특정한 연결들이 존재한다는 사실을 밝혀낼 수 있었다. 하지만 나는 이 모든 연구들에서 과학자들이 어떤 유전적 그리고/혹은 환경적 요인들이 실제로 거울 신경 체계의 발달과 기능으로 인도하는지, 그리고 그런 요인들 중 어떤 것이 그것의 발달을 막거나 그것의 기능을 방해하는지를 아직 밝혀낸 것이 아니라는 사실이 명백하게 진술되었다는 점을 강조하고자 한다. 그리고 이것은 왜곡된 "두드러진 풍경"으로 인도할 수 있는 요소와, 타당하고 진정한 두드러진 풍경의 발달을 돕는 요소들에도 똑같이 적용된다.

한 개인의 거울 신경이 잠자고 있거나 억제되었을 수 있다는 가능성(전적으로 상실되거나 돌이킬 수 없게 망가졌다기보다는)

이 이들 연구자들에 의해 고려되었다는 점에서, 혹시 특정한 치료적 과정이 이 신경의 역량을 그리고 그것과 관련된 정신적 및 정서적 기능을 되살리거나 회복시킬 수 있지 않을까라는 질문이 남는다. 어떤 치료적 과정이 아동의 경험에서의 왜곡을 줄여줌으로써, 아동으로 하여금 좀 더 유용하고 정확한 두드러진 풍경을 만들 수 있도록 도울 수 있을까?

아마도 정신분석은 모든 것들에서 의미를 발견하고자 하는 그것의 성향 때문에, 다른 학문들이 탐구해온 새로운 그리고 빛을 주는 풍경에 대한 지도를 제공할 수 있을 것이다. 터스틴은 비록 자폐증이 심각한 지적 장애와 관련되어 있는 것으로 보일 수 있지만, 많은 자폐아동들은 본래 영리하고 민감한 아이들로 태어난다고 보았다. 과도하게 민감한 아이들이 유전적으로 잘 기능하는 거울체계를 가지고 세상에 왔지만, 처리하거나 담아낼 수 없는 능력의 결핍으로 인해 자신들이 홍수에 휩쓸린다고 느꼈던 것은 아닐까? 그런 경우, 유아는—어머니의 불안한 상태를 지각하고, 그녀와 공감하는 그의 조숙한 능력으로 인해—분리됨에 대한 그 자신의 소화되지 못한 공포에 더해, 그의 어머니가 갖고 있는 동일한 공포의 홍수에 휩쓸렸다고 말할 수 있을 것이다. 만일 이것이 사실이라면, 아기는 무엇을 해야 하는가?

터스틴은 아기가 제2의 피부 안에서 안전하게 안겨 있는 감각을 제공해주는 자생적인 활동들을 통해서, 정신적이고 정서적인 상대역들로부터 아직-분화되지 않은 그의 신체적 본질들을 안아주고 담아주는 어머니의 기능을 스스로 떠맡을 수 있다고 제안한다. 하지만 자체-감각(auto-sensuousness)이 정신적이고 정서적인 활동을 대체함으로써 원치 않거나 감당할 수 없는 자극들 및 사건들과의 연결을 차단할 때, 아기는 황폐한 환경 안에 갇힐 수 있다.

이것이 피질의 발달을 둔화시키고 신경의 연결들을 망가뜨림으로써 고립을 더욱 심화시킬 수 있는가? 이러한 상황은 환경과의 상호작용에 필요한 신경체계가 망가지고, 신경체계의 발달을위해 필요한 환경과의 상호작용이 점점 더 부족해지는, 가상적인 뫼비우스의 띠로 간주될 수 있다.

뫼비우스 띠는 자폐아동이 유지하려고 하는 세상에 대한 훌륭한 모델이다. 이것은 종종 이런 디자인과 관련된 유명한 5행시에서 묘사되고 있다:

> 수학자는 뫼비우스 띠가
> 한쪽으로 치우쳤다고 속삭인다.
> 그러나 그것을 반으로 잘랐을 때
> 당신은 크게 웃을 것이다.
> 왜냐하면 그때 그것은 하나의 전체로 남기 때문이다.[3]

실로, 터스틴은 둘됨의 인식에 대한 자폐아동의 혐오와 이 현실을 회피하는 동안 그가 환경에 미칠 수 있는 효과를 강조하였다. 예를 들면, 아이의 주의를 끌기 위해서는 여러 번 반복해서 말할 수밖에 없다고 느끼는 부모들과 돌보는 사람들은 그 아이의 반향어를 강화시킬 수 있다. 이런 식으로 그들은 아이에게 자폐적 방식을 따르도록 강요하게 된다. 그래서 터스틴은 경고한다: "만일 치료사로서, 우리가 단어들을 대상들로 사용하는 아이와 과도하게 공모한다면, 우리는 노력과 협력에 의해 특징지어지는 진정한 관계를 발달시킬 수 있는 가능성을 포기한 채, 아이를 그의 병리에 사로잡힌 상태에 남겨두게 될 것이다"(Tustin, 1980, p. 32).

터스틴은 또한 그렇게 되는 과정을 다음과 같이 서술한다:

어머니와 아이는 서로를 위한 자폐대상이 된다; 그들이 서로에게 예상할 수 있게 그리고 완벽하게 맞추는 감각-지배적인 고치 안에 살면서. 그들은 서로의 황홀감이 된다. 자폐아동들 중의 일부는 그런 목가적인 유아기의 역사를 갖고서 치료에 온다. 그러나 그런 유아기 혜택은 거품일 뿐이다(Tustin, 1981a, p. 119).

종종 아동들은 형제의 탄생과 같은, 더 없이 행복한 상태를 갑작스럽게 방해하는 시점까지는 정상적으로 발달하는 것처럼 보인다. 터스틴은 지적하기를, "아이가 감당할 수 있을 정도의 충분히-좋은 어머니의 결핍이 주는 유익한 점은 그것이 바로 우연한 일들이 발생할 수 있는 공간을 제공하는 것이다. 그러한 우연한 사건들은 변형과 변화를 가져오는 촉매제이다"(Tustin, 1981a, p. 119). 나는 이것들이 기계적인 암기와 반복과는 달리, 경험에서 배울 수 있는 기회들이라는 말을 덧붙이고 싶다. 독자들은 경험에서 배우는 기회들이 피질 발달을 위해, 특히 신경들의 연결을 위해 필수적인 좋은 환경의 필수적 요소라는 버클리 과학자들의 발견을 기억할 것이다.

터스틴은 다음과 같이 경고한다:

서로를 위해 매혹적인 자폐대상이 되는 그리고 서로에게 완벽하게 들어맞는 어머니와 아기는 그러한 공간이 생겨날 수 있는 가능성을 몰수한다. 이 말은 그런 상황에서는 변화를 위한 통로가 닫히기 때문에 아이의 정신적 발달이 크게 마비되고 빗나간다는 것을 의미한다(Tustin, 1981a, p. 119).

터스틴은 아이의 아버지가 완벽하게 적응함으로써, 그리고 서로를 완벽하게 통제할 수 없다는 인식에 의해 발생하는 힘든 순간들을 거치는 동안에 엄마와 아기의 쌍을 지지해주고 보살피는 중요한 역할을 수행함으로써, 그와 같은 변화를 위한 통로 중의 하나가 될 수 있다고 생각했다. 부재하고, 수동적인, 또는 너무 말랑말랑한 아버지는 쉽사리 또 하나의 자폐대상으로 사용된다. 하지만 관심을 가져주고 든든히 지원해주는 아버지의 현존은 어머니와 유아가 계속해서 자라고 변화하는 경험들을 해나가는 동안 그들을 하나로 묶어주는 제3자의 역할을 수행할 수 있다. 그는 아이가 감당해낼 수 있는, 안전하고 견고한 분리됨을 경험하도록 촉진할 수 있다. 치료사도 아이를 삶의 경험으로부터 고립시켜온 경직된 방어적 책략들을 사용하도록 강요했던 "블랙홀 경험"을 공감적 이해를 통해 완화시켜주는 것을 통해서 똑 같이 이런 방식으로 기능할 수 있을 것이다.

로마 연구(Giannotti & De Astis, 1978, 1989)는 모든 척도들과 측정도구들을 사용한 시험에서 뒤틀리고, 침체되고, 왜곡된 것으로 드러난 정서적 및 정신적 발달뿐만 아니라, 왜곡된 신경의 발달이 정신분석적 치료에 의해 자극되고 지원받을 수 있다는 가능성에 대해 증언한다. 정신분석적 치료는 견고하고 공감적인 경험(서로 얽히거나 공모적인 것이 아닌)을 제공함으로써, 아이를 그가 갇혀 있는 고립에서 자유롭게 하고, 그가 자신의 환경에서 사용할 수 있는 모든 풍부한 것들에 마음을 열게 하는 데 봉사할 수 있다.

주

1. 유아가 하나의 감각 양태에서 정보를 받아들일 수 있고 또 그것을 또 다른 감각 양태로 옮겨놓을 수 있는, 유아의 타고난 일반적인 능력.

2. 멜처는 분해(dismantling)를 강박적 기제의 가장 원시적인 작용으로 정의한다. 분해(언제라도 역전이 가능한)는 멜라니 클라인이 서술한 가학적 욕동을 사용하는 분열 과정과는 달리, 주의 기능의 이완에 의존한다.

3. 나는 이것을 다음 웹사이트에서 발견했다: http://academics.smcvt.edu/twhiteford/Math/Student%20Projects/Peters.htm 그것의 제목은 Math Cabinet of Curiosity By Peter Garrecht이다. 이 5행시의 저자는 익명으로 소개되어 있었다. 2014년 6월20일에 접속.

제 9 장
생각할 수 없는 외상을 살아남기:
파이(Pi)의 삶에서 발견되는 해리, 망상, 그리고 환각

모든 살아있는 것들은 그들을 이상하게, 때로는 설명할 수 없는 방식으로 움직이게 하는 얼마의 광증을 지니고 있다. 이 광증은 구원을 가져다주는 것일 수 있다; 그것은 적응력의 일부이다. 그것 없이는, 어떤 종도 살아남을 수 없을 것이다.

– 마르텔, 파이의 삶(Life of Pi), 2001, pp. 44-45[1]

도입

앞의 장들에서, 나는 어머니의 품에 안전하게 안겨있다는 신체적인 감각과 일치하는, 어머니의 마음의 자궁 안에 안전하게 안겨있다는 확실한 감각을 아직 성취하지 못한 유아들에게서 발생하는 외상에 대해 서술했다. 가장 원시적인 불안의 형태들은 일반적으로 종종 생리학적인 감각들과 구별할 수 없는 것으로 알려져 있다(Bick, 1968). 그리고 그러한 불안은 비온(1967)이 "이름 없는 공포"라고 부른 것을 만들어낼 수도 있다는 사실도 알려져 있다. 이러한 공포들은 이후에 아이의 삶에서 외상적 경험들을 견뎌낼 수 있는 자기를 발달시키는 데 필수적인 요소인, "안전감의 리듬"(Tustin, 1987)과 "존재의 연속성"을 위협한다. 이러한 공포가 초기의 삶에서 경감되지 않은 채로 남겨질 때, 그러한 공포에 대한 인식(또는 심지어 그러한 인식 능력)은 축출해야 하거나 그것으로부터 철수해야만 하는 치명적인 독으로 느껴질 수 있다.

나는 또한 사춘기의 도래와 함께, 비온이 인격의 정신증적인 부분이라고 부른 것의 자극으로 인해 이전에는 잠재기의 장벽에 의해 가로막혀 있던 이러한 원시적인 불안들의 대대적인 회귀가 발생할 수 있고, 그 결과 정신의 균형상태가 보다 과격한 방어들 쪽으로 기울게 된다고 제안한다. 이러한 변동은 정상적인 청소년기 발달에서도 일어난다. 그러나 외상적 사건이 청소년기 동안에 발생할 경우, 인격의 정신증적인 부분의 우세는 극단적인 수준에 도달할 수 있다(Mitrani, 2007a). 그럴 때, 심리적 및 신체적 생존을 위해 심각한 해리, 망상, 그리고 환각이 소환될 수 있다. 내가 이 장에서 제시하고자 하는 것은 이러한 현상들에 대한 예시로서, 그것은 임상자료들에서가 아니라 예술작품에서, 더 정확히 말하자면, 대중 소설에 기초한 현대 영화에서 가져온 것이다.

방법론

임상적 아이디어들을 예시하고 설명하기 위해 허구적 인물들을 사용하는 것은 정신분석이 시작된 시기 이후로 풍부한 전통을 형성하고 있다. 예를 들어, 프로이트는 1907년에 젠슨(Jenson)

의 소설인 「그라디바」(Gradiva, 1903)에 나오는 주인공 노베르트
아놀드를 분석했다. 그 글에서, 프로이트는 폼페이의 매장과 발
굴 그리고 아놀드의 정서적 경험의 축출과 재출현 사이에 유비
가 존재한다는 사실을 밝혀냈고, 그 과정에서 꿈들과 망상들이
의미를 갖고 있는 정신적 사건들이라는 그의 주장을 위한 적절
한 사례를 개발해냈다.

상상속의 환자를 사용한 분석의 또 하나의 예는 멜라니 클라
인(1955)의 독창적인 글, "투사적 동일시에 대하여"에서 찾아볼
수 있다. 그 글에서 그녀는 줄리앙 그린(Julian Green)의 소설, 「만
일 내가 너라면」(If I were you, 1947)에 나오는 주인공인 파비앙
에스페셀을 분석하는 것을 통해서 투사적 동일시의 "내부"와
"외부" 그리고 그것의 파괴적인 부작용을 부각시켰다.

물론, 이러한 글들이 아무리 훌륭하다고 해도, 소설속의 인물
들이 살과 피를 가진 살아있는 피분석자를 대체할 수 있는 것은
아니다. 그러나 우리는 만일 특정 이론을 설명하기 위해 길고 상
세한 사례를 사용한다면, 비밀보장의 유지가 어렵다는 것을 발
견한다. 그리고 때로는 내가 지금 시작하려고 하는 것과 같은, 매
우 길고 상세한 예시들을 필요로 하는 이론적 논의들이 존재하
는 것도 사실이다.

패트릭 쥐스킨트(Patrick Suskind, 1986)의 소설 「향수」와 그 소
설속의 인물인 장 뱁티스트 그레누이에 대한 나의 논문을 읽은
독자들은 그러한 인물들을 사용하는 것이 가치 있는 것이라는
생각에 동의할 것이다. 왜냐하면 그것은 환자들의 사생활을 보
호해줄 수 있을 뿐만 아니라, 예술가의 확장된 상상력이 우리가
주목하기 어려운 미묘한 특징들을 주목할 수 있게 해주기 때문
이다. 부가적으로, 비범한 병리가 보다 정상에 가까운 신경증적
상태에 대해 관심을 갖게 해주듯이, 아마도 비범한 소설속의 외

상적 사건들은 우리의 환자들의 삶에서 벌어지는 보다 일반적인 외상적 사건들을 이해하는 데 새로운 빛을 비추어줄 수 있을 것이다. 또한 "외부 현실로부터 등을 돌린 채 … 내적, 정신적 현실에 대해서 더 많이 알고 있는 특정 예술가들은, 만약 그렇지 않았다면 우리가 접근할 수 없었을, 여러 가지 사실들을 드러낼 수 있다"는 점이 언급된 바 있다(Freud, 1933, pp. 58-59).

나는 얀 마텔(Yann Martel)의 소설 「파이의 삶」(2001)을 시나리오 작가인 데이빗 마기(David Magee)가 각색하고 앙 리(Ang Lee, 2012)가 감독한 영화를, 감당할 수 없는 외상적 사건들에 직면한 인간이 신체적이고 정신적인 생존을 위해 벌이는 투쟁에 대한 몇 가지 기본적인 진실을, 그리고 그것과 관련해서 무의식의 역할을 보여주는 우화로 볼 수 있다고 생각한다.

마음의 삶에서 무작위적인 것은 없다는 것이 정신분석의 작업가설(working assumption)이다. 결국, 마음은 의미 있고 복잡한 방식으로 서로 연결되어 있는 정신적 사건들로 이루어진 정교한 연상적 그물망이다. 일정한 범위 내에서, 모든 정신적 활동은 이러한 연상적 그물망의 논리를 따른다.

나는 앙 리의 영화가 해석될 수 있는 여러 방식들을 잘 알고 있음에도 불구하고, 이 장에서는 해리, 망상, 환각으로 이루어진 삼중적 방어가 갖고 있는 생존 기능을 나타내는 측면들에 초점을 맞출 것이다. 이 장 전체를 통해서, 나는 영화에서 아름답게 제시된 그리고 나의 해석에 신빙성을 주는 이미지들을 서술하는 데 최선을 다할 것이다.

배경

영화의 맥락을 이해하는 데 도움을 주기 위한 장면으로서, 관객들 앞에는 20세기 중반, 인도의 폰디체리에 위치한 프렌치 리비에라(French Riviera)라고 알려진 식물원과, 진기한 동물들이 가득한 동물원의 모습이 펼쳐진다. 이 장면에 도입된 그리고 이따금씩 반복되는 음악은 파이의 자장가로 알려져 있다: 즉, 명백하게 동인도의 낭만적인 음조와 선율이 깃든 그리고 프랑스식 아코디언의 가락과 함께 섬세하게 꾸며진 음악. 이 노래에 대한 앙리의 비전은 아이가 졸음이 와서가 아니라 안전하게 느끼기 때문에 잠이 든다는 느낌을 전달하는 것이라고 한다. 파이의 어머니는 아이에게 안전감, 자연에 대한 믿음과 자연과의 하나됨(at-one-ment)의 감각을 전달하는 동안 파이로 하여금 "자장가를 따라 부르도록" 부추기면서 아이에게 행복감, 자신감, 그리고 자연과의 하나됨의 느낌을 주입하고 있다. 그녀는 그를 공작, 호랑이 그리고 호랑이의 용기라고 묘사하면서 그에게 자장가를 불러준다; 그녀는 그를 눈꺼풀, 눈꺼풀 안에 있는 꿈, 그리고 달콤한 연꽃과 그 꽃의 즙이라고 부른다.

파이의 이야기는 현재 캐나다 불어권 지역에 살고 있는 중년의 파이와 인도에서 온 불어를 사용하는 캐나다 소설가 사이에서 벌어지는 대화의 형식으로 전개되는데, 그 소설가의 이야기는 "신을 믿게 만들기 위한 이야기"로 묘사되고 있다(Martel, 2001, p. 108). 비록 신학자들과 영성가들은 신에 대한 믿음에 비중을 두고 있음이 분명하지만, 나는 파이의 이야기가 무의식적 마음이 지닌 경이로움에 대한 우리의 믿음을 증가시키는 방식에 초점을 맞출 것이다.

파이의 삶

1954년, 현대적이고, 합리적이며, 무신론적인 사업가인 산토쉬 파텔은 마을의 식물원 안에 동물원을 세웠다. 그는 정원에서 일을 하고 있던 힌두교 신자요 식물학자인 기타(Gita)와 알게 되었고, 그녀와 결혼했으며 1년 후에 라비라는 아들을 얻었다. 그리고 2년 후에는 다시 피씬이 태어났는데, 그의 출산은 마침 병든 도마뱀을 살피기 위해 동물원을 방문한 파충류 학자의 도움을 받아 이루어졌다. 출산 후에, 산모와 아기는 모두 건강했지만, 도마뱀은 겁에 질린 화식조(타조류)의 발굽에 밟혀 죽었다. 이처럼 피씬의 생존은 탄생의 순간부터 다른 누군가의 희생과 연결되어 있었다.

파이가 다섯 살이 되었을 때, 기타는 파이에게 우주의 수호자이자 지탱자인 힌두교의 신 크리슈나를 소개해주었다. 그녀는 어린 아들과 함께 침대에 누운 채, 야쇼다가 그녀의 아기인 크리슈나가 흙을 먹은 것을 비난했던 일에 대해 이야기해주었다. 어린 크리슈나가 흙을 먹지 않았다고 부인했을 때, 그의 어머니는 그에게 입을 열어보라고 요구했다. 크리슈나는 순순히 입을 열었는데, 놀랍게도, 야쇼다는 우주 전체가 그녀의 눈앞에 펼쳐지는 것을 보았다. 만화책에서, 파이는 아기 크리슈나가 내면에 간직하고 있는 모든 것에 대한 이미지를, 즉 야쇼다가 활짝 벌린 아기 크리슈나의 입안에서 보았던 모든 놀랍고 경이로운 세부사항들을 지닌 우주의 모습을 보았다—모든 별들과 행성들, 모든 어제들과 오늘들, 그리고 내일들. 파이에게 있어서, 크리슈나는 최상의 영혼이자 모든 것의 근원인 신 비슈누만큼이나 최고의 영웅이었다. 우리는 비슈누가 끝없는 우주적 바다 위에 떠있으면서 잠을 자고 있고, 우리는 그의 꿈이 만들어낸 것이라는 이야기를 듣는다.

비록 산토시가 그의 아들들에게 그러한 이야기들과 아름다운 불빛에 현혹되지 말라고 경고했지만, 신에 대한 파이의 관심은 지속되었고, 그것은 힌두교에 국한되지 않았다. 산속에서의 어느 휴일에, 라비는 12살인 파이에게 감히 천주교 성당에 들어가 성수를 마시고 올 수 있겠느냐고 도전을 했고, 파이는 그 도전을 받아들여 성당 안에 있는 세례 반(성수가 담긴 용기)에서 물을 마셨다. 그리고 그가 고개를 들어 십자가의 길을 상징하는 상징물들을 바라보는 순간, 마침 성소 안에 들어온 신부가 그를 보고는 "목이 말랐구나!"라고 말했다. 그 신부는 파이에게 물 한 컵을 가져다주었고, 사람은 신을 완전히 이해할 수 없지만, 신의 아들을 이해할 수는 있고, 형제의 고통을 알 수 있듯이, 그 아들의 고통을 이해할 수 있다고 설명해주었다. 그날 밤, 파이는 그에게 그리스도를 소개해준 것에 대해 비슈누에게 감사를 드렸고, 그의 침대 옆에 누워있는 힌두신의 성상에게 기도했다.

파이는 예수의 희생에 관한 질문과 계속해서 씨름했고, 마침내 세례를 받았다. 그는 또한 이슬람 종교를 발견했고, 그 종교에서 물로 정화하는 "살라"라는 의례를 행한다는 사실을 알게 되었다. 물은 파이의 삶에서 심지어 그의 이름을 짓는 데서도 중요한 역할을 했다. 그의 아버지의 친한 친구인 프랜시스—마마지 삼촌으로도 알려진—는 마치 사람들이 기념품을 수집하듯이 세계 여러 나라를 여행하면서 수영장을 수집하는 수영 전문가였다. 프랜시스는 파리에 있는 공영 수영장인 "피씬 몰리타"에 대해 말하면서, 그곳은 "아침 커피를 만드는 데 사용할 수 있을 정도로 물이 깨끗한" 세상에서 가장 아름다운 수영장이라고 열변을 토하곤 했다(Martel, 2001, p. 12). 그 이야기에 감명을 받은 아버지는 그의 둘째 아들에게 피씬 몰리타 파텔이라는 이름을 주었다. 여기에서 그 "삼촌"이 파이에게 생존을 위한 본질적인 가르침을 주었다는 사실은 주목할 만하다: "물을 좀 먹는다고 죽는 것이 아니라, 물에 대한 공포가 사람을 죽음으로 인도한다."

예상할 수 있듯이, 사춘기가 시작되면서 피씬은 조롱의 대상이 된다. 즉, 그의 또래 친구들이 그의 이름을 가지고 무자비하게 놀려댄다; "운동장에 오줌 싸지 말 것"(노 피씽 온 더 그라운드)이라며 연호한다. 하지만 12살의 나이에, 그는 그 자신의 존엄을 되찾을 현명한 방법을 발견한다. 그는 새 학년을 시작하면서 자신을 그리스 알파벳의 16번째 문자이자 모든 원의 원둘레와 지름 사이의 관계를 나타내는 무리수인, 그리고 무한한 숫자를 암시하는 파이라고 소개한다. 그리고 그는 칠판 가득히 3.14 이후에 계속되는 숫자들을 외워 씀으로써 급우들과 선생님들의 칭송을 이끌어냈고, 그 결과 자신을 경멸과 무시의 대상에서 학교의 전설 같은 존재로 변형시킨다.

거의 같은 시기에, 파이는 동물원의 새로운 호랑이인 리처드 파커를 "만나기"로 작정한다. 그는 그 호랑이를 불러 철창 사이로 손을 내밀어 생고기 한 점을 권한다. 그가 호랑이에게 고기를 먹으라고 말하자, 호랑이는 머리를 치켜들고 귀를 앞쪽으로 세운 채 천천히 다가와 턱과 입술을 벌려서 조심스럽게 고기를 받아먹기 시작한다. 그러나 갑자기 소년은 아버지에 의해 끌려 나갔고, 아버지의 고함 소리는 소년과 호랑이 모두를 놀라게 했으며, 그 결과 겁에 질린 호랑이는 달아났다.

산토시는 파이가 동물을 사람으로 생각한다면서 그를 꾸짖는다. 파이는 동물들의 눈을 보면 그들 또한 영혼을 가지고 있다는 것을 알 수 있다고 주장한다. 그러나 산토시는 소년이 보는 것은 그 자신의 정서가 반영된 것일 뿐이라고 주장한다. 이것을 설명하기 위해, 그는 직원에게 살아있는 염소 한 마리를 끌고 오라고 시킨 다음 그 염소를 창살에 묶는다. 자신의 남편이 하려는 것을 알아챈 기타는 그 일로 인해 파이가 입는 상처가 평생 지속될 것을 두려워한 나머지, 파이는 그저 아이일 뿐이라며 간청한다. 그러나 아버지는 강제로 호랑이가 이번에는 몸을 웅크리고, 귀를 뒤로 눕힌 채 몰래 접근해서 갑자기 자신의 사냥감을 덮치는 장면을 파이가 보게 만든다: 호랑이는 자신의 사냥감을 무자비하게 그의 굴속으로 끌고 들어간다.

그 후, 파이는 그의 세상이 그것의 마법을 잃었다고 느낀다. 학교는 사실들과 조각들, 그리고 그의 비합리적인 별명처럼 단어들과 패턴들이 끊임없이 반복되는 불어로 채워진 곳이 된다. 곧 우리는 16살이 된 파이를 보게 되는데, 그는 존재론적 불안과 씨름하면서, 그의 삶에 의미를 되돌려줄 수 있는 무언가를 찾고 있다.

그는 댄스교실에서 드럼을 치고, 그 후에는 중심 댄서인 아난디를 따라 춤을 추면서, 춤에서 그녀의 손짓이 갖는 의미에 대해 물어본다. 그녀는 그 손짓들이 숲 속에 숨어있는 연꽃을 나타낸다고 설명한다. 이 만남은 두 젊은이에게 감동적인 것이고, 그들은 그 후로 서로 떨어질 수 없는 사이가 된다.

불행히도, 그의 삶에서 감수성이 예민한 이 시기에, 파이의 아버지는 또 다시 그에게 충격을 주고, 그를 당혹스럽게 한다. 어느 날 밤 저녁식탁에서 아버지는 온 가족이 동물원을 떠나 캐나다로 이민을 갈 것이고, 그곳에서 새로운 삶을 시작할 수 있는 비용을 마련하기 위해 동물들을 처분할 것이라고 선언한다. 파이는 유일한 고향과 그가 아는 단 하나의 삶의 방식을 상실하는 것뿐만 아니라, 그의 소중한 아난디와의 가슴 찢어지는 이별의 문제와 씨름한다. 그는 그녀와 함께 한 마지막 날의 모든 순간들을 기억하지만, 슬프게도 작별인사를 하지는 못한다.

그의 가족과 동물들을 캐나다로 데려다줄 일본 상선에 올라 타서, 파이는 보호받는 환경 바깥에 존재하는 세상의 잔인함과 타협에 대한 요구와 맞닥뜨리게 된다. 잔인한 프랑스인 요리사 는 그의 채식주의자인 어머니를 조롱하고 무시하며, 아버지는 그 프랑스인과 거의 주먹질까지 할 뻔 한다. 선원 중에는 그들에 게 친절한 불교신자가 있는데, 그는 선상에서는 고기보다도 그 레이비(육수에 밀가루 등을 넣어 만든 소스)가 먹을 만하다고 제안하지만(상황에 따라 적응해야 하고, 가급적 싸움을 피하기 위해 그냥 주는 대로 먹는 것이 좋겠다고 말하는 것처럼 보이 는), 파이의 가족은 금욕적인 상태에서 오직 밥만 먹는다.

마닐라 항을 지나 마리아나 트렌치(Marianna Trench)에 도달했 을 때, 아래층 갑판에서 잠을 자던 파이는 강력한 천둥소리에 잠 을 깬다. 파이는 배의 맨 꼭대기로 올라가, 마치 신(God)에게 항 의라도 하듯이, 천둥을 향해 소리치고, 춤을 추며 뛰어다니고, 미 친 듯이 큰소리로 웃어대며 팔을 마구 흔들다가 배 밖으로 떨어 질 뻔 한다. 배의 함교(선장이 배를 지휘할 때 서는 곳)에서 들 려오는 외침과 비명소리를 들었을 때, 그는 정신을 차리기 시작 한다. 거대한 파도가 화물선의 뱃머리를 침수시킬 때, 그는 생명 을 위협하는 폭풍의 본성이라는 현실과 접촉하게 된다. 그는 출 입문 쪽으로 달려가, 그의 가족들에게 경고하기 위해 아래층으 로 내려간다. 그러나 그들의 선실이 완전히 물에 잠긴 것을 발견 하고, 그는 동물들과 선원들이 혼돈 속에서 허둥대는 갑판 위로 돌아가기 위해 사투를 벌인다.

이것은 배가 가라앉기 시작하고, 파이가 올라탄 구명보터가 거대한 폭풍 속으로 떠내려가기 직전까지의 역사이다. 이후에, 비록 영화의 이야기꾼은 우리의 상상력을 극한까지 확장시키기는 하지만, 영화의 이야기는 놀랍도록 생생하고 세부적으로 말해주기 때문에, 우리의 의심은 마치 꿈에서처럼 억제된다.

파이의 생존 이야기

공포스런 자연의 자비에 자신을 맡긴 채, 파이는 화물선의 갑판에서 뛰어내려 구명보트에 올라탔는데, 거기에는 화물칸에서 보트의 선미로 뛰어내리다 상처를 입은 얼룩말이 있다. 파이는 아버지와 어머니 그리고 형 라비를 소리쳐 부르는 동안 배가 기울면서 물속으로 가라앉는 장면을 바라본다. 구명보트가 요동치는 바다 속으로 가라앉는 배에서 점점 멀어지는 동안, 파이는 구명 튜브를 던졌다가 당기기를 반복하면서, 그것이 사랑하는 사람 누군가라도 실어 나르기를 희망한다. 그러나 그는 사랑하는 사람대신에 벵골 호랑이 리처드 파커가 구명 튜브에 매달려 있는 것을 본다. 그는 노를 사용해서 그 호랑이와 맞서 싸우려고 노력하지만 성공하지 못하고, 큰 파도가 그 대형 고양이를 보트에 태우는 것을 본다.

이 사나운 짐승과 같은 보트에 있게 된다는 두려움 때문에, 파이는 보트에서 성난 바다 속 깊은 곳으로 뛰어든다. 그리고 한 참동안이나 물속에 가라앉은 배를 응시하면서 충격 속에 빠진다. 그러나 다음 순간에, 예상과는 달리, 그는 보트의 선수 쪽에 있는 장대에 매달린 채 수면위로 떠오르기 위해 애쓴다. 폭풍이 가라앉으면서, 호랑이 리차드 파커는 더 이상 보이지 않고, 대신에 하이에나 한마리가 보트의 뱃머리에 있는 방수포 아래에서 모습을 드러낸다. 파이는 어미 오랑우탄인 "오렌지쥬스"가 물에 떠있는 바나나 다발에 올라탄 채 다가올 때, 노를 사용해서 포악한 청소부를 막아내려 애쓴다. 그렇게 해서 하이에나는 방수포 아래로 사라지지만, 밤이 되자 다친 얼룩말을 공격하기 위해 다시 나타나고, 파이와 오렌지쥬스는 무기력하게 분노에 찬 비명을 지른다.

아침이 되자, 파이는 구명조끼, 생존 매뉴얼, 비상식량, 호루라기 등의 위기 상황에서 필요한 물품들과 더 많은 노들과 구명튜브들을 발견하고는, 그것들을 한 데 모아 바나나 다발에 묶여 있던 그물을 사용해서 뗏목을 만든다. 갑자기 하이에나가 다시 나타나 죽은 얼룩말을 게걸스럽게 먹는다. 오렌지쥬스는 용감하게 하이에나를 쳐서 쓰러뜨린다. 그러나 뜻밖에도 하이에나는 다시 일어나 오렌지쥬스를 공격하고 죽인다. 이러한 기괴한 사건들로 인해 소년의 격노는 자극되고, 우리는 파이에게서 변형이 발생하는 것을 목격하는데, 그의 이미지는 방수포 아래에서 뛰어나와 이 청소부 하이에나를 공격해서 죽이는, 호랑이 리차드 파커 안으로 사라진다. 공포에 질린 파이는 재빨리 뗏목을 바다로 던지고 물속으로 뛰어든다.

다음 장면에서, 파이는 리차드 파커를 실은 보트와의 안전거리를 확보해주는 긴 로프에 의해 연결되어 있는 뗏목 위에 혼자 있다. 파이는 떠있는 그의 피난처의 구조를 강화하고, 방수포 끝자락 아래 남겨둔 비상식량을 가져오기 위해 보트의 뱃머리 쪽으로 조심스럽게 다가간다. 물을 마시고 영양분을 섭취하기 위해 잠시 휴식을 취하면서 음료수 통들과 비스킷을 뗏목 위에 싣고 있을 때, 파이는 다시 한 번 호랑이와 마주친다. 바로 그때 파이는 침몰한 화물선의 6번째 조난자인 쥐를 발견하고는 그것을 잡아서 호랑이에게 던져준다. 호랑이의 주의가 분산된 순간을 이용해서, 파이는 그의 뗏목으로 건너뛰고는, 젖 먹던

힘을 다해 노를 저어 안전거리를 확보한다.

낮이 밤이 되고, 다시 한 번 해가 떠올랐을 때, 우리는 고요한 바다 위에 떠있는 뗏목을 타고 있는 파이를 보는데, 그 뗏목은 사나운 호랑이가 타고 있는 보트와 거리를 둔 채 서로 연결되어 있다. 때때로, 파이는 뗏목 위에서 보트로 넘어가 방수포 아래 숨어서 밖을 내다보고 있는 리차드 파커와 잠깐씩 대면하지만, 그가 호랑이의 눈 안에서 보는 섬뜩한 무언가에 의해 다시 뒤로 물러난다. 파이는 바다의 해류, 경도와 위도, 그리고 깊이를 보여주는 해양지도를 검토하지만, 끝이 없는 바다 그 어디에도 그를 안내해줄 기준선들은 없다.

생존 매뉴얼에서 권고한 모든 전략들 중에서, 이야기를 하고 희망을 잃지 말라는 말이 파이에게는 의미 있게 느껴진다. 그는 닻을 발견하고는 이 장치를 사용하면 해류의 충격과 파도가 보트의 흔들림에 미치는 영향을 줄이거나 늘일 수 있다는 것을 알게 된다. 그는 리차드 파커를 그의 친구로 만들 수는 없어도, 즉 그를 길들일 수는 없어도, 그를 훈련시킬 수는 있을 거라고 생각하고, 그렇게 하기로 작정한다.

그는 호랑이에게 강한 인상을 주기 위해 호루라기를 사용하기 시작하고, 닻을 내려 뗏목을 안정시킨다. 그는 보트 양쪽 끝에 로프를 묶어서 보트를 파도와 일직선이 되게 함으로써 호랑이를 멀미나게 만들 수도 있고, 반대쪽 줄을 사용하여 보트를 파도와 부딪치게 함으로써 그 동물의 불편함을 줄여줄 수도 있다는 것을 알게 되고, 이러한 변화에 맞추어 호루라기 소리의 높이와 음량을 변화시킨다. 얼마 후, 파이는 이 훈련의 효과를 시험하고 그의 지배권을 주장하기 위해 다시 보트위에서 호랑이와의 대면을 시도한다. 리차드 파커가 선미에서 멀미를 하는 동안, 도전적으로 서서 방수포 위에 소변을 보면서, 파이는 고함을 지르고 자신의 영역임을 나타내는 몸짓을 한다. 그러나 이에 대한 반응으로 비틀거리며 멀미를 하는 호랑이는 등을 돌린 채, 파이의 얼굴에 강력한 오줌줄기를 쏘아붙인다. 리차드 파커와 공존하기 위해 경계를 설정하려는 파이의 시도는 결국 이렇게 끝이 난다!

그러나 쉽게 포기하지 않은 파이는 보상을 주면서 훈련하는 새로운 접근방식을 채택한다. 그는 태양열에 증류해서 만든 음료수 한 통을 리차드 파커에게 가져다주고, 리차드 파커는 그가 부드럽게 호루라기를 부는 동안 그 물을 마신다. 자신이 호랑이의 마지막 만찬이 될 것을 두려워하면서, 파이는 이 육식 동물에게 음식을 제공할 방법을 궁리하기 위해 그의 뗏목으로 되돌아간다.

파이의 뗏목 아래에서는 작은 생태계가 형성되었고, 그는 호랑이의 식사를 위해 비스킷을 미끼로 사용해서 낚시를 시도하는데, 처음에는 성공하지 못하지만 결국 물고기를 낚는 데 성공한다. 이 장면을 바라보는 호랑이는 침을 흘리고 입맛을 다신다. 소년은 호랑이에게 인내심을 갖고 기다려주기를 간청하지만, 갑자기 리차드 파커는 스스로 물고기 잡기 위해 물속으로 뛰어든다. 그리고 물고기를 잡는 데 실패하자 방향을 돌려 뗏목으로 향한다. 겁에 질려 굳어진 파이는 보트 위로 피신한 채 뗏목을 보트 위로 끌어올렸고, 보트에 간신히 매달려 있는 리차드 파커를 밤새도록 물속에 남겨둔다. 그러나 새벽이 되자 파이는 일종의 사다리를 만들어 지칠 대로 지친 호랑이가 보트 위로 기어 올라오게 해준다. 그리고 뗏목을 물 위로 내리고는, 바다로 뛰어들어 떠 있는 피난처를 향해 헤엄쳐간다.

아침이 찾아왔을 때, 파이는 남아있는 비상식량을 안전하게 보관하기 위해 그것들을 모두 뗏목 위로 옮겨놓다. 그리고는 뗏목 아래를 헤엄치고 있는 커다란 만새기를 잡는 과제에 돌입한다. 뗏목 아래로 느슨하게 처져 있는 바나나묶음용 그물로 물고기를 잡는 데 성공했을 때, 파이는 그것을 온 힘을 다해 끌어올리고 도끼 등으로 무자비하게 내려친다. 물고기가 죽자 그것의 반짝거리는 파란색, 금색, 그리고 초록색은 회색빛이 된다. 파이는 슬피 울고 탄식하면서, 물고기의 형태로 그에게 찾아와 그의 생명을 구해준 비쉬누 신에게 두 손 모아 감사기도를 드린다. 그는 그 커다란 생선을 퍽 하는 둔탁한 소리가 나도록 보트에 던지고는, 부드러운 호르라기 소리로 호랑이에게 저녁식사가 준비되었음을 알린다.

그날 밤, 보름달이 비추자 바닷물은 무지개 빛깔의 플랑크톤으로 인해 환하게 빛난다. 그때 갑자기 원뿔형의 분출하는 에너지가 빠르게 수면을 향해 밀고 나오면서 물고기들이 사방으로 흩어진다. 그것은 입을 벌린 채 공중으로 높이 뛰어 오르는, 형광색 유기체로 둘러싸인, 길이가 15미터가 넘는 거대한 혹등고래이다. 그 고래가 다시 바다로 떨어지는 순간, 그 거대한 해양 괴물은 뗏목을 뒤집어엎고, 파이의 비상식량은 모두 물에 잠기게 되고, 음료수 캔들은 바다 위로 흩어지고 만다.

다음날, 파이는 칼로 보트 옆면에 38일 째임을 표시하는 선을 긋는다. 그는 배고픔이 자신에 대해 알고 있는 모든 것을 변화시킨다는 것을 깨닫는다. 물고기가 그의 뗏목 아래에서 헤엄치고 있는 동안, 그는 보트 선미에 놓인 방수포에 작살이 얽혀있는 것을 발견한다. 그는 그 작살을 꺼내기 위해 방수포 위로 기어 올라가는데, 바로 그때 리차드 파커는 방수포 아래에서 그의 머리를 불쑥 내민다. 파이가 호랑이의 공격에 대비하려고 하는 순간, 날치가 날아와 그의 얼굴에 부딪친다. 그 충격에 그는 비틀거리면서 뒤로 물러서고, 날렵한 청회색 날개를 가진 물고기는 옆에서 팔딱거린다.

리차드 파커가 등을 세우고, 턱을 벌리자 파이는 그 물고기를 집어서 그에게 던져주는데, 그 순간 갑자기 수없이 많은 날치 떼가 마치 메뚜기 떼처럼 그들을 덮친다. 그것들은 자신들을 잡아먹으려는 참치 떼에 의해 쫓기고 있고, 바다는 생명과 죽음으로 들끓고 있다. 리차드 파커는 가능한 한 많은 물고기를 잡기 위해 뛰어오르면서 그 살생에 동참하는데, 그러는 동안 수없이 많은 날치 떼에 부딪치면서 파이는 고통의 비명을 지른다. 그때 커다란 노란색 지느러미를 가진 참치 한 마리가 보트 한 가운데 파이와 호랑이 사이에 떨어진다. 파이는 갈고리 막대를 사용해서 그 물고기를 방수포 위로 끌어올리고는, 리차드 파커에게 위협적으로 소리를 지르면서 갈고리 막대를 흔들어대자, 리처드 파커는 보트 바닥에 있는 작은 물고기로 관심을 돌린다.

일시적으로 지배적인 위치를 성취하고 나서, 파이는 칼로 커다란 참치를 잘라내어 생애 처음으로 고기를 먹는다. 그 다음에, 그는 자신과 리차드 파커의 관계가 갖는 성질이 최종적으로 결정되어야 한다는 사실을 깨닫는다. 배가 파손된 이후로 처음으로 진짜 양분을 섭취함으로써 얻은 힘과 결의를 가지고서, 파이는 호랑이의 훈련을 재개하기 시작한다. 그는 참치 덩어리, 목소리, 휘파람 그리고 갈고리 막대의 두드림을 사용해서 그의 명령을 긍정적으로 강화한다.

파이는 그가 뗏목 위에 마련한 햇빛 가리개 아래에서 휴식하는 동안, 맞은 편 선미에서 자리 잡고 앉아있는 호랑이를 주시하면서, 칼로 연필을 깎아 생존 매뉴얼의 여백에 마치 일기를 쓰듯이 글을 쓰기 시작한다. 그는 그늘 한 조각이 그에게 그렇게 큰 즐거움을 가져다줄 수 있으리라고는, 또는 물통, 칼 한 자루, 연필 한 자루가 그의 가장 소중한 보물들이 되리라고는 한 번도 생각해본 적이 없다. 그는 리차드 파커가 그곳에 있다는 것을 아는 것이 그에게 평화를 가져다준다는 것을 깨닫는다. 파이는 그 호랑이가 자신만큼이나 현실 세상에 대한 경험이 없다는 것을 깨달으면서 놀라워한다. 그 둘 모두는 동물원에서 같은 주인인, 파이의 아버지에 의해 양육된 것이다. 그 둘 모두에게 과거와 관련된 것들은 아무것도 남은 것이 없는 것처럼 보였다. 파이는 리차드 파커가 없었다면 자신은 이미 죽었을 거라고 생각한다. 호랑이에 대한 파이의 두려움이 그를 깨어있게 하고, 리차드 파커를 돌보는 일이 그 소년의 삶에 목적을 주고 있음이 분명하다.

수개월이 지나면서 파이는 수척해지고, 탈진과 끝없는 고독으로 인해 눈빛은 사나워진다. 그의 머리는 길어졌고, 그의 올리브-카라멜 색깔의 피부는 그을려 코코아 브라운 색이 되었으며, 그의 옷은 다 닳아서 속이 들여다보일 정도가 되었다. 얼마 동안, 파이는 보트의 측면 너머를 바라보는 리처드 파커를 보면서, 선미의 방수포 위에 몸을 뻗고 누워있었다. 그리고 그는 호랑이에게 무엇을 보고 있느냐고 물었다. 그 물음에 대한 대답을 찾기 위해, 파이는 몸을 돌려 바닥에 엎드린 채 머리를 들어 보트 바깥을 내다보면서, 호랑이가 취한 것과 같은 자세를 취했다. 처음으로, 파이는 호랑이의 눈으로 세상을 바라보았다: 바다에서의 삶, 죽은 과거와 세상 안으로서의 여행. 파이의 야생적인 머리카락과 눈은 그가 지금까지 동일시하고 싶지 않았던 호랑이와 무척 닮아 있다.

낮 동안에, 파이는 글을 쓴다. 그것이 그가 매달릴 수 있는 전부이다. 모든 것이 뒤섞여 있고, 파편화 되어 있다. 그는 낮에 꾸는 꿈과 밤에 꾸는 꿈을 구분할 수 없고, 밤에 꾸는 꿈과 현실을 구분할 수 없다. 그의 몽당연필이 점점 더 짧아지고 있던 어느 날, 파이는 구름이 지평선 너머로 떠오르면서 하늘을 캄캄하게 만드는 모습을 보고, 천둥치는 소리를 듣는다. 그것들은 순식간에 그 작은 보트를 압도한다.

파이는 그의 매뉴얼을 비닐 가방에 싸서 보호하고, 그의 장비를 보트의 창고 칸에 집어넣으려고 노력한다. 그러나 폭풍은 어마어마한 힘으로 구명보트를 덮쳤고, 파이를 쓰러뜨려 바다에 빠뜨렸으며, 그의 책을 폭풍 속으로 날려 버렸다. 작은 보트 위로 다시 기어 올라온 파이는 신을 향해 미친 사람처럼 소리를 지르면서, 리차드 파커에게 방수포 아래 은신처에서 나와 축제에 참여하라고 손짓한다. 광증의 마법은, 폭풍우가 화물선을 삼켜버렸던 운명적인 밤에 그랬던 것처럼, 파이를 사로잡는다. 그는 미친 듯이 방수포를 묶고 있는 끈을 풀어 공포에 질린 호랑이를 노출시키는데, 그러는 동안 뗏목을 묶고 있는 밧줄이 풀린다. 파이는 그 뗏목이 격렬한 바다로 사라지는 모습을 속수무책으로 바라보면서, 자신이 처한 위험한 현실에 대한 인식을 되찾는다. 그러나 리차드 파커는 물에 빠져 죽어가고 있다!

파이는 호랑이의 구원자였던 방수포를 고정시키려고 노력하지만, 그 둘은 함께 마치 세탁기 안에 있는 것처럼 물이 질척거리는 보트 안으로 내던져진다. 무방비 상태라는 느낌은 폭풍우처럼 강력하고 무자비한 힘을 갖는다. 하지만 다음날 돌풍은 가라앉고, 파이는 구름-덮인 하늘 아래에서 깨어난다. 그는 여위고 축 처진 채 구명보트의 판자에 누워있는 리차드 파커를 본다. 그는 이 커다란 고양이과 동물 옆에 앉아서, 그 동물의 무거운 머리를 자신의 무릎으로 끌어당긴다. 그는 호랑이에게 그들이 죽어가고 있다고 말해준다.

그 다음에, 낮의 장면이 펼쳐지는데, 어떤 날인지는 분명하지 않다. 파이는 태양에 얼굴을 드러낸 채 방수포 위에 누워있는데, 깊은 잠에서 깨어난 것처럼 보인다. 그는 눈을 떠서 그의 보트가 낯선 섬의 해안가 끝자락에 정박해 있는 것을 발견한다. 그 섬은 모래 대신에 튜브모양의 해초 덩어리가 두텁게 뒤엉켜 있고, 우거진 커다란 나무들과 풍성한 잎사귀들이 형형색색으로 강렬하게 타오르고 있어서 비현실적인 느낌을 자아내고 있다. 그리고 리차드 파커는 더 이상 보트에 있지 않다.

파이는 배에서 내려 그의 보트를 고정시킨 다음, 식물을 맛보기 위해 밖으로 기어 나온다. 그는 곧 한 손 가득 식물을 채취해서, 최대한으로 빨리 먹기 시작한다. 배가 부르자 그는 해초에서 자라난 것으로 보이는, 그리고 마치 하나의 유기체를 형성하고 있는 것처럼 보이는, 나무 위로 기어 올라간다. 거기에서 파이는 생명의 소리를 듣는다: 셀 수 없이 많은, 깨끗한 물로 가득한, 작고 완벽한 둥근 연못들을 에워싸고 있는, 미어캣들의 바다에서 들려오는 소리. 그는 유순한 동물들의 바다를 가로질러 연못들 중 하나 안으로 들어간다.

기운을 차린 파이는 미어캣의 바다에서 만찬을 즐기면서 건강하게 살아있는 리차드 파커의 모습을 멀리서 목격한다. 해가 지기 시작할 때, 파이는 밤을 보내기 위해 물고기 그물을 높은 나무 가지들에 묶어 해먹을 마련한다. 그때 갑자기 그는 연못으로부터 멀어지는 코끼리들의 발자국 소리에 미어캣 무리들이 허둥지둥 나무 위로 도망가는 광경을 발견한다. 그는 으르렁 거리는 소리와 함께, 리차드 파커가 안전을 위해 보트로 달려오는 것을 본다.

한 밤중에, 파이는 초록색 형광 빛에 휩싸인 채 깨어난다. 그가 나무 밑을 내려다보니, 거기에는 조금 전까지 맑은 물로 가득했던 깨끗하고 고요한 연못들이 죽거나 죽어가는 물고기들로 가득한 넘실대는 산(acid)의 구덩이들로 변해 있었다. 리차드 파커가 구명보트 안의 자기 자리에서 해변 쪽을 바라보자, 멀리서 보이는 섬의 윤곽이 잠시 모습을 드러낸다. 파이는 나무 가지에 달

려있는 과일 하나를 따는데, 연꽃처럼 열려 있는 그 과일 안에
사람의 이빨이 있다는 것을 발견한다. 그는 이 섬이 동물들을 잡
아먹는 섬이라는 것을 깨닫는다: 낮 동안에는 생명을 주고, 밤에
는 생명을 앗아간다. 서서히 파이는 그 모든 것이 무엇을 의미하
는지를 이해한다: 여러 해 전에 누군가가 이 섬에 도달했다. 그는
파이처럼 이곳에 영원히 머무를 수 있을 거라고 생각했다. 그러
나 친구라고는 미어캣 밖에 없는 그곳에서 그는 견딜 수 없이
외로웠고, 결국 이빨만을 남긴 채 죽었다. 파이는 그가 그곳에 머
무른다면, 그의 인생이 어떻게 끝나게 될지를 알게 된다. 그는 그
곳을 떠나거나 떠나려고 시도하다가 죽을 수밖에 없다.

날이 밝자, 파이는 구명보트에 가능한 많은 해초를 끌어 모았
고 호랑이 먹이를 위해 저장 칸에 들어갈 만큼의 미어캣들을 포
획했다. 그는 호랑이 없이는 그곳을 떠날 수 없었다. 그것은 그
자신을 죽이는 것을 의미했다. 그는 호랑이를 불렀고, 그 호랑이
는 숲에서 나와 보트 위로 뛰어올랐다. 그들은 그들의 운명을 찾
아 그 섬을 떠났다.

여러 날 후에, 파이는 멕시코의 해안가에 도착했다. 그는 너무
약해진 상태라서 구조를 코앞에 둔 채 얕은 물에 빠져 죽을 것
만 같았다. 하지만 그는 자신을 모래 위로 끌어올렸고, 자신을 보
고 미소 짓는 두 눈동자를 느꼈다. 리차드 파커는 배에서 내려
다리를 한 번 쭉 뻗고는, 해변을 따라 정글을 향해 비틀거리며
걸어갔다. 파이는 그가 귀를 머리에 바싹 붙인 채 으르렁 거리며
돌아볼 거라고 확신했다. 파이는 그 호랑이가 그들 사이의 관계
를 일종의 의식과 함께 끝내주기를 희망했다. 그러나 리차드 파
커는 그저 앞만 바라보고 갔다. 얼마 후에, 파이와 같은 종의 구
성원이 그를 발견했고, 원주민들을 불러다가 그를 안전한 곳으
로 옮겼다. 파이는 그가 호랑이와 이별한 방식으로 인해 울었다.

파이의 또 다른 삶

일본 선박회사에서 나온 조사관들은 파이가 멕시코 병원에서 회복하는 동안 그를 인터뷰했다. 그는 그가 승선했던 화물선의 유일한 생존자였다. 파이가 들려준 이야기가 그들의 상사에게 보고하기에는 너무 허무맹랑하다고 생각한 그들은 좀 더 믿을 만한 이야기를 요구했다. 파이가 다시 그들에게 들려준 이야기에는 동물이나 신비한 섬에 관한 이야기가 없었다: 그것은 생각할 수조차 없는 비극에 대한 이야기였다. 파이의 삶에 대한 이러한 해석에서, 얼룩말은 구명보트에 뛰어드는 과정에서 심하게 다리뼈를 다친 행복한 불교신자 선원이었고; 하이에나는 선원을 죽이고 그의 살을 먹은, 그리고 최종적으로는 파이의 어머니(오랑우탄)를 살해하고 바다로 던져 상어의 밥이 되게 한 잔인한 프랑스인 요리사였다; 그리고 파이는 요리사를 죽이고 멕시코의 정글 속으로 사라진 호랑이였다. 논의의 여지가 없는 사실은 그들이 어떤 이야기를 선택하든지 간에, 파이가 그의 가족을 잃었고 분명히 고통을 받았다는 것이었다.

논의

앙 리는 그의 영화에서, 관객들에게 우리가 믿을 수 있기를 바랄 뿐인 하나의 최종적인 이미지를 남긴다: 작은 보트에서 호랑이와 함께 혼자서 바다에 맞서고 있는 행복한 소년. 하지만 병원 침상에서 십대 소년에 의해 직접적으로 들은 이 비극적인 이야기는 전혀 꾸밈이 없고, 실질적이며, 쉽사리 떠나보낼 수 없는 정서들—잔인함, 고문, 식인주의, 냉혹한 살인, 복수, 공포, 곤경, 광증, 그리고 상상을 초월하는 외로움—로 가득 차 있다.

관객이 어떤 종류의 이야기를 "선택"하는가는 비참한 희생자와 동일시 할 수 있는 개인의 능력 또는 화려한 영웅을 이상화해야 할 개인의 필요에 달려있다. 그 이야기 안에서 소설가는 일본 선박회사의 조사관들처럼 후자를 나타내는 반면, 분석가로서의 우리는 전자를 나타낸다고 볼 수 있다.

그렇다면, 대부분의 사람들이 믿고 싶어 하는 이야기를 우리는 어떻게 이해할까? 파이가 살아가는 데 해리, 망상, 그리고 환각의 역할은 무엇인가? 이 세 가지 보호적 요소들은 "파이의 적응능력의 일부인 광증"을 구성하는가? 만일 그렇다면, 무의식적 마음은 이러한 비범한 생존 전략을 위해 필수적인 정신적 자원을 제공하기 위해 어떻게 기능하는가? 각각의 사건에서 출발해서 그것의 변형과 연결된 다중적인 연상들을 추적하는 것이 가능한가? 이것들은 아마도 더 큰 무의식적 연상의 연결망이 분명해질 때, 의미 있는 것들이 될 수 있을 것이고, 그런 과정이 없다면, 그것들은 환상이 만들어낸 산물에 지나지 않을 것이다.

망상의 창조

프로이트는 꿈과 망상의 관계에 대해서, 먼저는 그의 "일상생활의 정신병리"에서 논의했고, 그 다음에는 젠슨의 그라디바에 대한 글에서 멋지게 묘사했다. 그는 다음과 같이 말한다:

꿈과 망상은 같은 원천에서, 즉 억압된 것에서 생겨난다. 꿈은 … 정상적인 사람들의 생리학적 망상이다. 억압된 것이 깨어있는 삶에서 망상으로 분출할 수 있을 만치 강해지기 전에, 그것은 지속적 효과와 함께 꿈의 형태로 … 먼저 성공을 성취했었을 수 있다. 정신의 지배적인 세력은 저항의 힘을 사용해서 억압을 유지하는데, 잠을 자는 동안 그 힘은 느슨해진다. 꿈의 형성을 가능케 하는 것은 이 이느슨해짐이며, 그것이 꿈이 우리에게 마음의 무의식적인 부분에 대한 지식에 다가갈 수 있는 최상의 길을 제공해 주는 이유이다—보통 깨어있는 삶에 대한 정신적 투자의 재확립과 함께 꿈이 한 번 더 도피하고, 무의식에 의해 획득된 토대가 다시 한 번 비워내지는 것을 통해 망상을 결과로 가져오는 경우를 제외하고는(Freud, 1907, p. 61).

프로이트의 글을 읽으면서, 우리는 파이의 자장가에 대한 리의 비전을 생각하지 않을 수 없다. 초기 아동기의 "상당히 호의적인 상황"에서, 아마도 파이의 안전한 환경, 그의 순수함과 순진성은 그의 꿈꾸는 능력을 촉진시켰을 것이고, 그것은 기타(Gita)의 세상에 대한 영적인 관점에 의해 확실하게 촉진되었을 것이다: 자신의 타고난 선함에 대한 파이의 신앙을 양육시켜준 관점. 우리는 파이를 용감한 호랑이와 어머니의 자장가의 부드러운 연꽃 모두를 발달시키기 시작하는 어린 소년으로서 바라볼 수 있다.

아마도 어머니의 믿음 안에 존재하는 그녀의 과거는 파이의 낙관주의와 호기심뿐만 아니라, 고통으로부터 자신을 방어하는 그의 적극적, 공격적 그리고 창의적인 방식을 위한 토대를 구성할 것이다. 우리는 그가 자신의 별명을 만들어낸 것에서 이것을 알 수 있다. 어머니의 종교인 힌두교와 나란히, 기독교는 파이에게 너그러움과 자기희생의 모델을 제공했고, 그의 이슬람교 신앙은 물의 정화하는 속성에 대한 그의 연결을 강화시켰다. 마마지 또한 수영하는 방법과 지혜의 핵심을 강조함으로써, 즉 물 한 모금을 마셨기 때문에 익사하는 게 아니라 물에 대한 공황반응 때문에 익사하는 것이라고 말해줌으로써, 물에 대한 두려움 없음과 숙달을 부추겼다.

형 라비가 파이에게 성수를 마시도록 부추기는 장면과 이해에 대한 그의 "갈증"을 해소하기 위해 기꺼이 신부님과 대면하는 장면 모두에서, 어린 파이는 사려 깊게 도전을 받아들일 수 있는, 그리고 자기 자신을 발견하고자 하는 진지한 욕망을 갖고서 권위자에게 정중히 질문할 수 있는 능력과 의지를 드러낸다. 이것은 사춘기가 동터오면서 파이의 인격의 통합과정과, 그의 타고난 건강한 공격성이 그의 유동적인 리비도적 감수성과 통합되는 과정의 시작을 나타내는 것으로 보인다.

불행하게도, 호랑이에 대한 아버지의 "가르침"은 어린 파이의 자기감에 상처를 남긴다: 그 가르침은 소년을 갈등상태에 남겨 놓는다. 이 상처는 산토시 자신이 천연두를 앓은 것과, 뒤이은 그의 신앙의 상실을 반영한다. 따라서 자라나는 파이의 내적 힘의 연결망은 그가 안정적인, 성인의 인격구조를 획득하기 전에 발달하기 시작한다. 이 시점 이후로, 파이는 자연에 대한 그의 직관적인 감각과 믿음을 의심하고 거부하기 시작한다. 그리고 그의 부드러움과 공격성—초기 청소년기에 잠정적으로 통합을 형성했던—은 "아버지의 가르침"과 관련된 충격적인 장면들에서 찢겨져나갔다. 호랑이와의 첫 만남에서, 그 동물의 사나움이 처음에 파이의 선한 의도에 의해 상당히 부드러워졌던 것을 생각해 보라. 호랑이의 전체적인 바디 랭귀지는 명백했다: 그것은 강력하지만, 통제된 것이다. 그러나 소년과 호랑이의 접촉 바로 직전에 그 둘을 떼어놓는 공포스런 사건이 있은 후에, 우리는 리차드 파커의 공격성이 통제되지 않은 상태로 되돌아가는 것을 목격한다. 리차드 파커를 알아가고자 하는 파이의 시도와는 대조적으로, 우리는 그 호랑이가 아버지의 나쁜 의도의 미끼에 걸려드는 것을 본다. 그는 날것의, 구애받지 않는, 본능적 잔인성으로 그의 사냥감을 덮치기 위해 웅크린 자세로 기다리고 있다. 이 동물이 영혼을 가지고 있음을 확인해주는 정신적 양분은 더 이상 제공되지 않았고, 대신에 그것은 영혼이 존재하지 않는다는 아버지의 합리적인 증거에 묶이게 되었다.

파이의 아버지가 파이에게, 호랑이의 눈에서 본 것은 단지 소년 자신의 정서가 반영된 것이라고 훈계를 한 것은 중요한 의미를 갖는다: 파이가 보는 것은 투사일 뿐, 정확한 지각이 아니다. 이 순간 이후로, 삶을 변화시키는 사회정치적인 격변을 겪게 되면서, 파이는 열여섯 살 때 자신의 본질적인 측면이 고갈된 것처럼 느낀다. 파이는 까뮈의 「이방인」과 다른 실존주의자들의 책들을 읽는다. 그가 둘됨에 대한 조숙한 인식을 갖고 있다는 사실이 우리의 눈을 끈다. 그리고 우리는 타자(the other)가 지옥이라는 까뮈의 언급이 그에게 얼마나 타당한 것으로 느껴지는 것인지를 이해할 수 있다. 파이의 실존적 위기는 그가 타자성에 대한 개념을 감당할 수 있는 능력을 발달시키기도 전에, 그의 아버지가 적대적인 타자성의 개념을 폭력적으로 도입한 것에서 왔다. 아버지는 뜻하지 않게 파이를 자연과 하나-됨에 대한 아동기 환상으로부터 그리고 명백히 파이 자신 안에서 성장하는 조화로움의 시작으로부터 떼어놓았다.

파이는 또한 아버지가 가족이 캐나다로 이민을 간다고 선언했을 때, 그의 첫 사랑인 아난디로부터 찢겨져야만 했다. 이 시점 이후로, 파이의 정서는 인도의 저녁 식탁에서 겪었던 당황스러움에서 화물선의 주방에서 목격한 것과 같은, 비인간성에 대한 충격과 낭패감으로 바뀐다. 천둥을 동반한 폭풍우에 대한 그의 반응—고전적인 조적 승리와 뒤따른 거의 자살행위에 가까운 무모함—은 파이의 인격의 "정신증적 부분"(Bion, 1957)의 출현을 나타낸다. 파이의 인격은 마치 번개가 깨지듯이 깨진다; 쏟아져 들어오는 바닷물 아래 갇힌 가족으로부터의 분리라는 현실에 의해 초래된, 밀려오는 압도하는 우울과 불안에 대한 일차 방어선은 분열(splitting)이었다. 어쩌면 이러한 전능적 보호가 파이로 하여금 엄청난 공포에 직면해서 살아남기 위해 위쪽으로 떠오르게 해준 요인이었을 수도 있다. 갑판 위에서 겪는 혼돈의 와중에서, 파이는 화물선이 침몰하기 시작할 때 폭풍에 흔들리는 바다 위로 떨어지는 구명보트 안으로 내던져졌다. 이 이미지는 파이의 견딜 수 없는 외상의 지점, 그가 심각하게 해리되기 시작하는 지점, 그리고 그의 망상적 체계가 형성되는 지점을 나타낸다.

프로이트는 "신경증과 정신증"에 대한 그의 논문에서 망상을 "자아가 외부세계와 갖는 관계에서 생긴 흠집을 덮기 위해 덧붙인" 천 조각이라고 서술했다(Freud, 1924/1981, p. 215). 정신증에서, 개인은 현실과의 갈등을 해결함에 있어서 신경증에서와는 달리 감정을 변화시킴으로써가 아니라, 현실로부터의 철수나 현실을 부정함으로써 그리고 그것을 현실처럼 취급되는 환상으로 대체함으로써 그렇게 하려고 시도한다. 파이가 배에서 뛰어내리기 전의 혼돈스러운 장면을 주의 깊게 검토해보면, 관찰자들(파이가 아니라)은 사람들이 파이를 따라 구명보터 안으로 들어오거나 들어오려고 하는 순간에 그들이 환상속의 동물들로 대체되고 있다는, 거의 눈에 띄지 않지만, 혼란스럽고 혼란시키는 일이 일어나고 있음을 알 수 있다. 그것은 마치 영화의 편집자에 의한 실수인 것처럼 보인다; 우리는 얼룩말이 위에서 보트로 뛰어내리는 것을 보고, 눈으로 보지는 못하지만, 하이에나의 비명소리를 듣는다. 그러나 그 '편집자'는 실제로 파이의 무의식적인 마음이다. 그 마음 안에서 해리적으로 분열된 현실의 조각들이 환상의 요소들과 함께 꼬아진다.

거대한 파도에 의해 바다로 내동댕이쳐진 채, 그의 가족들과 그가 함께 자란 동물들을 실은 배에서 멀어지면서, 파이는 현실에서 점점 더 먼 곳으로 끌려간다. 그는 정신없이 구명 튜브를 사납게 요동치는 바다로 던지지만, 뜻하지 않게 리차드 파커를 구조했다는 사실을 발견한다. 이 순간에, 아마도 파이는 생존을 위한 그의 의지와 능력을 담고 있는, 그가 전에는 받아들이기를 거부했던 공격성, 즉 내면의-호랑이와 재결합했을 것이다. 호랑이가 배위로 기어오를 때, 겁에 질린 파이로 하여금 구명보트에서 뛰어내리도록 자극한 것이 바로 그 호랑이일 수 있다. 파이는 바닷물 속에서, 상어에 둘러싸이고 해류에 갇힌 채, 가라앉은 배를 응시한다. 그 장면은 그가, 비록 결국에는 수면 위로 헤엄쳐 나와 현재의 삶에 매달리지만, 그의 죽은 그리고 죽어가는 사랑하는 이들과, 그리고 그의 과거와 연합하고 싶은 소망과 씨름하고 있는 모습일 수 있다.

이러한 상실에서 살아남는 것은 파이의 꿈 생활(dreamlife)이 깨어있는 삶 안에서 흔들리지 않는 확신을 획득하는, 요동치지 않고 안정된 망상체계로의 변형을 수반하는데, 이것은 망상 안에 있는 보호적인 거짓됨 때문이 아니라, 오히려 그 안에 숨겨진 진실의 알갱이들 때문일 수 있다. 이 진실의 알갱이들은 외상적 사건보다 앞선 시기의 기억들과 경험들에 대한 파이의 무의식적인 기록에서 온 것으로 보인다. 그래서 다리가 부러진 불교신자인 선원은 배에서 뛰어내리는 얼룩말로 나타나고; 악의적인 프랑스인 요리사는 조롱하는, 사악한 하이에나의 형태를 띠고; 기타는 어미 오랑우탄이 되고; 파이는 막강한 리차드 파커로서 살아가게 된다.

앙 리는 다양한 이미지들과의 상호작용들 안에 파이와 호랑이 사이의 무의식적 연결에 대한 실마리들을 교묘하게 남겨놓는다. 우선, 파이의 어머니가 부르는 자장가에서, "파이는 호랑이이며 호랑이의 용기이다"라는 구절이 그것이다. 그 다음 실마리는 파이가 성당에서 성수를 마시다가 잡혔을 때, 가톨릭 신부가 "네가 목이 말랐구나!"라고 말하는 장면이다. 이것은 그 호랑이가 동물원에 오기 전에 즉, 그 호랑의 포획자인 리차드 파커라는 이름을 얻기 전에 혼동을 피하기 위해 떨스티(목마름)으로 불렸다는 이야기를 전해 듣는 장면과 겹친다. 이것이 과연 우연일까? 더욱이, 파이의 아버지가 그의 아들이 호랑이의 눈에서 보는 것은 자기 자신의 측면에 대한 투사일 뿐이라고 주장하는 장면에서도 이것이 암시되고 있다.

우리는 우주 전체를 담고 있는 크리슈나의 입에 대한 만화책 이미지와 구명보트 위에서 호랑이의 눈을 통해 파이가 보는 이미지들 사이에 두드러진 유사성이 있음을 주목한다. 영화에서는 이러한 이미지들이 놀랍게도 유사하다. 소년과 호랑이 사이의 연결에 대한 또 다른 가슴 아픈 실마리들이 대화 안에서 암시되고 있다. 예를 들어, 그 둘 모두를 마치 세탁기 안에 집어넣고 돌리는 바람에 거의 익사시킬 뻔했던 폭풍 직후에, 파이는 "우리는 죽어가고 있단다, 리차드 파커"라고 울부짖는다. 여러 번에 걸쳐, 파이는 이 끔찍한 동물 없이는 그가 살아남지 못했을 것이라고 선언한다. 이와 나란히, 리차드 파커를 떠나는 것은 곧 자신을 죽이는 것이기 때문에, 그 혼자서는 섬을 떠날 수 없었다는 모호한 선언은 주목할 만하다. 마지막으로, 멕시코 해변에서, 파이가 안전한 곳으로 실려 가면서, 그는 작별인사 없이 떠나간 리차드 파

커의 격식 없는(unceremonious) 상실에 대해 절망하는데, 이것은
인도를 떠날 때 아난디에게 작별인사를 생각하지 못했던 그의
무능력을 생각나게 한다.

환각의 창조

떠있는 식인 섬과 관련해서, 우리는 파이와 리차드 파커가 죽
음 앞에 서는 순간에, 즉 폭풍이 파이의 생명을 유지시켜주는 뗏
목을 떼어버린 순간에 그 섬이 기적적으로 출현한 것에 대해 의
심하게 된다: 음식과 물로 가득한 떠다니는 생태계. 임박한 죽음
의 위협이 리차드 파커와 묶여 있고 동시에 안전하게 분리되어
있다는 파이의 생명을-지켜주는 망상의 붕괴를 촉발시켰을 수도
있다. 앞에서 진술했듯이, 망상체계 안에 있는 확신의 느낌은 거
짓된 것보다는 망상 안에 있는 진실의 알갱이에서 온다. 그렇다
면 망상체계가 실패하기 시작하고 삶을 보존하는 데 무의식을
선택할 수 없을 때, 그 다음에 선택할 수 있는 것은 무엇인가?
우리가 다시는 볼 수 없었다는 이야기를 듣는, 이 섬이 파이의
생명-보존 전략에서의 그 다음 책략, 즉 환각을 구성한다는 많은
증거가 있다.

환각들은 자체 감각적이고, 생생하며, 실질적이고(substantial),
객관적인 외부 공간 안에 있다. 그것들은 깨어있는 동안에 출현
하고 종종 박탈, 질병, 또는 상처와 연결된다. 환각들은 꿈들이 깨
어있는 상태를 포함하지 않는다는 점에서, 꿈들과 구별된다; 그
것들은 환상들이 왜곡되거나 잘못 해석된-그러나 현실에 기초한
지각을 포함한다는 점에서, 환상들과 구별된다; 그것들은 환영

(imagery)이 실제 지각들을 흉내 내지 않고 자발적인 통제 하에 있다는 점에서, 환영과 구별된다; 그것들은 또한 망상에서 현실은 구체적인 현실(concrete realities)로서 취급되는 환상으로 대체된다는 점에서, 현실에 대한 부인을 구성하는 망상과 구별된다.

환각은 소망-성취적인 것이고, 그것의 구체적인 내용은 무의식에서 온 것이다. 우리는 파이의 무의식에서 오는 절실한 소망들뿐만 아니라, 그 무의식 안에 자리 잡고 있는 기억의 측면들을 실제로 추적할 수 있다. 먼저, 비슈누 신상에 감사를 드리는 어린 아이로서의 파이의 이미지를 생각해보자. 이 누워있는 비슈누의 이미지와 밤중에 구명보트 위에서 리차드 파커의 눈을 통해 멀리 보이는 섬의 형태는 영화에서 소름이 끼칠 정도로 일치한다: 비슈누는 끝없이 펼쳐진 우주적 대양 위에 떠있으면서 잠을 자고 있고, 우리는 그의 꿈의 산물이다.

부가적으로, 파이는 그 섬을 떠 있는 생태 체계로서 서술하는데, 그것은 그가 폭풍이 앗아간 뗏목을 서술할 때 사용한 것과 거의 같은 표현이다. 그 섬은 소년과 호랑이 모두에게 식량과 안전의 원천이었다. 그것은 해초와, 신선한 물로 가득한 작고 둥근 호수들과, 밤에 파이를 안전하게 지켜준 넓은 잎을 지닌 나무들로 구성되어 있는데, 이는 파이가 노들과 구명조끼 그리고 그물망을 사용해서 만들었던, 작은 물통들과 채식주의자의 비상식량들로 채워진, 햇빛 가리개를 지닌 뗏목의 모습과 다를 바가 없다.

파이가 처음에 섬에 도달했을 때 리차드 파커가 보이지 않고 대신에 거기에는 헤아릴 수 없을 정도로 많은 미어캣들로 가득했다는 것 또한 중요한 의미를 갖는다. 나는 이 작고, 무해한, 채식주의자 동물이 다양한 무의식적 이유들로 인해 파이의 환각의 산물이 아닐까 궁금하지 않을 수 없다. 가장 설득력 있는 가능성은 "미어캣(meerkat)"이라는 이름이 아마도 무의식적인 언어의 유희일 수 있다는 것이다: 동음이의어 또는 발음이 같지만 맞춤법과 의미가 다른 단어들을 사용하여 다른 것을 암시하기 위해 또 다른 하나의 표현을 사용하는 낱말 게임. 만일 그렇다면, 파이는 "미어"(mere)라는 형용사 단어가 보잘 것 없는, 시시한, 특별하지 않은, 단순한, 그리고 평범한 등을 의미한다는 점에서, 그저 고양이들이 살고 있는 섬을 환각해낸 것일 수 있다. 이러한 언어학적 측면들은 파이가 비범한 리차드 파커/그 자신의 내적-호랑이 콤플렉스로부터 철수하고 싶은 파이의 소망이 지닌, 필수적이고 무의식적인 구성요소일 수 있다.

파이는 "미어캣"이라는 이름이 네덜란드 동인도 회사에서 온 선원들이 만들어낸 단어라는 것을 알고 있었을까? 이 단어는 명사형에서 "호수 고양이"를 의미하고, 산스크리트어(고대 인도에서 쓰인 언어)인 "원숭이"에서 유래한 것이다. 물론, 산스크리트어는 인도 힌두교의 의례 언어인 동시에 불교의 문서 언어이다. 미어캣은 "달의 악마"로부터 또는 혼자 사는 부족 구성원을 공격하는 것으로 알려진 늑대 인간으로부터 마을을 보호해주는 "태양 천사"로도 알려져 있다. 이 무의식적 연상들의 궤적(trail)은 또한 배위에서 마취제를 주사한 바나나를 원숭이에게 먹이는 아버지에 대한 파이의 기억; 그의 망상 속에서 물에 빠진 채 바나나 자루 위의 구명보트로 다가오는 오랑우탄으로 나타난 파이의 힌두교도 어머니; "행복한 불교 신자인 선원" 그리고 심지어 파이의 아버지에게 "원숭이에게 먹이를 주다니"라고 화가 나서 소리를 질렀던 가혹한 프랑스인 요리사에 대한 기억과 연결될 수 있다.

마지막으로, 파이가 도착한 섬이 밤에 독성을 가진 것으로 변하는 것을 우리는 어떻게 해석해야 할까? 나는 파이의 정교한 환각이 "한낱" 고양이들에 둘러싸인 높은 나무 위에서 안전하게 잠을 자면서, 그리고 아마도 꿈을 꾸면서, 깨지기 시작한다고 제안한다. 얼마 후에, 파이는 잠에서 깨어, 정말로 마치 연꽃처럼 피어나는 익은 과일처럼 보이는 것에 손을 뻗칠 때, 아마도 배가 조난당한 후에 처음으로, 자신이 처한 위험을 실제로 인식하기 시작한다. 그것에 대한 증거를 원한다면, 그 섬에서의 운명적인 밤에 핀 연꽃-과일을 아난디의 연꽃 춤의 몸짓들과 비교해보라. 숲속에 숨겨진 연꽃 안에 박혀 있는 이빨을 발견하게 되면서, 파이는 그 자신이 살고자 하는 의지가 갇히고 화석으로 변하는 위험에 처한 것을 인식하기 시작한 것이 아닐까? 이러한 인식의 순간에, 파이는 그의 생명의 힘을 되찾기 시작한 것일까? 우리는 파이가 그 세상으로 되돌아가든지 아니면 탈출을 시도하다 죽든지 둘 중의 하나를 결정하기에 앞서, 리차드 파커가 구명보트 위로 올라타기를 기다리는 장면을 기억한다. 아마도 이것이 파이가 공격성 없이 사는 것이 불가능하다는 사실에 직면해서 자신의 건강한 공격성을 되찾기 시작한 지점일 것이다? 이 시점이, 그가 전에는 철수했던 현실, 즉 마리아나 트렌치에서의 사건과 그 이후의 사건에 대한 두 번째 이야기에서 드러났듯이, 모든 상실과 후회로 가득한 공포의 현실로 되돌아가기 위해 그리고 심지어 그것을 감당하기 위해 싸우기 시작하는 지점일까?

영화 속의 소설가처럼, 어떤 사람들은 일본인 조사관들에 의해서 도출된 그리고 선박 회사의 최종 보고서에 기록된 것과 같은 결론들을 선택할 것이다: 동물들과 섬에 대한 이야기가 그들에게는 믿기 어렵고 환상적인 것이기 때문에, 그들은 그 이야기를 선택한다. 그들에게는 파이가 겪은 상실과 외로움에 대한 진실이 실제로 생각할 수조차 없는 것이다. 영화의 마지막 장면에서, 앙 리는 씁쓸 달콤하면서도 어느 정도 현실적인 말로 종결을 장식한다: 성인이 된 파이는 결혼해서 두 명의 아이와 고양이 한

마리를 두었다. 우리는 이 "끝내는 말"이 파이의 생각하는 능력
의 성숙 덕택에, 비극에 직면해서 생명을 보호하고 방어하는, 그
리고 수많은 상실에 의해 점진적으로 고통 받고, 그것을 극복해
나가는 마음의 능력에 의해 가능했을지 궁금해 한다. 여전히 다
른 질문들과 해석들은 파이의 삶에 대한 부가적인 의미들을 가
져다줄 것이다.

주

1. 얀 마르텔의 소설 「Life of Pi」에서 발췌한 내용임. Copyright @
2001 Yann Martel.

참고문헌

Alvarez, A., & Reid, S. (1999). *Autism and Personality*. London: Routledge.

Anderson, R. (2005). Adolescence and the body ego: The reencountering of primitive mental functioning in adolescent development. Unpublished paper presented for the Annual Melanie Klein Lectureship, Psychoanalytic Center of California, Los Angeles.

Anderson, R., & Dartington, A. (1998) *Facing It Out*. New York: Routledge.

Balint, E. (1968). The mirror and the receiver. In: E. Balint, *Before I was I* (pp. 56-62). London: Free Association Books, 1994.

Baron-Cohen, S. (2003). *The Essential Difference: The Truth about the Male and Female Brain*. New York: Basic Books.

Baron-Cohen, S., Leslie, A. & Frith, U. (1985). Does the autistic child have a "theory of mind"? *Cognition*, 21: 37-46.

Bennett, E. L., Diamond, M. C., Krech, D., & Rosenzweig, M. R. (1964). Chemical and anatomical plasticity of brain. Science, 146: 610-619.

Bick, E. (1968). The experience of the skin in early object-relations. *International Journal of Psycho-Analysis,* 49: 484-486.

Bick, E. (1986). Further considerations on the function of the skin in early object relations. *British Journal of Psychotherapy*, 2(4): 292-301.

Bion, W. R. (1957). Differentiation of the psychotic from the non-psychotic part of the personality. *International Journal of Psycho-Analysis*, 38: 266-275.

Bion, W. R. (1959). Attacks on linking. *International Journal of Psycho-Analysis*, 40: 308-315.

Bion, W. R. (1962a). The psycho-analytic study of thinking. *International Journal of Psycho-Analysis*, 43: 306-310.

Bion, W. R. (1962b). *Learning from Experience*. London: Karnac.

Bion, W. R. (1965). Transformations. In: *Seven Servants*. New York: Jason Aronson.

Bion, W. R. (1967/1988). Notes on memory and desire. In: E. Spillius (Ed.), *Melanie Klein Today*: Vol. II. (pp. 17-21). London: Routledge.

Bion, W. R. (1970). *Attention and Interpretation*. London: Tavistock Publications.

Bion, W. R. (1974). *Brazilian Lectures, I*. Sao Paulo 1973. Rio: Imago Editora.

Bion, W. R. (1976). Evidence. In: F. Bion (Ed.), *Clinical Seminars and Four Papers* (pp. 239-246). Abingdon: Fleetwood Press.

Bion, W. R. (1979). Making the best of a bad job. In: F. Bion (Ed.), *Clinical Seminars And Four Papers* (pp. 247-257). Abingdon: Fleetwood Press.

Bion, W. R. (1992). *Cogitations*. London: Karnac.

Brazelton, B., & Cramer, B. (1990). *The Earliest Relationship*. Cambridge: Perseus.

Camus, A. (1946). *The Stranger*. (M. Ward, Trans). New York: Knopf.

Chesterton, G. K. (2009). *St. Thomas Aquinas*. New York: Dover Publications.

Decety, J., & Chaminade, T. (2003). When the self represents the other: a new cognitive neuroscience view on psychological identification. *Consciousness & Cognition*, 12: 577-596.

Eliot, T. S. (1998). *The Love Song of J*. Alfred Prufrock. London: Penguin.

Fairbairn, W. R. D. (1952). *Psychoanalytic Studies of the Personality*. London: Hogarth Press.

Falck-Ytter, T., Gredeback, G. & von Hofsten, C. (2006). Infants predict other people' s action goals. *Nature Neuroscience*, 9: 878-879.

Fauconnier, G. (1985). *Mental Spaces*. Cambridge, MA: MIT Press.

Federn, P. (1952). *Ego Psychology and the Psychoses*. New York: Basic Books.

Ferenczi, S. (1933). Confusion of tongues between adults and the child. In: *Final Contributions to the Problems and Methods of Psycho-Analysis*, 1955 (pp. 156-167). London: Maresfield Reprints, 1988.

Fonagy, P., & Target, M. (1996). Playing with reality: I. Theory of mind and the normal development of psychic reality. *International Journal of Psycho-Analysis*, 77: 217-233.

Freud, S. (1901). Fragment of an analysis of a case of hysteria. In: *Standard Edition of The Complete Works of Sigmund Freud*, 7, (pp. 7-124). London: Hogarth Press.

Freud, S. (1907). Delusions and dreams in Jensen' s Gradiva. In: *Standard Edition of The Complete Works of Sigmund Freud, 9*, (pp. 7-94). London: Hogarth Press.

Freud, S. (1912). The dynamics of transference. *Standard Edition of The*

Complete Works of Sigmund Freud, 12, (pp. 99-108). London: Hogarth Press.

Freud, S. (1914). Remembering, repeating and working-through (Further recommendations on the technique of psycho-analysis II). In: *Standard Edition of The Complete Works of Sigmund Freud, 12,* (pp. 145-156). London: Hogarth Press.

Freud, S. (1924). The loss of reality in neurosis and psychosis. In: *Standard Edition of The Complete Works of Sigmund Freud, 19* (pp. 182-187). London: Hogarth Press.

Freud, S. (1925). A note upon the "Mystic writing-pad." In: Standard Edition of The Complete Works of Sigmund Freud, 19 (pp. 225-232) London: Hogarth Press.

Fuller, P. (1980). *Art and Psychoanalysis.* New York: Writers and Readers.

Gaddini, E. (1969). On imitation. *International Journal of Psycho-Analysis,* 50: 475-484.

Giannotti, A., & de Astis, G. (1978). *Early infantile autism: considerations regarding its psychopathology and the psychotherapeutic process.* Paper presented at the eighth National Congress of the Italian Society of Infantile Neuropsychiatry, Florence.

Giannotti, A., & de Astis, G. (1989). *Il Diseguale.* Rome: Borla.

Gill, M. (1979). The analysis of the transference. *JAPA,* 27: 263-288.

Greene, G. (1929). *The Man Within.* London: Heinemann.

Greenough, W. T. (1988). The turned-on brain: developmental and adult responses to the demands of information storage. In: *From Message to Mind: Directions in Developmental Neurobiology* (pp. 288-302). Sunderland, MA: Sinauer Associates.

Greenough, W. T., Black, J. E., & Wallace, C. S. (1987). Experience and brain development. *Child Development*, 58: 539-559.

Haag, G. (1985). La mere et la bebe dans les deux moities du corps. *Neuropsychiatrie de l' Enfance*, 33: 107-114.

Haag, G. (1990). Le dessin prefiguratif de l' enfant, quel niveau de representation? *Journal de la psychanalyse de l' enfant*, 8: 19-29.

Hildebrand, P. (2001). Prospero' s paper. *International Journal of Psycho-Analysis,* 82: 6.

Hinshelwood, R. D. (1989). *The Dictionary of Kleinian Thought*. London: Free Association Books.

Houzel, D. (1996). The family envelope and what happens when it is torn. *International Journal Psycho-Analysis*, 77: 901-912.

Iacoboni, M., Woods, R. P., Brass, M., Bekkering, H., Mazziotta, J. C., & Rizzolatti, G. (1999). Cortical mechanisms of human imitation. Science, 286, 5449: 2526-2528.

James, M. (1960). Premature ego development: some observations on disturbances in the first three months of life. *International Journal of Psycho-Analysis,* 41: 288-294.

Jensen, W. (1903). *Gradiva*. Berlin: Verlag.

Joseph, B. (1984/1989). E. Spillius & M. Feldman (Eds.), *Psychic Equilibrium and Psychic Change*. London: Routledge.

Joseph, B. (1992). Psychic change: Some perspectives. *International Journal of Psycho-Analysis*, 73: 237-243.

Kanner, L. (1943). Autistic disturbances of affective contact. *Nervous Child,* 2: 217-250.

Keats, J. (1817). From a letter to George and Thomas Keats, 21 December 1817. In: J. Paul Hunter (Ed.), *The Norton Introduction to Literature: Poetry* (pp. 477-478). New York: W. W. Norton & Co, 1973.

Klein, M. (1930). The importance of symbol-formation in the development of the ego. *International Journal of Psycho-Analysis*, 11: 24-39.

Klein, M. (1935). Contribution to the psychogenesis of manic depressive states. *International Journal of Psycho-Analysis*, 16: 145-174.

Klein, M. (1946). Notes on some schizoid mechanisms. *International Journal of Psycho-Analysis*, 27: 99-110.

Klein, M. (1952). On observing the behavior of young infants. In: *Envy and Gratitude and Other Works* 1946-1963 (pp. 94-121). London: Hogarth Press.

Klein, M. (1955). On identification. In: *Envy and Gratitude and Other Works* 1946-1963, (pp. 141-175). New York: Free Press edition, 1975.

Klein, M. (1957). *Envy and gratitude. In: Envy and Gratitude and Other Works* (pp. 176-235). New York: Free Press edition, 1975.

Klein, M. (1961). *Narrative of a Child Analysis. The Conduct of the Psychoanalysis of Children as Seen in the Treatment of a Ten-Year-Old Boy.* New York: Basic Books.

Klein, M. (1963). On the sense of loneliness. In: *Envy and Gratitude and Other Works* 1946-1963 (pp. 300-313). New York: Free Press edition, 1975.

Klein, S. (1980). Autistic phenomena in neurotic patients. *International Journal of Psycho-Analysis*, 61 (3): 395-401.

Kohler, W. (1929). *Gestalt Psychology*. New York: Liveright.

Kohut, H. (1971). *Analysis of the Self.* New York: IUP.

Lacan, J. (1949). Le stade du mirior. In: *Ecrits* (pp. 93-100). Paris: Editions du Seuil, 1966.

Laufer, M., & Laufer, E. (1984). *Adolescence and Developmental Breakdown*. London: Karnac.

Lechevalier-Haim, B. (2003). Long-term mother&— infant

psychoanalytic psychotherapy in a case of infantile autism with anomalies of the cerebellum. Paper presented at the seventh Annual Frances Tustin Memorial Lecture, Los Angeles.

LeDoux, J. E. (2002). *Synaptic Self. How Our Brains Become Who We Are*. London: Pan MacMillan.

Lee, A. (2012). *Life of Pi*. Los Angeles: Twentieth Century Fox Films. (Screenplay by D. Magee based on the novel by Y. Martel).

Levin, F. M., & Trevarthen, C. (2000). Subtle is the lord: the relationship between consciousness, the unconscious, and the executive control network (ECN) of the brain. *Annual of Psychoanalysis*, 28: 105-125.

Maiello, S. (1995). The sound object: a hypothesis about prenatal auditory experience and memory. *Journal of Child Psychotherapy*, 21 (1): 23-41.

Maiello, S. (1997). Prenatal trauma and autism. Paper presented at the first annual Frances Tustin Memorial Lecture, Los Angeles.

Mancia, M. (1981). On the beginning of mental life in the foetus. *International Journal of Psycho-Analysis*, 62: 351-357.

Martel, Y. (2001). *Life of Pi*. Canada: Knopf.

Martin, J. (1960). Pre-mature ego development. *International Journal of Psycho-Analysis*, 41: 288-294.

Meltzer, D. (1975). Adhesive identification. *Contemporary Psychoanalysis*, 11 (3): 289-310.

Meltzer, D. (1978). *The Kleinian Development, Part III*. Perthshire: Clunie Press.

Meltzer, D., Bremner, J., Hoxter, S., Weddell, D., & Wittenberg, I. (1975). *Explorations in Autism*. Perthshire: Clunie Press.

Milner, M. (1952). Aspects of symbolism in comprehension of the not-self. *International Journal of Psycho-Analysis*, 33: 181-194.

Mitrani, J. L. (1992). On the survival function of autistic maneuvers in adult patients. *International Journal of Psycho-Analysis*, 73 (2): 549-560.

Mitrani, J. L. (1993). Deficiency and envy: some factors impacting the analytic mind from listening to interpretation. *International Journal of Psycho-Analysis*, 74 (4): 689-704.

Mitrani, J. L. (1994). Unintegration, adhesive identification, and the psychic skin: variations on some themes by Esther Bick. *Melanie Klein and Object Relations*, 11 (2): 65-88.

Mitrani, J. L. (1995). Toward an understanding of unmentalized experience. *Psychoanal. Q.*, 64: 68-112.

Mitrani, J. L. (1996). *A Framework for the Imaginary: Clinical Explorations in Primitive States of Being*. Northvale, NJ: Jason Aronson.

Mitrani, J. L. (1998a). Never before and never again: the compulsion to repeat, the fear of breakdown and the defensive organization. *International Journal of Psycho-Analysis*, 79: 301-316.

Mitrani, J. L. (1998b). Unbearable ecstasy, reverence and awe, and the perpetuation of an "aesthetic conflict." *Psychoanalytic Quarterly*, 67: 102-127.

Mitrani, J. L. (1999). The case of the flying Dutchman and the search for the containing object. *International Journal of Psycho-Analysis*, 80 (1): 47-71.

Mitrani, J. L. (2000). *Ordinary People and Extra-Ordinary Protections: A Post-Kleinian Approach to the Treatment of Primitive Mental States*. London: Brunner/Routledge.

Mitrani, J. L. (2001). "Taking the transference": notes on some technical implications in three papers by Bion. *International Journal of Psycho-Analysis, 82* (6): 1085-1104.

Mitrani, J. L. (2003). Notes on some transferencial effects of the holocaust: unmentalized experience and coincidence of vulnerability in the therapeutic couple. *Israel Psychoanalytic Journal*, 1 (1): 71-88.

Mitrani, J. L. (2006). Quelques implications du concept Kleinian development premature du moi. *Journal de la psychanalyse de l' enfant*, 38: 189-218.

Mitrani, J. L. (2007a). Bodily centered protections in adolescence: an extension of the work of Frances Tustin. *International Journal of Psycho-Analysis, 88:* 1153-1169.

Mitrani, J. L. (2007b). Some technical implications of Klein' s concept of "premature ego Development". *International Journal of Psycho-Analysis*, 88: 825-842.

Oliver, M. (1997). Have you ever tried to enter the long black branches. In: M. Oliver, *West Wind: Poems and Prose Poems* (pp. 61-63). New York: Houghton Mifflin.

O' Shaughnessy, E. (1964). The absent object. *Journal of Child Psychotherapy*, 1 (2): 34-43.

O' Shaughnessy, E. (1981). A clinical study of a defensive organisation. *International Journal of Psycho-Analysis*, 62: 359-369.

Pestalozzi, J. (2003). The symbolic and concrete: Psychotic adolescents in psychoanalytic psychotherapy. *International Journal of Psycho-Analysis*, 84 (3): 733-753.

Piontelli, A. (1987). Infant observation from before birth. *International Journal of Psycho-Analysis*, 68: 453-463.

Ramachandran, V. S., & Hubbard, E. M. (2001b). Synaesthesia: A window into perception, thought and language. *Journal of Consciousness Studies, 8* (12): 3-34.

Ramachandran, V. S., & Oberman, L. M. (2006). Broken mirrors: a theory of autism. *Scientific American,* 63-69.

Rhode, M. (2007). Helping toddlers to communicate: infant observation as an early intervention. In: S. Acquarone, (Ed.), *Signs of Autism in Infants: Detection and Early Intervention* (pp. 193-212). London: Karnac.

Rizzolatti, G., Fadiga, L., Gallese, V., & Fogassi, L. (1996). Premotor cortex and the recognition of motor actions. *Cognitive Brain Research,* 3: 131-141.

Rosenfeld, H. (1959). An investigation into the psycho-analytic theory of depression. *International Journal of Psycho-Analysis,* 40: 105-129.

Rosenfeld, H. (1985). Psychosomatic symptoms and latent psychotic states. *Yearbook of Psychoanalysis and Psychotherapy,* 1: 381-398.

Rosenzweig, M. R., Krech, D., Bennett, E. L., & Diamond, M. C. (1962). Effects of environmental complexity and training on brain chemistry and anatomy: A replication and extension. *Journal of Comparative and Physiological Psychology,* 55: 429-437.

Roth, P. (1994). Being true to a false object: a view of identification. *Psycho-analytic Inquiry,* 14 (3): 393-405.

Salo, F. T. (2007). Recognizing the infant as subject in infant-parent psycho-therapy. *International Journal of Psycho-Analysis,* 88: 961-979.

Schore, A. N. (2003). *Affect Dysregulation and Disorders of the Self.* New York: Norton.

Schore, A. N. (2006). *Personal communication.* Los Angeles, CA.

Sebold, A. (2002). *The Lovely Bones.* New York: Little Brown.

Shakespeare, W. (2008). *The Tragedy of Romeo and Juliet.* Newburyport, MA: Focus Publishing/R. Pullins Company. (First published 1594).

Spitz, R. A., & Wolf, K. M. (1946). Anaclitic depression. *The Psychoanalytic Study of the Child,* 2: 313-342.

Stein, R. (2005). Why perversion? "false love" and the perverse pact. *International Journal of Psycho-Analysis*, 86 (3): 775-799.

Steiner, J. (1982). Perverse relationships between parts of the self. *International Journal of Psycho-Analysis*, 63: 241-251.

Steiner, J. (1987). The interplay between pathological organizations and the paranoid-schizoid and depressive positions. *International Journal of Psycho-Analysis,* 68: 69-80.

Steiner, J. (1990). Pathological organizations as obstacle to mourning. *International Journal of Psycho-Analysis*, 71: 87-94.

Steiner, J. (1993). *Psychic Retreats: Pathological Organisations of the Personality in Psychotic, Neurotic and Borderline Patients*. London: Routledge.

Steiner, J. (1994). Patient-centered and analyst-centered interpretations: some implications of containment and countertransference. *Psychoanalytic Inquiry,* 14: 406-422.

Stern, D. N. (1985). *The Interpersonal World of the Infant: A View from Psychoanalysis and Developmental Psychology*. New York: Basic Books.

Strachey, J. (1934). The nature of the therapeutic action of psycho-analysis. *International Journal of Psycho-Analysis*, 15: 127-159.

Suskind, P. (1986). *Perfume: the Story of a Murderer*. New York: Alfred Knopf and Pocket Books.

Symington, J. (1985). The survival function of primitive omnipotence. International Journal of Psycho-Analysis, 66: 481-488.

Tustin, A. (1984). Personal communication. Amersham, England.

Tustin, F. (1972). *Autism and Childhood Psychosis*. London: Hogarth Press.

Tustin, F. (1980). Autistic objects. *International Review of Psycho-*

Analysis, 7: 27-38.

Tustin, F. (1981a). Psychological birth and psychological catastrophe. In: J. Grotstein (Ed.), *Do I Dare Disturb the Universe?* (pp. 181-196). London: Karnac.

Tustin, F. (1981b). *Autistic States in Children.* London/Boston: Routledge and Kegan Paul.

Tustin, F. (1983). Thoughts on autism with special reference to a paper by Melanie Klein. *Journal of Child Psychotherapy*, 9: 119-132.

Tustin, F. (1984a). The growth of understanding. *Journal of Child Psychotherapy*, 10 (2): 137-149.

Tustin, F. (1984b). Autistic shapes. *International Review of Psycho-Analysis*, 11, (3): 279-290.

Tustin, F. (1986a). *Autistic Barriers in Neurotic Patients.* London: Karnac.

Tustin, F. (1986b). Spilling and dissolving. In: *Autistic Barriers In Neurotic Patients* (pp. 197-214). London: Karnac.

Tustin, F. (1987). Personal communication. Amersham, England.

Tustin, F. (1988a). Psychotherapy with children who cannot play. *International Review of Psycho-Analysis*, 15: 93-106.

Tustin, F. (1988b). Personal communication. Amersham, England.

Tustin, F. (1989). Personal communication. Amersham, England.

Tustin, F. (1990a). *The Protective Shell in Children and Adults.* London: Karnac.

Tustin, F. (1990b). Personal communication. Amersham, England.

Tustin, F. (1991). Revised understanding of psychogenic autism. *International Journal of Psycho-Analysis*, 72 (4): 585-592.

Tustin, F. (1992). *Autistic States in Children.* London: Routledge.

(Revised edition, first published in 1981).

Tustin, F. (1994a). Personal communication. Amersham, England.

Tustin, F. (1994b). The perpetuation of an error. *Journal of Child Psychotherapy*, 20: 4-23.

Volkmar, F. R., & Greenough, W. T. (1972). Rearing complexity affects branching of dendrites in the visual cortex of the rat. *Science*, 176: 1445-1447.

Wilkinson, M. (2006a). *Coming Into Mind: The Mind-Brain Relationship A Jungian Clinical Perspective*. London: Routledge.

Wilkinson, M. (2006b). Personal communication. London, England.

Wilkinson, M. (2007). Jung and neuroscience: the making of mind. In: A. Casement (Ed.), *Who owns Jung?* London: Karnac.

Wing, L. (1996). *The Autistic Spectrum: A Guide for Parents and Professionals*. London: Constable.

Winnicott, D. W. (1945). Primitive emotional development. In: *Collected Papers: Through Pediatrics to Psycho-analysis* (pp. 145-156). New York: Basic Books, 1958.

Winnicott, D. W. (1949a). Mind and its relation to the psyche-soma. In: *Collected Papers: Through Pediatrics to Psycho-analysis* (pp. 243-254) New York: Basic Books, 1958.

Winnicott, D. W. (1949b). Hate in the counter-transference. *International Journal of Psycho-analysis,* 30: 69-74.

Winnicott, D. W. (1951). Transitional objects and transitional phenomenon. In: *Collected Papers: Through Pediatrics to Psychoanalysis* (pp. 229-243). New York: Basic Books.

Winnicott, D. W. (1956a). On transference. *International Journal of Psycho-Analysis*, 37: 386-388.

Winnicott, D. W. (1956b). Primary maternal preoccupation. In: *Collected*

Papers: Through Paediatrics to Psycho-analysis (pp. 300-305). New York: Basic Books.

Winnicott, D. W. (1958). Reparation in respect to mother' s organized defense against depression. In: *Collected Papers: Through Pediatrics to Psycho-analysis* (pp. 91-96). New York: Basic Books.

Winnicott, D. W. (1960a). The theory of the parent-infant relationship. In: *The Maturational Process and the Facilitating Environment* (pp. 37-55). London and New York: Hogarth and International Universities Press.

Winnicott, D. W. (1960b). Ego distortion in terms of true and false self. In: *The Maturational Process and the Facilitating Environment* (pp. 140-152). New York: International Universities Press, 1965.

Winnicott, D. W. (1962). Ego integration in child development. In: *Maturational Processes and the Facilitating Environment* (pp. 56-63). New York: International Universities Press, 1965.

Winnicott, D. W. (1967). Mirror-role of mother and family development. In: *Playing and Reality* (pp. 111-118). London: Tavistock Publications, 1985.

Zetzel, E. R. (1956). Current concepts of transference. *International Journal of Psycho-Analysis*, 37: 369-375.

색인

한국심리치료연구소 총서

순수 심리치료 분야

순수 심리치료 분야

소아의학을 거쳐 정신분석학으로
Through Paediatrics to Psycho-
Analysis by D. W. Winnicott/이재훈

감정이 중요해
Feeling Matters by Michael Eigen/
이재훈

흑암의 빗줄기
A Beam of Intense Darkness by
Grotstein/이재훈

C.G. 융과 후기 융학파
Jung and the post-Jungians by Andrew
Samuels/김성민

깊이와의 접촉
Contact With the Depth by Michael
Eigen/이재훈

심연의 화염
Flames From the Unconscious by
Michael Eigen/이재훈

정신증의 핵
The Psychotic Core by Michael
Eigen/이재훈

난 멀쩡해 도움 따윈 필요없어
I am not sick I Don't Need Help by
Xavier Amador/최주언

분석적 장
The Analytic Field ed. Antonino Ferro
& Roberto Basile/이재훈

신앙과 변형-마이클 아이건 서울
세미나 II-
Faith & Transformation by Michael
Eigen Seoul Seminar II/이재훈

아스퍼거 아동으로 산다는 것은?
What is it like to be me? by Alenka
Klemenc 외/이재훈

아기에게 말하기
Talking to Babies by Myriam Szejer,
M.D./김유진 • 이재훈

자폐아동의 부모를 위한 101개의
도움말
101 Tips for Parents of Children with
Autism by Arnold Miller and Theresa
C. Smith/최주언

"그러나 동시에 또 다른 수준에서
I"
"But at the Same Time and on Another
Level I" by James S. Grotstein/이재
훈 외

C.G.융
C.G. Jung by Elie G. Humbert/김유빈

자폐적 변형
Autistic Transformations by Celia Fix
Korbivcher/최윤숙/이재훈

상상을 위한 틀
A Framework for the Imaginary by
Judith Mitrani/이재훈

정신분열증 치료와 모던정신분석
Modern Psychoanalysis of the
Schizophrenic Patient by Hyman
Spotnitz/이준호

100% 위니캇
100% Winnicott by Anne Lefèvre/
김유빈

심각한 외상과 대상관계
Object Relations in Severe Trauma/

"그러나 동시에 또 다른 수준에서"
"But at the Same Time and on Another
Level II" by James S. Grotstein/박동
원 • 이재훈 외

정신분석과 이야기하기
Psychoanalysis as Therapy and
Storytelling by Antonino Ferro/김유
진 • 이재훈

비온 정신분석 사전
The Dictionary of the Work of W. R.
Bion by Rafael E. Lopez-Corvo/이재
훈

정신분석 아카데미 씨리즈

기독교 신앙과 관련된 심리치료 분야

종교와 무의식
Religion & Unconscious
by Ann & Barry Ulanov / 이재훈

희망의 목회상담
Hope in the Pastoral Care
& Counseling
by Andrew Lester / 신현복

살아있는 인간문서
The Living Human Document
by Charles Gerkin / 안석모

인간의 관계경험과 하나님경험
Human Relationship
& the Experience of God
by Michael St. Clair / 이재훈

신데렐라와 그 자매들
Cinderella and Her Sisters
by Ann & Barry Ulanov / 이재훈

현대정신분석학과 종교
Contemporary Psychoanalysis
& Religion
by James Jones / 유영권

살아있는 신의 탄생
The Birth of the Living God
by Ana-Maria Rizzuto / 이재훈

인간의 욕망과 기독교 복음
Les Evangiles au risque
de la Psychanalyse
by Françoise Dolto / 김성민

신학과 목회상담
Theology & Pastoral Counseling
by Debohra Hunsinger
/ 이재훈 · 신현복

성서와 정신
The Bible and the Psyche
by E. Edinger / 이재훈

목회와 성
Ministry and Sexuality
by G. L. Rediger / 유희동

상한 마음의 치유

Healing Wounded Emotions
by M. H. Padovani 외 / 김성민 외

예수님의 마음으로 생활하기
Living from the Heart Jesus Gave You
by James. G. Friesen 외 / 정동섭

신경증의 치료와 기독교 신앙
Les Maladies Nerveuses et leur
Guérison
by A. Lechler / 김성민

전환기의 종교와 심리학
Religion and Psychology in
Transition
by James Johns / 이재훈

영성과 심리치료
Spirituality and Psychotherapy
by Ann Belford Ulanov / 이재훈

치유의 상상력
The Healing Imagination
by Ann Belford Ulanov / 이재훈

외상, 심리치료 그리고 목회신학
/ 김정선

그리스도인의 원형
The Christian Archetype
by Edward F. Edinger / 이재훈

융의 심리학과 기독교 영성
De I'inconscient à Dieu: Ascèse
Chrètienne et psychologie de C.G.
Jung by Erna van de Winckel / 김성민

정신분석과 기독교 신앙
les évangiles et la foi au risque de la
psychanalyse
by Françoise Dolto / 김성민